文化资本视角下中国农村流动人口的
城市融入问题研究

袁一民　著

中国书籍出版社
China Book Press

图书在版编目（CIP）数据

文化资本视角下中国农村流动人口的城市融入问题研
究 / 袁一民著. -- 北京：中国书籍出版社，2020.12
　　ISBN 978-7-5068-8214-9

　　Ⅰ . ①文… Ⅱ . ①袁… Ⅲ . ①农村人口 – 城市化 – 研
究 – 中国 Ⅳ . ①C922.2 ②F299.21

　　中国版本图书馆 CIP 数据核字（2020）第 246491 号

文化资本视角下中国农村流动人口的城市融入问题研究

袁一民　著

责任编辑	李　新	
责任印制	孙马飞　马　芝	
出版发行	中国书籍出版社	
地　　址	北京市丰台区三路居路 97 号（邮编：100073）	
电　　话	（010）52257143（总编室）（010）52257140（发行部）	
电子邮箱	eo@chinabp.com.cn	
经　　销	全国新华书店	
印　　刷	天津和萱印刷有限公司	
开　　本	710 毫米 × 1000 毫米　1/16	
字　　数	318 千字	
印　　张	20	
版　　次	2021 年 10 月第 1 版	
印　　次	2021 年 10 月第 1 次印刷	
书　　号	ISBN 978-7-5068-8214-9	
定　　价	80.00 元	

序

乡城之间人口流徙尝为学界热辩议题，百家争鸣，卓识纷纭，然从文化视角辨析其机理缘由者尚不多闻。弟子一民，为学精勤，见识拔群，今集四年览卷之功，深耕此域，究成独见，并以洋洋二十万言考据立论，著就宏文，于己而成博士论文之功，于世可咨经国济民之询。师者自为之喜，读者或能耳目一新。

城市之美，在其宜居；宜居之本，在其文明；文明之钥，在其容人；容人之源，在其化文。城市发展，难离扩民。择城而居，亦如逐草先人，原是自然权益，天不二民。乡民入城，或有文化资本之困；城中之治，犹须养德崇文。惟文可以广化众民，惟文可以发明本心。郁郁乎文，则良知所潜，不假外求，人人皆可成尧舜。与人为善，与世包容，以责人之心责己，以恕己之心恕人，圣贤遗教，亦属文明之伦。化而为用，社会为之和谐，城市为之繁兴。

一民论文以文化入题适得其人，其涉猎广泛，文博知识颇有底蕴，且以艺术传媒之专业背景入禀人口学之门，正好虚实相间，执两用中，裁出新论。况其为学善思，悟性绝伦，课堂辩经时有机锋，席间论世语常惊人。此间论文或见其芒，日后文途宁有远信。

师生之谊原非偶然，文趣相投，道旨相近，更是缘分。一民修学不过四载声闻，而其贤良精进足令师者住念住心，更其缘觉发慧，随常参悟，难测

1

其终。惟愿厉惕，蓟除繁芜，求本悟真。切记大道至简，万物一本。妙道千条，笃定初心。任凭法器常新，守住看家本领。

是为序文。

杨成钢

庚子仲夏于蓉城

前　言

本书主要定位于文化资本和农村流动人口的影响关系研究，通过对影响关系的讨论，进一步厘清农村流动人口城市融入路径和策略，也是为农村流动人口的城市融入文化资本方面的影响模式提供理论层面、实证层面和政策层面的依据。在理论层面上，主要基于以往较成熟的经济资本和社会资本对农村流动人口城市融入的研究基础上，探索文化资本与经济资本、社会资本的转换关系，以及进一步分析和发现文化资本对农村流动人口城市融入的影响关系。在实证层面上，分析目前农村流动人口文化资本的不同维度对城市融入中经济融入、社会融入、心理融入和身份融入的关联性影响，通过对这些影响的分析，进一步构建文化资本和城市融入关系评价体系，并通过文化能力、文化观念和文化实践等三个维度来建立文化资本的划分类型，对城市融入影响模型进行构建和研究，对其发生机制和运作过程进行阐释。在政策层面上，以文化资本对城市融入的可能积极影响为研究目标，积极构建主体自觉、政府政策支撑、社会力量参与的文化资本提升路径和城市融入带动新模式，实现农村流动人口通过优化文化资本积累的方式进行实质性的城市融入，向社会全面发展下的健全文化人格和素质不断地迈进。

本书的研究内容主要通过以下几个部分展开：

第一部分为绪论、概念界定和文献综述，主要对本书所讨论的问题背景和研究的方向进行说明，并就该问题的理论意义和实践意义进行阐述，针对该问题的研究思路列出技术路线和研究框架，最后就文化资本对农村流动人口的城市融入影响研究的可能贡献进行解释。同时主要就与本书相关的概念进行界定并根据本书相关的内容，针对文化资本的相关影响研究、农村流动人口城市融入影响研究和文化资本对农村流动人口城市融入影响研究等方面进行文献整理，总结现有研究的贡献和不足，并对本书的研究对象和研究目的进行提炼和思考。

第二部分为文化资本对农村流动人口城市融入影响的理论框架和影响机理分析，主要是在对布迪厄文化资本的理解基础上，在马克思人的全面发展理论指导下，结合阿玛蒂亚·森的可行性能力理论和西方社会融入综合理论等社会学、人口学和经济学等相关理论体系共同形成理论框架，提出农村流动人口文化资本自身不断积累的同时，也需要不断促进经济资本和社会资本对文化资本的转化效率，通过农村流动人口文化资本的自身积累、流动和再生产，形成对城市融入过程的良性推动作用。同时，讨论了文化资本的三个方面——文化能力、文化观念和文化实践，对城市融入的四个关键评价——经济融入、社会融入、心理融合和身份融入的影响机理。通过对这些不同文化资本构成部分对城市融入评价方面的关联分析，形成本书的核心研究问题：文化资本对城市融入的影响机理是如何形成的？文化资本的这些部分是如何作用于城市融入过程的？文化资本的不同部分在城市融入中的作用是否有显著区别？文化资本的代际传递对城市融入的影响如何等等问题。

第三部分主要为农村流动人口文化资本和城市融入的指标评价体系研究。在结合文献和理论构建解释的基础上，提出我国农村流动人口文化资本的相关指标和评价体系，主要分为文化能力、文化观念和文化实践三个一级指标，在该一级指标下，再根据目前农村流动人口的具体情况划分二级和三级指标，最终形成可供量化和测量的农村流动人口文化资本指标体系。在具体分析国际移民城市融入和国内农村流动人口城市融入的相关学者对指标体系既有研究的基础上，提出我国农村流动人口城市融入的四维指标评价体系，主要为经济融入、社会融入、心理融入和身份融入四个一级指标，并根据目前中国现实社会情况，在一级指标的基础上，设置二级指标，最终形成可供量化和测量的农村流动人口城市融入指标体系。

第四部分主要为实证分析。一方面对成都市农村流动人口城市融入现状进行分析，主要是采用描述性统计的方式，首先分析了成都市作为西部文化中心对农村流动人口城市融入的拉动作用，尤其是成都市在全国排名靠前的文化产业竞争优势对农村流动人口在城市中就业和生活的促进具有较大的帮助。其次，根据全国流动人口卫生计生动态监测调查数据CMDS（2013—2017年），就成都市农村流动人口的融入现状进行了描述性统计分析，对具有代表性的农村流动人口——农民工群体的城市融入基本情况从人口学特征和城市融入现状特征两方面进行描述。另外一方面，结合对成都市农村流动人口群体进行的问卷抽样调查，试图通过量化研究的方式验证文化资本对农村流动人口的影响因素、方式和程度，并就问卷调查中新发现的问题进行阐释和总结，为未来的研究总结经验和揭示可能的深入研究方向。此外在拓展研究方面，在对文化资本对农村流动人口城市融入影响问题的实证研究基础上，对文化资本在农村流动人口中的代际传递机制相关假设予以实证测量。

第五部分主要是总结部分，总结研究内容，提出文化资本对农村流动人口城市融入的提升路径，并就农村流动人口文化资本的未来发展前景和蓝图进行勾勒。

在结合对成都地区农村流动人口的既有研究发现基础上，通过对成都市农村流动人口的问卷调查和数据统计，发现文化资本对农村流动人口城市融入具有显著影响效果。此外，研究发现，文化资本对于成都市农村流动人口城市融入的四个维度均具有显著影响。同时，引入性别、年龄、婚姻情况、子女情况和迁移流动模式作为控制变量，对城市融入的影响予以检验分析，发现性别、年龄、迁移流动模式对于成都市农村流动人口城市融入具有较大的显著性影响。在针对文化资本的一级指标和二级指标对城市融入的回归分析中，发现文化资本的一级指标对城市融入均具有显著影响关系，二级指标中有六个指标与城市融入影响关系显著，三个一级指标不存在显著互相影响情况。与此同时，通过相关性比较和逻辑回归（logistic regression）研究发现，文化资本的代际传递对于文化资本积累有显著影响作用，并进一步推导出其对子代城市融入具有重要影响作用。

本书主要不足之处在于布迪厄一生论述较多，其法文著作中有很大一部分未被翻译为中文，其中不乏其对文化资本的深刻阐释，这些文献阅读的缺乏，让整个论文在文献资料收集上出现缺失，引为憾事。其次，调研数据中由于涉及成都市农民工的样本属于抽样问卷，数量有限，无法涵盖成都市农村流动人口总体情况，因此成都市农村流动人口总体面貌依然有待于进一步的跟踪和掌握。没有深入比较成都市和全国其他地域的文化差异、经济差异和城市社会差异，对中国农村流动人口文化政策扶持梳理和归纳程度还有待提高。由于作者水平有限，写作时间仓促，所以书中错误和不足之处在所难免，恳请广大读者批评指正。

袁一民

2019年12月

目　录

|第一章|

导　论

第一节　研究背景

农村流动人口进入城市后的融入问题一直是世界各国在城市化发展过程中所面临的重要问题，同时由于中国城乡二元户籍制度的原因，中国的农村流动人口城市融入问题又带有强烈的中国特色。农村流动人口城市融入主要发生在农村人口到城市人口的角色转变中，同时又反映了农村流出地和城市流入地两大社会文化体系的差异特点。中国的农村流动人口是中国社会转型、经济体制转轨和乡村—城市文化体系碰撞下的特殊群体，他们进入城市就业和迁移与国外农村流动人口就业和迁移有着较大的不同。首先，中国农村流动人口的就业和迁移是两个脱离的过程，在户籍制度和"安土重迁""差序格局"的农村文化道德体系的双重规制下，仅仅有部分农村流动人口能够实现就业和迁移的同步，这和国外农村流动人口就业和迁移同步实现有较大的差异；其次农村流动人口在文化资本积累的方式和途径上与城市市民的文化资本积累又有所区别，因此中国农村流动人口城市融入的影响因素相对于国外有着更深刻的含义和更加复杂的成因。将这些影响成因从文化角度来提炼和思考，或许对研究中国农村流动人口城市融入具有更加现实的意义。

目前，中国的城市化发展出现越来越快速的总体趋势。根据国家统计局数据显示[①]，截至2018年，我国城镇常住人口达到8.3137亿人，城市常住人口转化率达到599.58%，而户籍人口的城市化比例达到43.37%，常住人口

---

① 蔡继明，郑敏思，刘媛. 我国真实城市化水平测度及国际比较 [J]. 政治经济学评论，2019，10（6）：95–128.

城市化率与户籍人口城市化率之间的差距由2013年的18%缩小到16.21%。按照国务院发展研究中心的城市融入相关研究课题小组的预测[①]，我国城市化率到2030年将达到68.38%，2040年将达到75.37%，2050年将达到81.63%。按照世界城市化发展经验，当一个国家城市化水平超过50%后，农村流动人口进入城市将为城市带来高速的发展，同时城市化的压力也会让农村流动人口在城市中出现新的变化趋势，这些新的变化趋势除了在经济资本、社会资本上对农村流动人口提出更高的要求外，还体现在对个体文化资本的要求上。

一、城市社会对农村流动人口文化能力提出更高的要求

近年来，流动人口构成的一个重要变化是受教育水平的快速提高。在中国国家卫生健康委员会发布的《中国流动人口发展报告2018》[②]中显示，1982年到2015年，我国流动人口中初高中以及以上受教育程度的比例显著上升，其中大部分人口属于农村流动人口。农村流动人口受教育水平的提高，一方面归因于近年来全国教育事业的发展普遍提高了青年人口总体的受教育水平，另一方面也说明一些地区通过提供更好的就业和发展机会成功吸引了受教育程度高的年轻人。因此推测与之相应的变化是，农村流动人口中从事专业技术的人员比例有所上升，从事农业的比例大幅度下降。农村流动人口构成的变化，将会影响未来农村人口流动和居留的变化趋势。

同时，农村流动人口进入城市以后，相对于非农工作而言，农村流动人口在技能要求和培训过程中需要付出较多的时间和精力来适应城市工作，因此这些工作伴随的技能和岗位要求对农村流动人口的文化能力同样也提出了更高的挑战。

二、城市社会发展需要农村流动人口文化观念的同步适应

过去，农村流动人口受到中国传统家庭文化观念影响，"身土不二"和"安土重迁"的传统观念一直让农村社会家庭关系维系在稳定的内部结

---

① 李善同, 吴三忙, 高春亮. 中国城市化速度预测分析 [J]. 发展研究, 2017 (11): 21.
② 国家卫生健康委员会. 中国流动人口发展报告2018 [M]. 北京: 中国人口出版社, 2018.

构内。自改革开放以来大量农村流动人口进入城市，其观念和城市文化价值观念产生碰撞，逐渐总结出适合自我在城市中生存和发展的文化观念，以更好地适应城市融入的要求。国家卫计委流动人口数据监测统计表明[①]，"十二五"期间农村流动人口举家迁移的比例不断增加，在已婚农村流动人口向城市流动的过程中，有近90%的人群，其配偶有短期或长期随迁的现象，2015年城市融入地农村流动人口规模达到2.51人，较2013年增加了0.11人。进入城市后，伴随着家庭开支负担的不断加重，农村流动人口势必面对更为迫切的城市融入需求。在这个情况下，从流动过程和流动结果来看，目前农村流动人口和以往相比也具有更显著的区别。从流动过程来看，农村流动人口在向城市融入过程中比以往更加具有主动性和迫切性，在现代价值观念下，核心家庭的概念对于他们来说更加具体，家庭团聚的融入目标让农村流动人口在城市融入过程中考虑的因素更加复杂，从经济融入到社会融入再到文化融入的整体考虑使农村流动人口在融入过程中承担了更大的融入压力。正如日本社会学者广田康生在其研究中指出的那样，一个家庭的"经历形成"作为一种对移民整体的"状况定义"而发挥着自己的作用[②]。从流动结果来看，肩负家庭整体发展责任的农村流动人口在考虑未来发展的时候，往往比临时性打工的农村流动人口更谨慎和专注，城市融入自经济融入到社会融入的要求逐步发展成为一种全方面城市融入的扩展需求，尤其是在对比自身和城市居民的平等发展资源获取方面，他们显得比以往的农村流动人口更加积极。因此，这种既保留了农村社会家庭"差序格局"的传统价值诉求，又接受了城市融入探索精神的价值观的文化观念拓展，为农村流动人口的城市融入带来了更多的思考角度，这种思考角度的研究相应也需要在文化资本理论的层面上予以关注和探索。

三、农村流动人口在城市中的文化实践活动日趋丰富

农村流动人口进入城市以后，随着城市生活和工作的需求，其对文化

---

① 国家卫生和计划生育委员会流动人口司. 中国流动人口发展报告2016［M］. 北京：中国人口出版社，2016.
② 广田康生. 移民和城市［M］. 北京：商务印书馆，2005：77.

精神产品和服务的要求不断提高，以前文化产品和服务依托于被动供给的局面逐渐被适合自己城市生活的文化需求所取代，其精神文化需求开支占比相比以前有较大的提升[①]。按照马克思关于人的全面发展理论和马斯洛关于人的需求层次分析，农村流动人口进入城市后，其产生的文化需求是为了满足个性的自由发展和自我尊重与实现，因此城市先进生产力对农村流动人口生活模式和文化认知也会产生深刻的影响。因此，农村流动人口在城市中的融入和发展以社会文化的发达进步为基本条件，需要社会生产力、制度、文化等条件的互相配合，协同推进。

农村流动人口的文化需求，是农村流动人口的文化水平、思想观念、认知方式、思维模式、价值观念、生活方式等深层心理结构的反映，它表达的是农村流动人口的心灵世界、人格特征和文明程度，也可以看作农村流动人口文化资本在内部的集中表现。在外部，农村流动人口需要通过积极的社会文化实践活动参与行为，实现自我在文化能力和文化认知方面的引领，最终完成文化资本的全面积累，达成城市融入的积极结果。

四、农村流动人口城市融入的意愿更加坚决

长期以来，由于中国户籍二元制度的结构性屏障，农村流动人口进入城市后无法享有和城市人口一样的公民权利和社会福利，因此农村流动人口在城市融入问题上出现"一只脚迈入"的"半城市"化状态，其流动过程呈现出"候鸟迁徙"式的特殊表象，而农村流动人口在该制度下只能通过调整自身行为，策略性地适应社会制度的非公平之处。基于这种原因，农村流动人口在城市劳动力市场受到排挤和歧视，在社会公共服务体系中需要付出高昂的成本来维持其平等发展需要，在文化环境和教育体系中依然处于竞争劣势地位。这一特征深刻地影响了农村流动人口的城市融入步伐，他们在城市进入的态度上显得更加保守和被动，更多地显现出"进入"而非"融入"的特点。

但是，随着中国农村流动人口向城市融入的意愿不断加强，中国城市化对这部分群体不断加大政策支持力度，虽然二元对立的户籍制度依然没有放开，但是中国城市化依然向着"城市农民非农化和人口城市化和农民

---

① 宋修贵. 新形势下农民工精神文化需求研究［D］. 南充：西华师范大学，2015.

市民化"这一相互交织①的努力目标阶段迈进，在这个过程中，学者郑功成（2007）指出"融入主流社会和希望得到公平的社会保护及民主政治权利正在成为越来越多的农民工的共同追求，并必然导致相应的社会后果与政治后果"②。2018年，农村流动在业人口数量已经达到2.88亿人③，这部分人群中渴望城市全面融入的为数不少，学者毛丰付（2017）认为，对于城市有强烈融入意愿的人数比例为35%—40%④，宁光杰（2016）⑤等人的调查表明，2014年样本地区农村流动人口市民化意愿平均为0.464，市民化能力指标为0.538。在经济、社会、心理和身份融入过程中，他们的自身能力和现实处境让其在是否在城市发展的综合考虑中顾虑重重，对于农村和城市生活的优选抉择显得力不从心。然而可以推断的是，随着我国经济的不断发展和城市水平的不断提高，更多的农村流动人口将进入城市并逐步提高融入意愿，未来大量农村流动人口群体将从目前的"部分融入"向"全面融入"阶段转变，这不仅对城市接纳能力和水平提出了更高的要求，同时也要求农村流动人口在自身文化融入能力和文化素质水平上进一步提高，以迎接未来城市生活的挑战和机遇。

五、城市社会对农村流动人口文化素质要求逐步提高

目前中国依然处于经济高速发展的轨道上，自从改革开放以来，我国历经了三次重大的外部经济冲击：1989年，以美国为首的西方国家对中国的经济制裁，1998年爆发的亚洲金融危机和2008年次贷危机引发的美国全面金融危机。这三次外部经济冲击均对我国就业问题产生了巨大影响，在很大程度上也对农村流动人口城市融入产生了抑制和挤压。在这三次外部经济冲击中，中国政府及时出手，在很短时间内迅速调整我国经济应对政策，避免了中国整体经济发展问题上的重大损失。近来，中美贸易摩擦升

① 方向新. 农民工城市融入的演变趋向、突出特征与推进策略 [J]. 求索, 2019（4）: 147-156.
② 郑功成, 黄黎若莲, 等. 中国农民工问题与社会保护 [M]. 北京: 人民出版社, 2007: 9.
③ 中国国家统计局. 国家统计局局长就2018年国民经济运行情况答记者问 [EB/OL]. (2019-01-21). http://www.stats.gov.cn/tjsj/sjjd/201901/t20190121_1645944.html.
④ 毛丰付, 卢晓燕, 白云浩. 农民工城市定居意愿研究述评 [J]. 西北农林科技大学学报（社会科学版）, 2017（5）: 21-28.
⑤ 宁光杰, 李瑞. 城乡一体化进程中农民工流动范围与市民化差异 [J]. 中国人口科学, 2016（4）: 37-47.

级导致的中美贸易战，是当下摆在中国经济发展面前的巨大挑战，借鉴以往屡次危机中的经验，做到未雨绸缪是非常有必要的。尤其是不断增高的关税壁垒限制了外贸型企业的出口水平，限制了其就业招工方面的人数需求，迫使一批外贸型企业和外国企业形成在国内员工招聘方面的整体缩减计划，这部分被裁员的人群中有很大部分是农村流动人口，面临着进入城市社会二次择业的挑战。因此，全球经济形势变化的背景下，就业问题对农村流动人口城市融入的潜在影响，在很大程度上也对国计民生和社会稳定提出了严峻挑战，提升农村流动人口城市融入水平的问题在当前社会形势下显得更加重要。

同时，中国正在进行经济发展模式的转型，这种转型主要以新的观念、新的技术和新的生产方式为中心引领中国经济在世界市场进行竞争。新的经济发展模式对中国居民的价值观念、生活方式和生产方式提出了更高的要求，尤其是农村流动人口在城市融入中不仅面临以往"农村—城市"文化体系的变革，还面临着中国—世界的文化体系的全面交锋，这些新观念、新技术和新生产方式所带来的影响不仅反映在经济层面和社会层面，也反映在文化层面上，农村流动人口如何适应这一变化以实现更好的城市融入需要全社会的密切关注和思考。

六、农村流动人口城市融入的标准更加多元

农村流动人口的城市融入是一个长时间的历史社会进程，对于农村流动个体如此，对于农村流动群体更是如此，都需要经历代际的更迭实现其城市全方面地融入。以改革开放为节点区别农村流动人口代际传递问题已经被诸多学者分析，以家庭为场域的父代和子代城市融入的传递机制成为目前人口学学者们关注的热点，其中路锦非（2018）就认为基于多代际间农村流动人口家庭的持续社会融入的视角，旗帜鲜明地提出农村流动人口子代的社会融入问题，才能够对我国社会变迁有历史和纵深的把握①。改革开放以来的第一批农村流动人口进入城市后，其对城市生活的自我调适和对乡土情怀的深刻眷恋让其在城市融入过程中显得犹豫和徘徊，在传统

---

① 路锦非. 中国城市移民二代的社会融入测量研究——理论反思与实证检验［J］. 公共管理学报，2018（2）.

文化和现代城市价值观念的平衡中常常处于彷徨和自我反思中，其对城市融入的坚决态度和实际生活遭遇产生了强烈的对应关系。而其子代由于长期受到父辈城市生活的影响，对城市的发展并不陌生，反而提早具备了城市生活发展的经验，因此他们对进入城市生活的资本积累比起父代来说更加充分，但是他们所面临的生活发展压力更多的是来自和城市居民的异体同质化竞争。因此他们在摆脱乡村依赖的同时，需要以更多的精力和热情投入到城市生存发展中，实现自我在城市中的发展定位。塞缪尔·亨廷顿（Samuel Phillips Huntington）和琼·纳尔逊（Jon Nelson）在其著作《难以抉择——发展中国家的政治参与》①中指出，流动人口二代的概念是否能够确定，主要在于其职业流动的自主选择可能性是否成立，如果子代在城市融入过程中困难重重，那么父代和子代对于社会整体结构的冲击是破坏性的，需要引起发展中国家的极大重视。因此，从文化资本理论出发，在社会认可的代际传递的主场域——学校教育以外，父代的文化观念和行为对子女的影响也可能成为子代社会融入效果的重要考察目标。

第二节　问题的提出

改革开放以后，农村流动人口城市融入的研究逐渐升温，成为众多人口学学者研究的焦点问题，但是大多数研究内容限于农村流动人口本身流动特征、子女问题或者是城市"民工潮"带来的相关社会问题，研究角度显得较为单一。进入21世纪以后，农村流动人口进入城市的规模不断扩大，关于该问题的研究更加深入，逐渐涉及社会结构的实质性问题，主要是农村流动人口的"市民化"融入制度性障碍、农村流动人口的融入能力建设等问题。这些问题的研究过程都指向了几个明确的问题：农村流动人口城市全面融入真正的阻碍是什么？怎么样才能让农村流动人口更好地融入城市？除了制度因素、经济资本和社会资本因素以外，文化资本因素是否可以作为考虑的主要因素之一？

---

① 塞缪尔·P.亨廷顿，琼·纳尔逊. 难以抉择——发展中国家的政治参与 [M]. 北京：华夏出版社，1989：119.

阿玛蒂亚·森曾经明确提出，贫困的根源在于权利的不足，沿着这一思考，目前中国社会在流动人口问题上最大的权利争议，主要是二元户籍制度让该部分人群陷入城市公民权利的制度不公平上。那么，如果单靠国家放开二元户籍制度，让农村流动人口无差别地具有城市户口，是否可以实现其较好的城市融入？李薇，张学英（2010）在农村流动人口非永久性城市迁移的研究中明确提出①，即使放开城市户口，农村流动人口也并不全部认可永久性城市迁移的流动方案。农村流动人口对于城市居住和乡村居住的综合考虑是建立在多维和综合考虑基础上的，从农村土地经济收入到城市工业收入的比较，从乡村社会的熟悉程度到城市社会融入的自我调节对比，从"原乡文化"的自我浸润到城市价值观的选择性接受，等等，单纯的城市户口赋予背后是乡村已有发展机会成本的权衡，不能以单纯的户籍机制给予作为农村流动人口城市融入的单一解决方案。

现实中，2011年全国人民代表大会常务委员会颁布了《中华人民共和国社会保险法》，2014年国务院发布了《关于进一步推进改革户籍制度改革的意见》，2015年国务院发布了《居住证暂行条例》，提出各级政府统一城乡户口登记制度、调整户口迁移政策以及全面实施居住证制度等多种目标措施，以此来推进户籍制度改革，这从根本上取消了劳动力城乡分割的制度基础②。但这些政策的出台并未让农村流动人口的永久化城市居留状况得到完全改善，现在，依然有很大一部分农村流动人口正处于城市生活的"边缘状态"。

目前很多专家学者都对农村流动人口能力建设的问题进行了大量的研究，从就业能力、交往能力、城市适应能力等各方面进行了综合比较分析，这些分析大多数是从农村流动人口的职业技术技能，即农村流动人口社会生存的单向适应能力出发，却忽略了农村流动人口主动的、自发的和经验性的个体创造性能力和城市发展的交互作用。按照阿玛蒂亚·森关于贫困人口的贫困能力的研究，贫困是一种可行能力的欠缺，那么农村流动人口在城市融入过程中的劣势是否也可以看作一种能力的欠缺呢？是否也

---

① 李薇，张学英. 关于进一步完善被征地农民社会保障制度的研究 [J]. 生产力研究，2010（3）：58-59+96.

② 《关于进一步推进户籍制度改革的意见》政策解读 [N]. 东营日报，2016-05-16（3）.

是一种对自主生活模式自由选择的可操作性能力的不足呢？同时，布迪厄的文化资本理论对于人的可行能力和全面发展借鉴意义重大，那么研究农村流动人口在实质性城市融入时，由于现有研究主要关注经济资本、社会资本和人力资本三方面内容，是否可以将农村流动人口的文化资本纳入其城市融入的资本影响研究谱系中，以便更好地对这一问题进行更加全面和综合的思考？

因此，本书主要聚焦于影响农村流动人口城市融入的文化资本到底是什么；文化资本和经济资本、社会资本的内在转换关系是什么，以及如何相互影响；文化资本对农村流动人口的城市融入影响机理是如何作用的；农村流动人口进行城市融入的选择策略在文化资本上如何体现，文化资本是否能够通过代际传递对子代农村流动人口进行影响进而干预其城市融入的效果；一种协调的农村流动人口文化资本积累机制应该如何构建进而对其城市融入产生积极推动作用。以上问题也是本书突出考虑的重点，并依据对上述问题的研究提出农村流动人口城市融入的提升路径和具体政策性操作建议。

第三节　研究的意义

尽管政府和社会对城市中农村流动人口的关注程度越来越高，但是目前农村流动人口受到户籍二元制度和城市生活工作中的种种障碍的影响，在城市融入过程中依然要面对重重困难。因此，对该部分人群的城市融入问题研究具有时代性和社会性。在政府政策层面对这部分人群的照护和关注也伴随着诸多压力和挑战，主要有：第一，社会保障制度无法全面跟进，针对这部分人群的社会保障制度并不健全，社会财政压力不断增加的同时，对农村流动人口的财政政策将面临紧迫和严峻的形势；第二，农村流动人口在城市就业竞争中相对于城市居民机会缺乏，导致农村流动人口在社会竞争中处于不利地位，并由此形成恶性循环；第三，农村流动人口自身能力不足，导致其在就业过程中无法居于劳动力竞争优势地位，进一步丧失更高层次的就业机会；第四，农村流动人口发展过程中，缺乏长期的、社会的和有效的文化帮扶机制，在政策普惠层面上，未能及时有效地向农村流动人口倾斜。因此，以积极的眼光看待其城市融入问题，以积极的思考对待城市融入问题，以积极的策略研究城市融入路径实施问题，对农村流动人口的城市融入发展具有现实的社会意义，并对促进我们经济社会发展有思路开拓的重要意义。

一、理论意义

第一，文化资本对农村流动人口的影响研究在很大程度上弥补了以往对于城市中农村流动人口研究的理论不足。以往对于农村流动人口的研究主要聚焦于社会结构对农村流动人口的公平性研究领域，有一部分是针对农村流动人口自身能力不足而造成的城市融入效果不理想。这种主流分析范式采取了主客观二元对立的理论分析方法，并不能够完全在社会实践环节对农村流动人口城市融入问题的外在社会结构影响和心理文化结构影响进行并列考察，忽略了农村流动人口在长期历史社会发展过程中的惯习习得，进而很难得出贯通而全面性的结论。因此在传统的理论研究范式中，不仅无法针对个体的文化系列问题进行精微的认识和观察，也似乎缺乏建立在人口群体之上的全面认识。同时，仅仅把文化认识或文化教育作为指导农村流动人口个体和群体的价值判断和行为模式是一种缺乏社会历史发展考虑的研究视角，同时也忽略了长期以来农村流动人口在农村流出地中，在文化继承、变迁和革新过程中发展出的自我保护机制和社会适应功能。本书采用人口学、社会学、经济学和文化学的综合视角，利用布迪厄的文化资本和社会实践理论，将文化从抽象的认识观念具体到城市中农村流动人口的文化资本积累情况，进一步具体分析文化资本、经济资本和社会资本的可转换性，把农村流动人口的文化资本形态进行细分。利用社会学和经济学等相关理论，对城市中农村流动人口对文化资本的掌握程度和其融入状况之间的影响关系进行分析和评测，建立起一条文化资本对其城市融入真实影响效果研究的理论路径。

第二，文化资本对农村流动人口的影响研究拓宽了人口学关于城市融入的研究视野。通常在农村流动人口的城市融入研究领域内，关于人力资本、社会资本和经济资本的影响研究已经有很多，但是文化资本对农村流动人口影响的研究却非常少见，理论著述更是凤毛麟角。文化作为一种资本的存在，不仅具有观念价值的内涵，还有实物载体作为内容支撑，文化资本不仅在主体上作为农村流动人口认识社会和改造社会的手段，在客体上也涉及城市社会生活中城市居民对其身份认知态度、文化能力接纳和文化权利重视的程度。从中国和谐社会构建的理念出发，农村流动人口整体在城市社会中有着深刻的结构性功能，这种社会结构功能作用于全社会的公民生活和中国整体社会历史的发展，因此，农村流动人口城市融入的研究不仅仅是对于城市里农村流动人口而言，对于中国全社会人群都有着重要的意义。本书以人口学视角为突破，研究农村流动人口问题的同时不局限于该人群的视域，通过将农村流动人口与城市居民进行比较分析，从而拓宽了该研究领域的视野。

二、实践意义

研究文化资本对于农村流动人口的影响具有较深远的实践意义，该研究不仅解释了城市中文化资本对农村流动人口的影响作用，纠正了长期以来传统文化进化论对于农村流动人口的认识偏差和误解，同时也在一定意义上引发了关于文化资本对农村流动人口城市融入路径的思考，并尝试构架一条以文化资本为带动的城市融入可能路径。

第一，在社会生活中，文化资本的形态划分对农村流动人口的社会实践生活和行为能力产生了比较大的影响。农村流动人口在社会文化活动中，对于自身所拥有的文化能力认知的缺乏，对文化价值观念的一知半解，文化实践的不足和文化政策的被覆盖不足都可能导致自身文化资本的缺失。本书通过研究文化资本对农村流动人口的影响，寻找一条农村流动人口文化资本影响和提升路径，提升个体文化资本积累能力，促进文化资本对经济资本和社会资本的转化，实现文化资本对农村流动人口的文化自我提升作用。

第二，传统的文化研究对农村流动人口自身的文化状态与社会主流文化经常理解为狭隘的对立关系，从而忽视了农村流动人口在社会生活中对城市整体文化体系的积极构建意义，自然也很容易忽略其为社会文化发展做出的贡献和价值。这些研究部分导致了社会对农村流动人口的认识充满了贬义的主观色彩，也导致了社会评价中对这部分人群的主观排斥和客观孤立，不仅影响了城市居民对农村流动人口的客观价值判断，还在一定程度上挤压了其参与社会生活和社会工作的空间，进一步缩小了其作为合法劳动力的工作机会。本书中，农村流动人口的文化资本被认为受到社会外部结构和个体内部结构的综合影响。这种文化资本地位的提升伴随着其积极的社会活动和社会工作参与、自身文化目标的设定和健康文化观念的养成，也伴随着城市社会对于农村流动人口为非主流文化认知的扭转，并积极赋予农村流动人口文化权利和文化机会，反过来又为农村流动人口文化资本的积累进一步提供了条件和支撑。

第三，中国目前正在经历城镇化的历史进程，城市化伴随着物质生活和文化生活的不断提升和改善，但是这些改善应该是大众普惠，而不是城市居民人口所专享的特殊福利。本书在讨论过程中，也将以成都城市发展作为重要参考目标，对成都文化普惠政策对城市中农村流动人口的覆盖情况、农村流动人口对这些政策的了解和参与情况予以分析，在社会发展和文化政策执行落实的大背景下，从农村流动人口群体着眼，将个体的文化资本积累情况与其城市融入情况进行比对，倡导文化资本对个人城市融入水平的引领作用，对文化资本代际传递的正向提升作用，对社会文化生活参与度的促进和对文化权利和文化机会的占有不公的改善等。将文化资本作为自己参与城市社会工作和生活，改善个体经济资本、社会资本积累的有力工具，实现尽快全面城市融入的有力辅助手段。

三、政策意义

我国对农村户籍人口的文化公共服务工作开始较早，从最早在农村开展的智力扶贫和科技文化扶贫，到进入改革开放阶段文化统一供给的一体化扶贫，再发展为公共文化福利供给改革机制的创新，到今天文化产业的主动式文化帮扶模式和文化公共服务帮扶模式双项举措并施的方针，国家政策对文化公共服务的理念有了不断发展的认识，文化公共服务的意识也逐渐由国家层面向社会层面延伸。

2011年9月文化部等三部门下发的《关于进一步加强农民工文化工作的意见》，2011年10月十七届六中全会通过的《关于深化文化体制改革推动社会主义文化大发展大繁荣若干重大问题的决定》[①]，2012年民政部出台的《关于促进农民工融入城市社区的意见》[②]和2016年3月文化部等三部门印发的《关于进一步做好为农民工文化服务工作的意见》[③]，都明确要求各级政府对农村流动人口公共文化服务予以重视，并拿出切实有力的措施保障农村流动人口公共文化服务政策的顺利实施。虽然这些政策在实施层面的阐释也多见于政策性研究分析中，但是基于保障农村流动人口文化服务政策实施的框架依然较为缺乏，使得我国针对农村流动人口制定的文化综合服务政策略显笼统和抽象，大多数停留在顶层设计阶段，真正为城市中农村流动人口量身定制的文化综合服务依然较少。主要原因是：

首先，我国的政策较少区别农村流动人口的群体异质性和个体特质性。农村流动人口在城乡归属、性别差异和年龄层次上存在鲜明的群体异质性；同时，农村流动人口在健康状况、文化程度、经济水平等方面也表现出迥然的个体特质性。因此，本书构建的政策解决方案既需要考虑到城市中农村流动人口群体特征，也需要对其个体进行考察，能够有效地减少既有农村流动人口文化服务的笼统性，明晰服务对象，有针对性地解决文化服务活动中的具体问题，切实为农村流动人口文化综合服务提供政策性的积极解决方案。

其次，我国的公共文化服务政策存在具体内涵的抽象性。现有公共文化服务政策在农村流动人口活动实施过程中缺乏操作性，表现为宏观政策难以回答"农村流动人口需要什么样的文化支持""如何为农村流动人口提供文化支持""支持体系该如何有效保障"等问题。本书研究的农村流动人口的文化支持体系是一系列的实践方式和关系形式的结合，有明确的实施主体与对象，能够较好解决公共文化服务政策中难以操作、归责不明的问题。

---

① 中共中央关于深化文化体制改革推动社会主义文化大发展大繁荣若干重大问题的决定 [N]. 人民日报, 2011-10-26 (1).

② 中华人民共和国人力资源和社会保障部. 民政部出台关于促进农民工融入城市社区的意见 [EB/OL]. (2012-03-20). http://www.mohrss.gov.cn/nmggzs/NMGGZSgongzuodongtai/201203/t20120320_82983.html.

③ 文公共发〔2016〕第2号, 文化部、国务院农民工工作领导小组办公室、中华全国总工会关于进一步做好为农民工文化服务工作的意见 [S]. 北京：文化部、国务院农民工工作领导小组办公室、中华全国总工会, 2016-03-17.

第四节 研究目的

长期以来，农村流动人口城市融入问题的研究一直以经济资本、社会资本和人力资本的影响为主要研究范式，很少关注农村流动人口自身的文化资本情况。自从布迪厄将文化资本概念提出以后，文化资本和布迪厄的社会实践理论的整体理论阐释已经较为明确，将农村流动人口的文化资本作为其城市融入的关键影响因素的研究条件在理论构建上已经具备可能。因此，本书将文化资本理论在布迪厄对于文化资本的分类上进行了拓展，从文化能力、文化观念和文化实践三个方面对农村流动人口城市融入产生的影响分析，为的是通过目前农村流动人口积累的文化资本情况，分析文化资本对其城市融入的影响过程，揭示文化资本对其城市融入的解释框架，寻找通过改善文化资本积累情况达到提升农村流动人口城市融入的积极路径。

本书主要定位于文化资本和农村流动人口的影响关系研究，通过对影响关系的讨论，进一步厘清农村流动人口城市融入路径和策略，也是为农村流动人口的城市融入在文化资本方面的影响模式提供理论层面、实践层面和政策层面的依据。在理论层面上，主要解决文化资本对农村流动人口城市融入的影响关系，以及文化资本对经济资本和社会资本的转换关系问题。在实践层面上，分析目前农村流动人口文化资本的不同维度对城市融入中经济融入、社会融入、心理融入和身份融入的关联性影响，通过对这些影响的分析，进一步构建文化资本和城市融入关系评价体系，并通过文化能力、文化观念和文化实践等三个维度来建立文化资本的划分类型，对城市融入影响模型进行构建和研究，对其发生机制和运作过程进行阐释。在政策层面上，以文化资本对城市融入的可能积极影响为研究目标，积极构建主体自觉、政府政策支撑、社会力量参与的文化资本提升路径和城市融入带动新模式，实现农村流动人口通过优化文化资本积累的方式进行实质性的城市融入，向社会全面发展下的健全文化人格和素质不断地迈进。

为了实现以上研究目的，可以将本书研究方向划分为如下几个关键性的问题：

第一，目前城市中农村流动人口的总体状况如何？农村流动人口城市融入的维度划分是如何进行的，标准是什么，指标如何设定？农村流动人口在经济融入、社会融入、心理融入和身份融入过程中的具体融入情况是怎么判断的？

第二，目前农村流动人口的文化资本总体情况如何？如何结合中国特色，在布迪厄的文化资本理论下，对中国农村流动人口在城市中的文化资本进行拓展和精确划分？中国农村流动人口的文化资本指标评价体系如何构建，具体如何可测量实施？

第三，如何构建文化资本关于农村流动人口城市融入的理论？在解释文化资本类型对城市融入指标的过程中，如何结合中国实际情况进行分析？如何在社会实践理论下，尽量超越主客观二元对立，实现社会结构和个体认知结构对农村流动人口文化资本的综合作用思考？在构建城市融入理论的过程中，如何有效区分和比较文化概念和文化资本概念的同质和异质性问题？

第四，文化资本对农村流动人口影响的机理是什么？如何看待经济资本和社会资本对文化资本的转化关系，以及这些转化关系是如何最终通过文化资本作用于农村流动人口城市融入过程的？

第五，农村流动人口文化资本代际传递对其城市融入的关键影响因素可能是什么？如何构建新型农村流动人口文化资本提升和城市融入路径模式？在目前中国发展阶段，农村流动人口城市融入的远景蓝图如何进行描述？

第五节　研究路线与研究框架

本书的研究路线和研究框架如下（图1-1）。

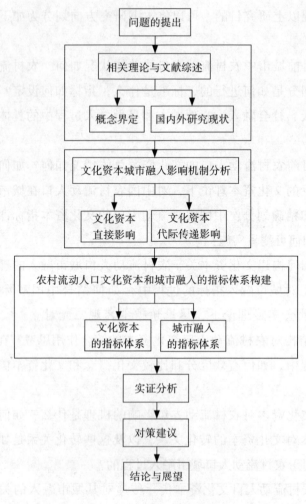

图1-1　研究技术路线图

一、研究技术路线

本书主要围绕文化资本对农村流动人口城市融入的影响问题展开，具体技术路线设计思考是：首先，围绕本书研究主题，通过概念界定、文献综述和现有理论基础的梳理，对现有中外学者对于文化资本的概念、影响和对该主题研究的层面和深度进行分析，对本书农村流动人口城市融入问题的研究方向进行提炼。其次，通过对以往的文献研究和分析，总结出中国农村流动人口的文化资本情况和评价指标；对农村流动人口的城市融入情况进行分析，确定城市融入的评价指标。根据文化资本和城市融入已经确定的测量指标，构建文化资本对农村流动人口城市融入的影响理论框架，继而分析该理论的影响发生机制。然后，以成都市为例，对上述理论进行实证检验，在分析成都市农村流动人口城市融入现状的基础上，通过问卷调查分析和验证文化资本对农村流动人口城市融入的影响作用，以及文化资本代际传递在城市融入影响方面的特征假设。最后，总结文化资本对农村流动人口城市融入的影响，并提出其文化资本积累和城市融入的提升路径，展望未来文化资本影响下农村流动人口城市融入的远景蓝图。

二、研究框架思考

结合以上技术路线思考，本书研究框架分为七章。

第一章为导论，主要对本书所讨论的问题背景和研究的方向进行说明，并就该问题的理论意义和实践意义进行阐述，针对该问题的研究思路列出技术路线和研究框架，最后就文化资本对农村流动人口的城市融入影响研究的可能贡献进行解释。

第二章为基础概念界定和文献综述，主要就与本书相关的概念进行界定，并针对文化资本的内涵发展研究、文化资本相关影响研究、文化资本和城市融入指标体系研究、农村流动人口城市融入影响研究和文化资本对农村流动人口城市融入影响研究等进行文献整理，总结现有研究的贡献和不足，并对本书的研究对象和研究目的进行提炼和思考。

第三章为文化资本对农村流动人口城市融入影响的理论构建和机制分析，主要是在对布迪厄文化资本的理解基础上，在马克思人的全面发展理论指导下，依据阿玛蒂亚·森的可行性能力理论和西方社会融入综合理论等社会学、人口学和经济学等相关理论体系共同形成理论框架，提出农村流动人口文化资本自身不断积累的同时，也需要不断提高经济资本和社会资本对文化资本的转化效率，通过农村流动人口文化资本的自身积累、流动积累和代际传递下的再生产积累，最终达到对城市融入过程的良性推动作用。同时，讨论了文化资本的三个方面——文化能力、文化观念和文化实践，对城市融入的四个关键评价——经济融入、社会融入、心理融合和身份融入的影响机理。通过对这些不同文化资本构成部分对城市融入评价方面的关联分析，形成本书的核心研究问题：文化资本对城市融入的影响机理是如何形成的？文化资本的这些部分是如何作用于城市融入过程的？文化资本的不同部分在城市融入中的作用是否有显著区别？最终形成五个主要假设问题，以便于后文实证部分进行验证。此外，通过分析文化资本代际传递对农村流动人口城市融入的影响机理，揭示文化资本在农村流动人口家庭环境中的代际传递对城市融入的影响特征。

第四章为农村流动人口文化资本和城市融入的指标体系构建，主要在对农村流动人口文化资本和城市融入的构成内涵解释基础上，提出我国农村流动人口文化资本的相关指标和评价体系，主要分为文化能力，文化观念和文化实践三个一级指标，在该一级指标下，再根据目前农村流动人口的具体情况划分二级和三级指标，最终形成可供量化和测量的农村流动人口文化资本指标体系；同时，提出我国农村流动人口城市融入的四维指标评价体系，主要为经济融入、社会融入、心理融入和身份融入四个一级指标，并根据目前中国现实社会情况，在一级指标的基础上，设置二级指标，最终形成可供量化和测量的农村流动人口城市融入指标体系。

第五章为成都市农村流动人口城市融入现状分析，该部分主要是采用描述性统计的方式，首先分析了成都市作为西部文化中心对农村流动人口城市融入的拉动作用，尤其是成都市在全国排名靠前的文化产业竞争优势对农村流动人口在城市中就业和生活的促进具有较大的帮助。其次，利用根据全国流动人口卫生计生动态监测调查数据CMDS（2013—2017年），就成都市农村流动人口的融入现状进行了描述性统计分析，对具有代表性的农村流动人口——农民工群体的城市融入基本情况，从人口学特征和城市融入现状特征两方面进行描述。

第六章为实证部分，主要是对成都市农村流动人口群体进行问卷抽样调查，试图通过量化研究的方式验证文化资本对农村流动人口的影响作用和文化资本代际传递对农村流动人口城市融入的影响方式，并就问卷调查中新发现的问题进行阐释和总结，为未来的研究总结经验和揭示可能的深入研究方向。

第七章主要是研究总结和政策建议，在前文研究结果的基础上探讨政策建议方案，提出文化资本对农村流动人口城市融入的提升路径，并就农村流动人口文化资本的未来发展前景和蓝图进行勾勒。

第六节　本书可能的贡献与不足

一、可能的贡献

本书可能的贡献主要体现在以下两个方面。

（一）对农村流动人口城市融入影响因素方面的拓展

本书对农村流动人口城市融入影响因素方向的拓展主要为：首先，将影响因素从传统学者的经济资本、社会资本或人力资本方面拓展到文化资本层面。虽然以往有零星学者从文化资本角度讨论该问题，但是总的来说研究层次较浅，对农村流动人口文化资本的理解层面多套用传统西方文化资本的分类标准，和中国社会情况结合不紧密。其次，本书结合中国国情，将农村流动人口城市融入不足的问题和资本积累的问题进行关联，尤其是辩证地思考经济资本和社会资本对文化资本的转换关系后，总结出中国农村流动人口的文化资本内涵，这一内涵立足于布迪厄文化资本的概念并结合中国实际情况进行拓展，在布迪厄社会实践理论的基础上，将场域、惯习和文化资本的理论进行了结合，着力解决农村流动人口自身文化可行性能力不足和城市社会结构中对农村流动人口的排斥可能，形成农村流动人口文化资本积累、流动和再生产下对城市融入障碍的阻断理论框架。最后，在讨论农村流动人口文化资本的代际传递上，将文化资本理论和代际传递理论进行结合，探讨文化资本是否在代际传递上对农村流动人口文化资本继承和城市融入有相关影响，将文化资本的代际传递从传统学校场域和家庭教育场域延伸到社会实践场域中来，进而分析农村流动人口文化资本代际传递的可能影响因素和对子代农村流动人口文化资本继承的传递机制。

（二）对农村流动人口文化资本结构研究的拓展

本书对农村流动人口文化资本的框架搭建拓展主要为：概念的清晰确定，理论框架的合理搭建和指标评价体系的确立。清晰的概念界定方面，以往很多讨论文化资本影响的理论文章混淆了"文化"概念和"文化资本"概念,用"文化"概念取代"文化资本"的概念,进而对农村流动人口群体、贫困群体和其他社会低收入群体进行分析,同时部分研究对布迪厄"文化资本"概念下的三种形态采取了照单全收的拿来主义,忽略了结合中国现实国情再对这一概念进行继承性和创新性的研究。布迪厄本人认为文化资本是一个开放的概念,需要参照不同的社会历史条件,不断地拓展其内涵,形成对社会现实问题有针对性的解释逻辑。同时,对农村流动人口文化资本评价指标体系和城市融入指标评价体系的建立,在一定程度上拓展了国内对流动人口城市融入的研究视野和方向。

因此,本书界定了中国社会现实条件下的农村流动人口文化资本的含义,进而确立中国城市社会中农村流动人口的文化资本形态,借以考察文化资本对其城市融入影响的真实过程。本书还将"社会融入"和"城市融入"概念进行比较分析,厘清当代中国农村流动人口在城市社会中融入的本质主要是"城市融入",二者在融入过程、融入向度和融入的划分标准上有明显的异质性差别。此外,对"农村流动人口"和"农民工"的概念进行了分析,在众多学者对以上两个概念的不同划分标准上,确定了两个概念之间的从属关系和主要差异,为对农民工作为农村流动人口的主要典型人群进行分析奠定了逻辑概念的关联基础。

在理论框架搭建方面,文化资本对农村流动人口影响的理论构架在以前文献研究中极少,以往文献中对农村流动人口城市融入的理论框架多在于经济资本、社会资本和人力资本的影响中,因此研究该问题时所构建的理论框架较缺乏前期成果的积累,属于理论的创新研究问题。基于这个原因,在搭建农村流动人口文化资本体系的过程中,也是基于对布迪厄文化资本理论的理解,进一步结合中国现实情况,构建出的文化资本的测量体系,也是文化资本对中国农村流动人口群体的可测量理论拓展框架。此外,在文化资本对农村流动人口影响理论框架中,结合了社会结构和个体社会实践特征进行考虑,综合了个体生命历程发展过程考察、中国社会历史发展变化思考,以及中国传统文化与现代文化交融的文化资本代际传递体系下的特征考虑,因此在逐次设定中国农村流动人口文化资本测量理论框架、中国农村流动人口城市融入测量理论框架和文化资本对农村流动人口影响的理论框架后,还通过代际传递理论对文化资本在农村流动人口城市融入影响中的传递特征进行了理论梳理，最后得到农村流动人口文化资本和城市融入提升路径的理论框架研究成果。在思考这些理论构建的同时，本书借鉴国外、立足于中国现实情况，综合思考社会外部结构和农村流动人口在历史社会发展变革中的内心观念结构，将农村流动人口城市融入问题的现实因素和历史因素进行并列研究，力图寻找文化资本不同形态对城市融入的影响作用、文化资本不同形态部分之间的关系，以及文化资本和其他资本形式的转换关系等。这些问题的研究均体现在本书的理论综合思考中，努力达成对本书所研究的靶向问题较为全面、系统和简洁的理论路径构建。

二、研究的不足

本书的不足主要存在于以下四个方面。

（一）文献梳理有待提高

布迪厄作为法国当代哲学家和社会学家，一生出版了大量学术著作和文章，很多著作和文献是法文写作，没有翻译成英文或中文，寻找和阅读均十分困难，因此对布迪厄思想的把握依然存在学术上的盲点。就目前文献整理来看，文化资本概念和理解在很多翻译文章中都存在自相矛盾和理论出处可疑的问题，但是由于不具备法文阅读能力，即使借助现代翻译工具依然远远不能穷尽其理论，导致本书在系统梳理布迪厄文化资本理论影响方面可能出现理论缺失和更新的不足。

（二）调研数据的不足

本书在对成都市农村流动人口城市融入情况分析时，虽然选取了全国流动人口卫生计生动态监测调查数据CMDS（2013—2017年）的样本，但是由于涉及成都市农民工的样本属于抽样问卷，数量有限，无法涵盖成都市农村流动人口总体情况，因此成都市农村流动人口总体面貌依然有待于进一步的跟踪和掌握。在对成都市农村流动人口进行问卷调查的阶段，由于很多农民工对"农村流动人口"这一称谓比较反感，导致了一定的拒访率，因此总体有效问卷回收的数量比预想的有差距，虽然目前样本足够支撑结论调查，但是与当初样本总量设计还有一定的差异。

此外，在调查问卷抽样框中，主要以代表性的农民工为抽样主体，较少涵盖随迁农村流动人口以及儿童和老年农村流动人口的样本，导致对农村流动人口这一对象的分析不全面。

（三）成都市和全国其他区域的比较不足

将文化资本对成都市农村流动人口城市融入的影响作为样本时，没有深入比较成都市和全国其他地域的文化差异、经济差异和城市社会差异，仅仅根据以前学者的研究总结对成都市对农村流动人口的有效接纳进行判断，很大程度上削弱了成都市作为全国农村流动人口有效接纳城市样本的说服力。

（四）政策的应用解释不足

虽然本书构建了文化资本对农村流动人口城市融入的提升路径理论框架，但是对我国目前的公共文化政策总结和梳理不足，和其他发达国家在移民城市融入政策上的比较也较为欠缺，在很大程度上削弱了对该政策从实践层面上的解释和操作效能。

| 第二章 |

相关概念界定与国内外研究概况

在文化资本视角下研究农村流动人口城市融入问题，需要对本书目标的相关概念和文献资料进行界定和梳理，以便为该研究方向下的理论构建和实证研究提供轮廓勾勒和经验借鉴。

第一节　相关概念的界定

本部分将对文化、文化资本等概念进行解释，以确定本书中相关概念的内涵和外延、说明与阐释。其中相关概念界定的选取依然围绕着本书研究的中心——文化资本对中国农村流动人口的城市融入影响问题——展开，主要涉及三组概念：文化资本、农村流动人口和城市融入。本书一方面对这些概念的理论发展沿革进行梳理，另外一方面根据本书对这些概念在下一步理论分析中的具体关系的甄别，形成本书的概念界定图谱（图2-1）。

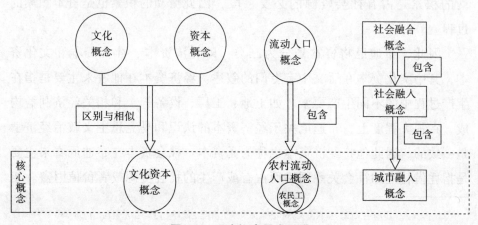

图2-1　研究概念界定图谱

一、资　本

长期以来，资本概念范畴的讨论一般是在马克思主义政治经济学视域下和西方政治经济学视域下展开的，它对资本范畴的对比研究在经济学领域具有重要的意义和影响。马克思主义政治经济学主要从剩余价值创造的角度来看待资本范畴，认为"资本的本质是能够带来剩余价值的价值；资本范畴存在于特定的社会结构，体现了特定的生产关系；资本并非静止的过程，而是在流通过程中得以实现"[①]。

西方经济学对资本范畴的理解经历了英国古典经济学代表人物亚当·斯密和大卫·李嘉图之后，在微观经济学代表人物阿尔弗雷德·马歇尔和宏观经济学代表人物约翰·梅纳德·凯恩斯以及新古典经济学代表人物罗伯特·萨缪尔森等的不断探索下，基本形成了对资本范畴的几个明确解释，主要是：资本直接和货币进行等同思考；资本直接和生产资料进行等同理解；资本作为货物价值的衡量标准；资本作为收入附着物意义上的商品；资本作为知识生产的活动过程[②]。

作为社会学家，布迪厄从社会实践理论出发，对资本的内涵和分类提出了新的认识。他认为资本的内涵是资本作为累积的劳动，具有在特定社会条件下和社会领域内的排他性，并通过排他性的社会劳动实现对社会资源的占有和使用。在布迪厄对资本内涵的认识中，资本的劳动性是核心，脑力劳动和体力劳动对社会资源的占有部分都归属于资本范畴；此外劳动的积累是占有社会资源的必要手段，因此劳动的积累也是资本积累的过程。

因此，布迪厄将资本划分为三类，即经济资本、社会资本和文化资本，其中文化资本在后文中有专门的叙述。经济资本在他看来主要是指在生产过程中的不同生产要素（如土地、工厂、设备等）和相关经济利益构成，在很大程度上，布迪厄关于经济资本的认识和马克思主义政治经济学是一致的，因此他将经济资本也称为元资本。社会资本在布迪厄看来主要是指凭借特定的社会关系网络而占有或产生的社会资源或者价值财富。相

---

① 陈其人. 重商主义派、重农主义派和古典派剩余价值理论简评 [J]. 学术月刊，1958（3）：77–84.
② 庄野. 资本的泛化及其作用研究 [D]. 长春：吉林大学，2010.

对于经济资本，社会资本更加强调对社会资源利用和组织的效用可能，更关注于个人品质和内在秉性转化为对社会环境的利用和搭建社会人际网络的综合能力，是个体内在素质和能力系统的综合体现。

二、文　化

文化这一概念具有较大的包容性，具有广义、狭义和超狭义的概念之分。广义文化是指人类从事生产实践活动创造的一切物质与精神的总和，它包括人类在生活、生产和生存过程中的价值模式、行为特征、社会结构和历史记忆，是一个集合概念，也是一个多维概念。它既可以是以个人为起点的人类代表在行为和精神上的继承和发展的独立概念，也可以是特定人群或全体人类历史发展的综合概念。在广义文化概念上，许多学者对其进行了定义。人类学家爱德华·泰勒（Edward·Tylor）提出关于文化的内涵，即知识、情操、宗教、道德、艺术、法律和风俗等与社会中的个体获得的其他习惯能力，共同构成了文化的基础[①]。从他的观点我们可以这么认为，人在后天从社会实践中获得的感知和能力形成了文化，其中包含了我们的世界观、价值观和认识观。与生俱来的能力和天赋并不被认为是文化，文化是后天我们从社会实践中总结和学习获得的。国内学者庞树奇（1984）认为，文化遍及人类生活的一切领域，存在于所有生产劳动和社会行为过程中，在世界范围内，文化作为一个多维复合型概念得到学者的广泛认同和肯定[②]。露丝·本尼迪克特（Ruth Benedict）认为，文化作为一套具有统一和规范价值的体系，在人类实践领域具有巨大的包容性，是实践、价值和精神的完美统一[③]。马林诺夫斯基（Bronislaw Malinowski）对于文化的综合性予以相当的肯定，认为文化系统反映了人的生存、发展和繁衍的内在驱动和根本需要[④]。克莱德·克鲁克洪（Clyde Crookhoun）对文化的认识是一套综合的、历史的、现实的植根于人的历史和现实生存空间的

---

① 黄楠森. 论文化的内涵与外延 [J]. 北京社会科学, 1997（4）：11-15.
② 庞树奇. 在"社会遗产"面前——谈谈文化 [J]. 社会, 1984（3）：34-37.
③ 杨柳. 从《菊与刀》看露丝·本尼迪克特的文化模式理论 [J]. 重庆文理学院学报（社会科学版）, 2012, 31（3）：16-23.
④ 杨玉好. 马林诺夫斯基文化思想简论 [J]. 烟台大学学报（哲学社会科学版）, 1989（3）：75-79.

系统，具有多元性和稳定性①。虽然不同的学者对于文化的构成因素有不同的认识，但是他们关于文化对人类生命个体和社会群体的统一性影响持有共同认识，即文化不仅影响个体生命的发展和社会实践，同时也对于社会群体的发展有巨大的影响作用。文化基于社会，基于历史，基于现实的群体价值和目标是文化的显著特征，此乃学者对于文化的共性认识。

狭义文化概念认为，文化作为一种精神留存于特定人群、民族、阶层或全体人类的共同记忆中，这些人文精神的总结、记忆伴随着物质呈现，在历史中不断总结、修订、再总结，形成了该群体共同认可的价值和规范体系。这个概念针对的对象不仅是特定人群，还限于特定人群的精神世界，它不仅成体系，而且存在于群体共同精神世界里。相对于对人类群体精神世界的观察，狭义文化概念更加关注不同民族、阶层和人群的文化区别，并通过对这些有区别的文化的交流、学习、继承，总结和完善自身的文化体系和文化脉络，形成共有的文化认识和文化主张。

超狭义的文化概念主要是指体制话语下的文化部门对于文化门类的规定和阐释，如文化分类为绘画、电影、艺术评论、摄影、舞蹈、音乐、表演和雕塑等，这些文化概念对应着政府作为文化主管部门在文化引导和文化体制管理方面的职能权属。因此与广义和狭义的文化概念所不同的是，超狭义文化概念是政府体制化的概念，是配合政府进行文化管理而专设的概念。

三、文化资本

（一）文化资本理论溯源

文化资本的概念由法国著名社会学家皮埃尔·布迪厄在其论文《资本的形式》②中正式提出，并由此形成了一套体系复杂的文化资本理论。布迪厄对文化资本理论的解释构建在其对经济学的全面理解和阐释上。和其他社会学理论不同的是，文化资本的概念和阐释充满了经济学的隐喻和哲学的辩证概念，主要是通过对经济学和社会学进行结合研究的方式，揭示社会结构中不平等的起源和表现，布迪厄将这个理论冠名为总体性实践经

① 潘飞. 生生与共：城市生命的文化理解［D］. 北京：中央民族大学，2012.
② Bourdieu P. The forms of capital (1986)［J］. Cultural theory: An anthology, 2011, 1: 81-93.

济学。但是，布迪厄在解释文化资本理论的同时也旗帜鲜明地指出，总体性实践经济学和传统经济学存在巨大的分水岭，主要表现在两个方面。首先传统经济学主要把实体的可交换的商品流通过程作为考察对象从而进行经济学的分析，而文化资本理论不仅分析这些可供交换的实物商品，还着眼于那些非实物经济学下交换的商品形式，主要包括文化性的和社会性的商品交换过程、手段和结果。其实，他认为把象征活动从传统经济学研究中的非利益性倾向解救出来非常重要，象征活动也是一种利益交换活动，和物质商品交换一样，存在着功利性的特征。因此，布迪厄着眼于文化活动的经济属性和社会属性，并把文化实践活动所产生的商品利益交换行为作为主要目标来进行考察，揭示其作为象征活动存在于经济社会中的经济性和社会性特征。当然，和布迪厄相似的学者也曾经对文化作为资本的形式进行过思考，其中比较有代表性的人物就是欧文·费雪，他认为："资本，就是资本价值的意义，只不过是将来收入折现，或者说是将来收入的资本化。任何财产的价值，或财富权利的价值，是它作为收入源泉的价值，是由这一预期收入与折现来求得的。如果我们高兴的话，为了逻辑上的方便起见，也可将对我们自身的所有权包括在财产之内，但也可依照习惯，把人类看作单独的范畴。"①

在文化资本理论中，布迪厄为了避免将文化象征实践活动作为一种哲学概念脱离历史社会发展背景和经济学相关分析框架，依然从社会物理学的角度将资本进行分类，分为文化资本、社会资本和经济资本三种关系。按照布迪厄对马克思《资本论》的阐释和继承，他将资本的概念进行了去传统经济化的社会学解读，避免了陷入单纯经济学还原论的低级解释。按照布迪厄的理解，文化资本理论和传统经济学的区别在于，前者对文化资本的阐释仅仅用到了经济学的一些传统的文字概念表述而已②。布迪厄将资本的形式表述为三类，其中经济资本以传统经济学的商品交换、商品价值为考察目标，产权规范为经济资本的主要约束制度；社会资本主要以人际网络、社会声誉和社会头衔为考察目标，社会活动规章和制度作为其主要

---

① 费雪. 资本和收入的性质［M］. 谷宏伟，卢欣，译. 北京：商务印书馆，2017：112-121.
② 布迪厄，华康德. 实践与反思：反思社会学导引［M］. 李猛，李康，译. 北京：中央编译出版社，1998：160.

约束制度；文化资本以文化商品、价值观念、教育地位和品味内化为考察目标，以文化教育文凭为主要衡量制度。这三类资本构成中，布迪厄着重对文化资本进行了考察，在他的文化资本理论体系中加入了场域和惯习的概念，从而建构了其理论的核心价值体系。

布迪厄认为，社会的任何一个正式场域都有自己的文化规则，区分这些规则的文化成为判断场域内实践行动者所处有利或者劣势位置的关键因素。例如在社会教育场域中，受教育者的文化素养、文化水平和知识掌握程度决定了受教育者在教育场域中的竞争位置，但是这些参考因素并不是没有规则和衡量标准的，而且无法由受教育者单方面进行评价和确认，必然会受到他们所处的社会结构、阶级和国家教育制度所左右。这些因素构成了教育场域的文化资本，并借此区分和判断社会结构下文化资本对个体社会生存有利或者不利的影响。

文化作为一种资本的理论范式研究，将资本从实物形式中剥离出来，主要针对文化和文化功能的社会作用进行阐释和分析。布迪厄将文化资本的功能性概念引入宽广的社会实践活动中予以观察和总结，并在此基础上形成了文化资本具体分类的三种方式：身体形态的文化资本、产品形态的文化资本和制度形态的文化资本。

身体形态的文化资本主要是指个体通过家庭环境的培养和学校教育的教授，形成固化于身体和精神的文化积累并借此指导自我的社会实践，这种身体形态的文化功能与个体的身体和精神密切相关，具有不可剥夺性。产品形态的文化资本也可以被称为客观化的文化资本，是文化功能的一种物化状态，主要是指人类社会实践中积累和产生的文化作品作为商品流通的具体形式，主要包括书籍、戏剧、影视、雕塑、绘画、非物质文化遗产和山川人文遗存等等形式。这些文化产品在很大程度上受到身体形态文化资本的主动审美后，再针对个人发挥作用，是一种可以量化的文化资本表现形式，主要是可以在数量和质量上进行统计和量化，原则上产品形态的文化资本掌握越多，个体转换这些产品文化资本所需要的身体文化资本的能力就越强。制度形态的文化资本主要是指将个体身体形态的文化资本通过正式考试、培训的方式予以考察，并颁布相关的文化能力证明，对其文化资本的含量和功能特性予以制度化的确认，也就是将个体层面的文化资本能力转化为集体层面的文化资本能力，这种确认为身体形态文化资本和产品形态文化资本之间的转化搭建了一座桥梁，它的产生和构建也反映了社会结构和社会制度对于文化功能的作用和影响。

（二）关于文化资本概念的再阐释

尽管皮埃尔·布迪厄对文化资本的定义进行了阐释，但是布迪厄也承认自己对文化资本的细致阐述是不完全的，他认为文化资本是一个开放性的概念，任何对文化资本过于详细的解释和定义都将把文化资本带入一种逻辑残缺和内涵扭曲的意义中，文化资本的本质应该是随着历史和社会的发展，在不同的地域文化层面进行考察，且在不断完善和自我发展过程中。因此今天看来，围绕文化资本的研究能够历久弥新也是归于布迪厄在创立文化资本理论体系时的开放性原则和在历史社会实践意义背景下与时俱进的长远考虑。基于以上原因，本书需要对布迪厄的文化资本内涵变化进行分析，并结合本书内容对文化资本的内涵进行再解释和再确定。综合考虑以往学者对文化资本概念及内涵的定义，主要参考戴维·斯沃茨（David Swartz，2006）[1] 和朱伟珏（2007）[2] 提出的文化资本理论内涵，提出在本书中文化资本的定义，"在中国目前社会条件下，文化资本是包括自我文化认知和社会文化教育在内的文化素质的积累，内化在身体中的文化观念的形成以及社会生活条件下的相应文化实践的行为。具体可划分为文化能力、文化观念和文化实践。"

四、城市融入

流动人口融入的概念是一个亟待澄清的问题，目前学界对于"社会融合""社会融入"和"城市融入"的用法比较混乱，许多文献在定义上有自相矛盾和交叉使用的情况。针对这一问题，"城市融入"概念需要进一步的阐释。

（一）社会融入的概念溯源

---

[1] Swartz D L. Pierre Bourdieu and North American Political Sociology: Why He Doesn't Fit In But Should [J]. French Politics, 2006, 4(1): 84-99.

[2] 朱伟珏. 文化资本与人力资本——布迪厄文化资本理论的经济学意义 [J]. 天津社会科学，2007（3）：84-89.

根据对国外文献的研究，"城市融入"这一概念进入中国之前，主要是沿着三方面的研究路径展开，这三方面的研究路径也是"城市融入"概念在理论界的三个主要解释来源：首先是以埃米尔·涂尔干（Emile Durkhem，1893）为代表的以社会整合来考察社会结构和社会稳定的理论发展方向。涂尔干把社会整合作为社会稳定过程的重要考核和衡量指标，并在此基础上提出社会整合的方式可以分成"有机整合"和"机械整合"的过程[①]。其次，芝加哥社会学派代表罗伯特·E.帕克（Robert Ezra Park，1922）把欧洲移民进入美国后的社会问题作为考察对象，将社会融入这一概念放入移民迁徙过程的社会学研究中，并将其作为移民进入流入地生存发展的终极目标。他认为，"多元文化论"和"同化论"可以解释欧洲移民进入美国后的社会化过程，并由此形成社会融入的两个重要解释视角[②]。最后，法国社会学家勒内·勒努瓦（Rene Lenoir，1974）和英国社会学家安东尼·吉登斯（Anthony Giddens，1989）等学者提出，社会融入和社会排斥是一对矛盾体，对社会排斥的干预和解决是社会融入的必要条件[③]（表2-1）。目前在中国国内，很多学者对社会融入的概念研究和方法设计均是按照这一理论阐释路线进行的。

表2-1 西方社会融入理论的三种来源

学者	时间	代表观念
埃米尔·涂尔干	1893	以社会整合来考察社会结构和社会稳定
罗伯特·E.帕克	1922	将社会融入这一概念放入移民迁徙过程的社会学研究中，并将其作为移民进入流入地生存发展的终极目标
勒内·勒努瓦，安东尼·吉登斯	1974，1989	社会融入和社会排斥是一对矛盾体，对社会排斥的干预和解决是社会融入的必要条件，通过反对社会排斥行为来消减和弥合社会关系的断裂和疏离

在目前，社会融入概念依然没有明确的界定，很多学者在使用这一概念的时候，常常约定俗成地对其进行模糊，并未对其真实含义和概念内涵进行分析。对社会融入概念的确认和梳理可以为后继分析提供更加明确的

① 渠敬东. 涂尔干的遗产：现代社会及其可能性 [J]. 社会学研究，1999（1）：31-51.
② 海厄姆，黄兆群. 当代美国思想中的民族多元主义 [J]. 世界民族，1992（3）：8-19.
③ 吉登斯，皮尔森. 现代性——吉登斯访谈录 [M]. 尹宏毅，译. 北京：新华出版社，2001.

靶向和目标，让城市社会融入的理论构架和分析框架更规范和具体。对这一概念，安东尼·吉登斯、兰德尔·柯林斯、卡尔·帕森斯等学者和世界范围内的机构组织均有不同的认识，对这些观念的梳理可以提供更加精确的识别视角[①]（表2-2）。

表2-2　社会融入的概念界定源流

学者	学术观点
安东尼·吉登斯	社会融入让社会成员具备参与公共事务的公民资格和能力，在公共空间中的意见表达和行动参与让责任和义务被社会成员所平等承担
兰德尔·柯林斯	社会成员在法律和制度的约束下，被团结在社会体系中，并通过社会结构整合的方式促进社会和谐，实现和社会的亲近与沟通
卡尔·帕森斯	人作为主动性的个体，除了适应社会制度外，国家政策和福利应该充分考虑人作为社会主体的合理愿望与诉求被满足的需要
社会发展世界峰会报告（1995）	所有人的社会
联合国哥本哈根首脑会议（1995）	每个人均可参与分享的社会
Esuna Dugarova（2015）	关于社会融入相关联的三个领域：（1）普遍的社会保护；（2）切实的参与；（3）社会与团结经济
徐丽敏	平等参与经济、政治、社会层面的发展目标，实现社会团结和人类的全面发展过程

参考以上定义，本书中的社会融入概念可以定义为：在社会发展的进程中，满足社会个体平等合法地参与社会经济、社会、文化事务的愿望和提供相应机会的可能，使社会个体生存和发展的可能得到尊重并将其包容地纳入社会整体发展体系的过程，其表现特征可以分为经济融入、社会融入、心理融入和身份融入。

（二）社会融合和社会融入、城市融入的关系问题

社会融合、社会融入的概念界定主要来自西方理论学界，其理论描述体系主要来自后文谈到的融合理论、区隔融合理论和多维文化理论等。对比这些理论的英文原著，本书发现这些英文单词主要来自相关英文文献中的

① 分别引自：吉登斯. 第三条道路——社会民主主义的复兴 [M]. 郑戈，译. 北京：北京大学出版社，2000：107；Parsons C. Social Inclusion And School Improvement, Support For Learning, 1999, Vol.14, No.4; Hugh Collins Discrimination Equality And Social Inclusion, The Modern Law Review, January 2003, Vol.66；徐丽敏. "社会融入"概念辨析 [J]. 学术界，2014（7）：84-91.

"adaptation" "incorporation" "integration" "accommodation" "inclusion" "interpenetration" "acculturation" "assimilation" "fusion" 等，很多学者在引用这些文献的过程中采取直译的方式，将相关理论按照字面意思直接理解为"融合""融入""同化""化约"和"并入"等。这些直译的概念忽略了中国流动人口发展的文化特殊性，也忽略了中国流动人口在流动过程中各种因素综合制约的影响性和干预性。因此，对这些概念的梳理和澄清对本书的后继研究具有重要意义。

首先，社会融合是一种双向的流动行为，具体到流动人口问题上，主要是流动人口所具有的文化、经济、政治和身份认同多维生存体系在流出地社会环境中予以确认后，进入流入地社会环境中，与之交汇和渗透，形成互相关联的共生体系，从而形成既适合流入地流动人口又适合流出地原生人口的多维生存体系，具有创新性、包容性、适应性和可调节性。而社会融入是一种单向流入过程，即流动人口所具有的文化、经济、政治和身份认同多维生存体系在流出地环境中予以确认后，进入流入地社会环境中，受到流入地社会环境制约，需要改造以迎合流入地社会环境的要求。这种改造过程是一种单向的、强迫性的或被动选择性的调整。

其次，社会融合代表的是流动人口进入城市后，其原有农村生存体系和城市社会体系的平等关系，这种平等关系体现在文化方面是不具有强势和弱势之分的，虽然目前许多学者认为在中国现实条件下，流入地社会文化环境和流出地社会文化环境具有明显的高低之分，并或明确或隐晦地在论述中予以讨论，如强调中国现实社会中，流出地人口具有典型的"弱势阶层"的显著特点（张文宏、雷开春，2008）[①]，因此其社会文化特征具有弱势性。从这个角度上来说，本书提出质疑主要基于两个方面：

第一个方面，农村社会文化的弱势批评主要建立在社会传播学的"文化霸权"理论基础上，以消费社会下大众文化的广泛传播为载体。因此在社会阶层考察上，将弱势群体和弱势文化进行了大而化之的不加区分的解释；在文化传播过程中，忽略流动人口文化本体的独特性，而将大众文化作为社会文化的唯一衡量标准进行考察，有悖于对于文化普适性的社会解

---

① 张文宏，雷开春. 城市新移民社会融合的结构、现状与影响因素分析 [J]. 社会学研究，2008（5）：117-141+244-245.

释，直接将文化的二元对立性放大导致了对流动人口社会融合问题的简单化和直观化思考。

第二个方面，中国改革开放 40 年以来，关于文化、经济和政治三者在社会学体系下的关系研究已经非常成熟，近 20 年从西方传入的多元文化主义理论的研究范式在研究不同文化主体、不同阶层方面，取得了较大突破，也已经成为中国文化人口学对于文化平等性解释的最重要理论基础。该理论承认不同的社会群体、阶层在文化方面都有各自的独特性，这种独特性要求公民社会对于文化的平等价值予以确认，赋予所有的社会群体以公平的政治、经济和文化地位，并在政治结构体系中予以确认。因此，在这一观念的影响下，"礼失而求诸野"的文化现象在今天社会中就具有学理的解释性和正当性。

再次，完成对社会融入和社会融合概念的基础考察后，本书对于社会融入作为本书研究的靶向目标予以确认。前部分谈到社会融入是一个单向度的流动过程，在这个过程中，不以强势和弱势文化对流入地和流出地社会文化体系予以区分，而仅仅以融入行为的主动和被动方式予以考察，成为本书研究的真实意图所在。这种主动适应和被动适应的过程不仅仅是单向流动的，而且具有一定的强制性特点。区隔融入①理论为解释社会融入的目的性提供了一个较科学的视角，流动人口的经济、文化、政治和身份适应选择以流入地社会环境为参考指标，因此在融入其内在体系时，也许具有区隔融入的可能，即面临选择性的融入，按照古希腊哲学家柏拉图的话来说，就是坚持不能放弃的，放弃不能坚持的之过程。

最后，就社会融合和城市融入的关系来说，两者在研究目标上具有贯通性，在本书中，均是针对流动人口进入流入地的融入行为进行研究。但是，两者显然具有一定的区别，该区别在于相较社会融入，城市融入目标性更加明确。社会空间形成视点下，农村和城市构成了社会融入流入地的整体社会空间，而本书选取的城市融入概念是在社会融入概念上予以空间区分和在此基础上的社会差异性考虑。因此，本书将农村社会定义为由主要从事农业生计居民所构成的社会地域空间，将城市社会定义为由从事非农生计居民所构成的集约化，以商业、工业和服务业为主的社会地域空

---

① 见本书对社会融入的具体理论梳理部分。

间。换句话说，就是在社会空间地域里，以居民主要从事的生计活动来区分城市和农村。作为地理空间集合体的农村和城市，具有前资本主义社会下城市和农村居民共同体的同质化特征，具有强烈的内部和外部意识。这些意识包含在以血缘、地缘为纽带的宗族标签、行为习惯和道德习俗特征里，维持着城市和农村鲜明和独特的内部文化社会生活。

因此，我们考察城市融入，也就是考察以城市为地域空间概念中的社会融入问题，也就是考察城市社会融入问题。用更加简单的逻辑来说，考察城市融入就是对社会融入的特定空间研究，考察社会融入也是对社会融合的单向关系研究，这三个概念之间的关系是一种包含关系（图2-2）。

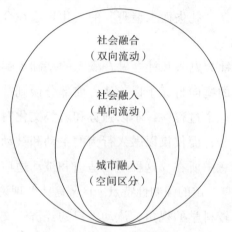

图2-2　社会融合、社会融入和城市融入的关系图

五、农村流动人口

农村流动人口是流动人口的子概念，着重描述流动人口概念下的地域归属性。在中国社会语境下，流动人口这一概念具有典型的中国特色，和中国户籍制度密切相关。本书在综合以前的学者研究的过程中发现，关于流动人口的概念解释视角也非常多元，这些解释视角将流动人口的外延进行了多个方向的拓展，也衍生出相似、相近甚至自相矛盾的阐释，这些概念外延包括：暂住人口，外来人口，外来流动人口，迁移人口，流迁人口和流动潮人口，等等。在解释这些概念时，工商、计划生育、就业和公安等国家职能管理部门的口径相对更加科学严谨，而新闻传播、商业数据统计等非专业报告则显得较为随意。因此，综合目前流动人口的研究现状，

本书对其概念进行了类比研究。（如表2-3所示）

表2-3　关于农村流动人口的概念解释梳理图

学者	时间（年）	主要观点
郑桂珍①	1985	主要指常住人口以外的短居人口，从时间长度和户籍归属上确认流动人口的流动容量和过程
张庆五②	1986	
罗茂初③	1986	
吴观忠④	1995	地域概念上的非常住人口，并以停留时间和停留目的区分非常住人口的类型，指出流动人口的聚集程度和城市经济文化政治发展具有关联性
李培林；王汉生等⑤	1996；1997	流动人口的概念有多个维度，包括城镇—城镇流动人口和农村—城镇流动人口、户籍和非户籍流动人口、成人和少儿流动人口等多个层次人群；他们的经济资源和社会资源不同，因此在流入地的境遇各有差异，并影响到他们在流入地的融入过程、速度和结果
杨菊华⑥	2009	将流动人口分为流入地和流出地，并建立农村到城市这一人口流动路线为主的流动人口概念分析范式

　　针对这些概念的内涵定义，本书比较倾向于学者张展新的观点，他认为，"流动人口成为一种中国式的迁移人口，即改变了居住地但户口登记地没有相应变更的迁移人口"⑦，在此基础上，农村流动人口的概念可以表述为"从农村流入到城市流入地的人口流动过程中，那些具有农村户籍后进入城市且未完成户籍变更的迁移人口"。

六、农民工

　　农民工这个概念最早出现在中国社会科学院的《社会学通讯》1984年

　　① 郑桂珍，郭申阳，张运藩，等. 上海市区流动人口问题初探［J］. 人口研究，1985（3）：2-7.
　　② 张庆五. 对我国流动人口的初步探析［J］. 人口与经济，1986（3）：3-5.
　　③ 罗茂初，张坚，高庆旭，等. 全面认识人口流动现象，审慎选择对策——北京市流动人口调查［J］. 人口研究，1986（3）：2-7+19.
　　④ 吴观忠. 理论人口学［M］. 成都：西南财经大学出版社，1995.
　　⑤ 李培林. 流动民工的社会网络和社会地位［J］. 社会学研究，1996（4）：42-52；王汉生，刘世定，孙立平，等. "浙江村"：中国农民进入城市的一种独特方式［J］. 社会学研究，1997（1）：58-69.
　　⑥ 杨菊华. 从隔离、选择融入到融合：流动人口社会融入问题的理论思考［J］. 人口研究，2009，33（1）：17-29.
　　⑦ 张展新，杨思思. 流动人口研究中的概念、数据及议题综述［J］. 中国人口科学，2013（6）：102-112+128.

学刊[1]中，随后被社会和学界广泛采用。如今"农民工"这一称谓在学术研究和生活语境中已经约定俗成地用来指户籍在农村、长期在城市打工的特定人群。但是，约定俗成的概念在研究体系中无法形成对该概念的深刻认识，也不能对这一概念的外延、内涵进行深刻的阐释。梳理农民工相关问题，本书发现学界对这一概念尚未形成共识，不同的学者对这一概念均有不同的理解。

社会学者李强（1999）、学者王东和秦伟（2002）直接按照地域和职业特点将农民工归纳为户籍在农村、进入城市务工经商的人口[2]。

宋林飞（2005）从社会结构上对农民工这一概念进行了阐释。他认为保有农村户籍的农民进入城市后，和城市居民一同进行城市劳动并迅速转化为新工人阶层和城市新市民组成部分，这一变化深刻反映了社会结构的变动过程，因此农民工概念可以被解释为在城市工作和生活却依然具有农村户籍的人口[3]。

王春光（2005）认为，农民工的概念主要从地域、职业、劳动关系和制度身份四个方面来考察，主要是地域上农民工来自农村，属于农村人口；在职业方面主要在城市中从事非农劳动；在劳动关系方面是属于城市中的被雇佣人群；在制度身份方面属于和城市户籍人口相对立的农村户籍人口。因此，王春光认为农民工就是具有农村户籍，进入城市后从事非农劳动的被雇佣农村流出地人口[4]。

郑功成和黄黎若莲（2006）则认为农民工是具有农村户口又在城市工作或在农村中从事非农工作的人群，是中国社会发展二元户籍制度下的特殊流动人群，是户籍身份制度下的社会客观冲突产生的结果[5]。

张跃进和蒋祖华（2007）研究指出，农民工是中国国际工业化发展的阶段性概念，是中国发展转型期和城镇对立冲突下的特色社会现象，是指

① 国务院研究室课题组. 中国农民工调研报告 [M]. 北京:中国言实出版社, 2006: 2-3.
② 李强. 中国大陆城市农民工的职业流动 [J]. 社会学研究, 1999 (3): 95-103; 王东, 秦伟. 农民工代际差异研究——成都市在城农民工分层比较 [J]. 人口研究, 2002 (5): 49-54.
③ 宋林飞. "农民工"是新兴工人群体 [J]. 江西社会科学, 2005 (3): 17-23.
④ 王春光. 农民工:一个正在崛起的新工人阶层 [J]. 学习与探索, 2005 (1): 48-53.
⑤ 郑功成, 黄黎若莲. 中国农民工问题:理论判断与政策思路 [J]. 中国人民大学学报, 2006, 20 (6): 123-133.

率先从农民中分化出来、与农村土地保持一定的经济联系、从事非农生产和经营、以工资收入为主要生活来源，并具有非城镇居民身份的非农化从业人员[①]。

以上研究从城乡分割制度设计、身份制度社会结构分层、二元经济结构变迁和地域流动区分等方面对农民工的概念进行了阐释。综合以上学者的分析，本书比较倾向于学者李强、王东和秦伟的定义，农民工概念应该是具有农村户籍，进入城市务工经商的人口。

七、农村流动人口和农民工的概念关系

在概念上，农村流动人口和农民工的差别主要在于，农村流动人口主要强调户籍制度下的农村人口和城市人口的流出和流入关系，以流动人口的实际户籍所在地和现实中流入区域进行人口特征描述；农民工除了具有农村流动人口的特征之外，还有中国二元经济结构下的职业特征，即以务工和经商为工作的特定人口。比较后发现二者主要有如下三种关系。

（一）农村流动人口概念和农民工概念的内涵和外延是包含与被包含的关系

在概念内涵上，农村流动人口的户籍结构、流出地和流入地的区分覆盖了农民工人口的整体内涵，农民工在二元经济结构下的职业特点被涵盖在农村流动人口的总体特征中。在外延上，农村流动人口的人口学特征包含了农民工人口的总体特征，在年龄结构、就业方向和迁移目的方面对农民工人口进行了覆盖。农村流动人口概念是农民工概念的母体概念，农民工概念则是农村流动人口的子概念，流动人口是二者的共同母概念。因此，流动人口、农村流动人口和农民工的概念是层层相套关系。

（二）农民工人口是农村流动人口中最大的人口群体，具有农村流动人口最显著的人口特征

从国家统计局2018年4月发布的《2017年农民工监测调查报告》可以了解到[②]，2017年进入城市务工和经商的农民工人数为13710万人；根据国

① 张跃进，蒋祖华. "农民工"的概念及其特点研究初探［J］. 江南论坛，2007（8）：16-19.
② 国家统计局. 2018年农民工监测调查报告［R/OL］.（2019-04-24）. http://www.stats.gov.cn/tjsj/zxfb/201904/t20190429_1662268.html.

家卫生健康委员会出版的《中国流动人口发展报告2018》，2017年中国流动人口数量约为2.44亿人[①]，因此城市中农民工数量占全国流动人口总比为56%，由此推算城市中农民工在全国农村流动人口中的占比将超过这一数字。从以上数据可以发现，农民工对于农村流动人口来说具有代表性意义，研究农民工群体对于研究农村流动人口具有典型性和集中性的特点。

（三）对农民工的研究更加全面地反映社会结构和经济结构下，农村流动人口的社会学和人口学特征

首先，农民工群体是一个日趋复杂的社会群体，是中国社会经济转型期间的重要社会现象。经过学者近40年的研究，对农民工群体的扩大和分化已经有了诸多的研究成果，很多学者从农民工跨区域流动的合理性和现实性进行了分析，指出农民工的城市进入对于国家经济建设和社会发展、城乡二元对立经济和政治结构的打破有诸多贡献；其次，考虑到农民工在城市生活和工作中，其与社会经济结构、阶层解构和文化流变等的互相作用会直接衍生出一系列值得关注的问题，研究农民工这一中国转型时期的特殊群体有重要的社会、经济和文化意义和价值。

第二节　国内外研究概况

国内外对于文化资本、社会融入和文化资本对于社会融入的影响都有不同深度的研究，这些文献为本书研究的前期理论和数据整理提供了较好的借鉴作用。目前，关于社会融入的讨论已经成为包括人口学在内的诸多学科的研究热点，社会融入的影响因素、发展状态、政策改进等问题成为社会学学科研究领域中的关注目标，文化资本的讨论热度目前也呈上升态势。

因此本书针对"文化资本视角下的农村流动人口城市融入问题研究"文献现状梳理的过程，也是对"文化资本"和"城市融入"这对核心概念在中国现代社会背景下，在社会实践过程中不断积累的研究成果的整理过程。总结以往学者对"文化资本"的研究发展脉络、实践路径和对农民工

---

① 国家卫生健康委员会. 中国流动人口发展报告2018［M］. 北京：中国人口出版社，2019：12.

城市融入的影响方式和效果等方面的研究成果，从而描绘和归纳出文化资本视域下农村流动人口城市融入的现实状况、影响原因和发展趋势，并针对其中的经验和不足进行分析，是本书在文献综述部分研究的主要目的（图2-3）。

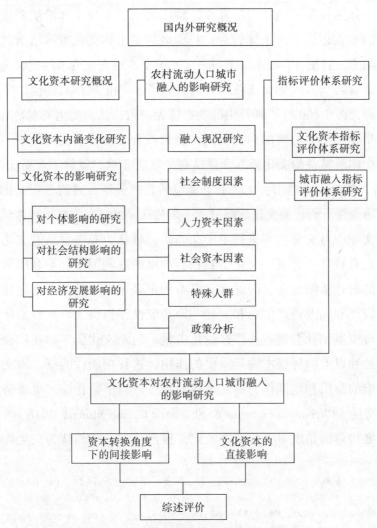

图2-3　文献综述梳理结构框架图

一、关于文化资本内涵的研究概况

继布迪厄之后，不同领域的国内外学者都对布迪厄的文化资本概念研究和定义进行了补充和再阐释，主要分布在社会学领域、经济学领域和人类学领域等主要领域内[①]，这些领域的研究又和教育学、文化学和心理学有不同程度的交叉，形成了大量细致和创新的研究成果。

在社会学研究方面，詹姆斯·费雪（James E. Fisher，1987）[②]认为文化资本的增值过程主要存在于教育投入方面，对教育的投入可以实现文化资本主体的价值创造能力，并在这种能力下，实现个体阶层和地位的提升。同时费雪还认为，个体教育和技能培训是个体文化资本增值的关键因素。乔纳森·特纳（Jonathan Turner，2001）[③]对文化资本的定义为那些非正式的语言习惯、人际交流技巧、教育素养、举止风格和品位以及生活方式等。郝大海（2007）[④]和特纳的观点较为一致，认为文化资本是对上流社会文明举止和行为习惯的掌握程度，越是符合上层社会文化风格、习惯和态度，个体所具备的文化资本含量越高，反之亦然。戴维·索斯比（David Throsby，2006）[⑤]提出，文化资本是包括教育资源在内的一切文化元素和社会生活条件下的相关文化活动过程。朱伟珏（2007）[⑥]继承布迪厄的观点后，在文章中对文化资本进行了定义确认，她认为布迪厄通过文化资本总结了在现有社会条件下，文化受到社会约束的有利因素和不利因素正是文化资本的表达精髓所在，因此文化资本的定义可以解释为与文化相关的一切有形资产和无形资产的总和，是一个功能性涉指概念。尽管文化资本不能像经济资本和社会资本一样被量化考量，但是文化资本却在社会实践领域发挥着和以上两种资本同等重要的作用，这种功能性的概念将文化资本发生影响的作用和范围作为研究考察的重点。克里斯托弗·克莱格和索萨那·舍特曼（Christopher Clague & Shoshana G. Shechtman，2016）[⑦]主要从社会制度构建的角度对文化资本的定义提出认识，他们认为文化资本主要

① 曲如晓，曾燕萍. 国外文化资本书综述 [J]. 国外社会科学，2016（2）：100-108.

② James E. F. Social Class and Consumer Behavior: the Relevance of Class and Status [J]. in NA-Advances in Consumer Research，1987（14）：492-496.

③ Turner J. S. Design Issues for High Performance Active Routers [J]. IEEE Journal on Selected Areas of Communications，2001（32）：100-107.

④ 郝大海. 中国城市教育分层研究（1949—2003）[J]. 中国社会科学，2007（6）：94-107+206.

⑤ David Throsby. Cultural Capital [J]. Journal of Cultural Economics，1999（23）：3-12.

⑥ 朱伟珏. 文化资本与人力资本——布迪厄文化资本理论的经济学意义 [J]. 天津社会科学，2007（3）：86-91.

⑦ Grossbard-Shechtman S., Clague C.The Expansion of Economics: Toward a More Inclusive Social Science [M]. Abingdon）：Taylor & Francis，2016: 27-67.

是构建在两性分工和特有语言行为习惯的社会制度下，且因为文化资本的主体不断付出成本投入使得个体的价值不断得到提升，并由此在政治经济学的视域下对未来的收益产生确定性的影响。

在经济学方面，戴维·思罗斯比和潘飞（2004）[①] 从文化角度切入，分析了文化的社会特性和经济特性，提出他们对文化资本的理解：文化的积累结果导致了经济价值的积累，因此文化资本积累的过程可以看成是引起商品和服务不断流动的过程，形成一系列文化内附其中的文化商品，并按照市场规律转化为经济价值。李沛新（2006）[②] 从文化资本对区域经济发展的角度对文化资本的内涵概念予以界定并进行了具象化的叙述表达，他从文化资本的运营概念入手，针对文化资本运营的各个环节的特点、资本参与构成进行了详细描述，从经济管理和运作实务的角度进行了讨论。他对文化资本的定义可以表述为"用于文化商品生产的赋予文化意义的自然风光、建筑等固体的文化资本；通过个体思维创造出来并依附于图书、绘画、电影等的文化符号资源；内含于个体精神与身体的思想、理论、意识、观念等文化资源"。国内学者金相郁和武鹏（2009）[③] 在考察联合国文化发展指标和新西兰文化测量指标后，提出适用于中国区域经济发展的指标测量体系，他们在2005年对中国地区文化资本指标测量后，发现区域文化资本存量和发展极不平衡，在此过程中提出文化资本的概念应该表现为人类文化财富积累的综合，并着重体现在文化的内生价值和外显财富价值上，可以具体表现为包括文化能力在内的五个具体测量标准。中国学者王云、龙志和、陈青青（2012）[④] 以中国的31个省份为单位测算了2009年至2012年，在文化资本、人力资本和物质资本作为存量的基础上，各资本形态作为生产要素投入在稳定国家和地区经济中的作用，在此基础上，他们提出文化资本的概念应该是文化资本在文化价值累积上带来了财富和文化的双重收益，这些收益在某种程度上可以测量文化作为资本的水平和效度。

---

① 思罗斯比，潘飞. 什么是文化资本？[J]. 马克思主义与现实，2004（1）：50-55.
② 李沛新. 文化资本论——关于文化资本运营的理论与实务研究 [D]. 北京：中央民族大学，2006.
③ 金相郁，武鹏. 文化资本与区域经济发展的关系研究 [J]. 统计研究，2009，26（2）：28-34.
④ 王云，龙志和，陈青青. 中国省级文化资本与经济增长关系的空间计量分析 [J]. 南方经济，2012（7）：69-77.

在人类学方面，主要有詹姆斯·科尔曼（James S. Coleman，1988）[①]从对社会资本的批评角度对文化资本的社会性联系提出了认知，他认为文化资本是随着社会分工发展在人们劳动和创造物质价值过程中内敛的文化性因素，是社会资本的文化性体现。贝克斯·福柯尔特和福尔克·卡尔（Berkes Fikret & Folke Carl，1992）[②]从人与自然的相互作用关系出发，在人类学宗教、伦理和道德的思考层面，认为文化资本的概念可能从人对自然利用和改造的适用性能力这个更加广泛的社会实践角度来定义更加恰当。

中国学者曲如晓、曾燕萍（2016）[③]综合以前学者对文化资本概念的认识，提出了文化资本的双重内涵，他们认为，文化资本包含社会和经济两重性内涵，即"文化资本是一国或某一民族、社会群体独有的能够创造社会和经济效益等系列价值增值的文化特性，既包括无形的价值偏好、思维方式、道德伦理、宗教信仰等精神文化，也包括有形的历史文化遗产、文化物品、文化产业等物质文化"。

综合以上学者的分析，我们可以看出不同学科下的学者观点（表2-4）。

表2-4　文化资本书主要观点综述

学科背景	学者	时间	主要观点
社会学	皮埃尔·布迪厄	1977	布迪厄对文化资本概念采取了模糊性的定义，从三个形态对文化资本的具体构成进行了模糊描述
	詹姆斯·费雪	1987	认为文化资本的增值过程主要存在于教育投入方面，对教育的投入可以实现文化资本主体的价值创造能力，并在这种能力下，实现个体阶层和地位的提升
	乔纳森·特纳	2001	文化资本的定义为那些非正式的语言习惯、人际交流技巧、教育素养、举止风格和品味以及生活方式等
	郝大海	2003	认为文化资本是对上流社会文明举止和行为习惯的掌握程度，越是符合上层社会文化风格、习惯和态度，个体所具备的文化资本含量越高，反之亦然

① Coleman J. S. Social Capital in the Creation of Human Capital [J]. American Journal of Sociology, 1988（94）：94-120.

② Berkes, Fikret, Folke, Carl. A Systems Perspective on the Interrelations Between Natural, Human-made and Cultural Capital [J]. Ecological Economics, 1992, 5(1): 1-8.

③ 曲如晓，曾燕萍. 国外文化资本书综述 [J]. 国外社会科学，2016（2）：100-108.

续表

学科背景	学者	时间	主要观点
社会学	克莱格和舍特曼	2003	文化资本的定义主要从社会制度构建的角度提出，他们认为文化资本主要是构建在两性分工和特有语言行为习惯的社会制度下，且因为文化资本的主体不断付出成本投入使得个体的价值不断得到提升，并由此在政治经济学的视域下对未来的收益产生确定性的影响
	戴维·斯沃茨	2006	文化资本是包括教育资源在内的一切文化元素和社会生活条件下的相关文化活动过程
	朱伟珏	2007	文化资本的定义可以解释为与文化相关的一切有形资产和无形资产的总和，是一个功能性涉指概念。尽管文化资本不能像经济资本和社会资本一样被量化考量，但是文化资本却在社会实践领域发挥着和以上两种资本同等重要的作用，这种功能性的概念将文化资本发生影响的作用和范围作为研究考察的重点
经济学	戴维·思罗斯比	1999	从文化角度切入，分析了文化的社会特性和经济特性，提出他对文化资本的理解：文化的积累结果导致了经济价值的积累，因此文化资本积累的过程可以看成是引起商品和服务不断流动的过程，形成一系列文化内附其中的文化商品，并按照市场规律转化为经济价值
	李沛新	2006	和文化商品相关联的文化资源，内附于思想之中的文化价值观念和可以产品化的文化符号资源
	金相郁、武鹏	2009	文化资本的概念应该是文化资本在文化价值累积上带来了财富和文化的双重收益，这些收益在某种程度上可以测量文化作为资本的水平和效度
	王云、龙志和、陈青青	2013	文化资本的概念应该表现为人类文化财富积累的综合，并着重体现在文化的内生价值和外显财富价值上，可以具体表现包括文化能力在内的五个具体测量标准
	曲如晓、曾燕萍	2016	综合以前学者对文化资本概念的认识，提出了文化资本具有社会性和经济性双重内涵和有形文化资本和无形文化资本的双重形式
人类学	詹姆斯·科尔曼	1988	文化资本是随着社会分工发展在人们劳动和创造物质价值过程中内敛的文化性因素，是社会资本的文化性体现
	伯克斯和福尔克	1992	从人与自然的相互作用关系出发，在人类学宗教、伦理和道德的思考层面认为，文化资本的概念可能从人对自然利用和改造的适用性能力这个更加广泛的社会实践角度来定义更加恰当

基于对文化资本以前研究的归纳，以往学者对文化资本内涵的研究对文化资本在不同学科下的阐释和理解路径提供了很好的视角和进一步研究的可能性，但是其中存在的问题也是比较明显的，主要有以下方面。

首先，自从布迪厄界定了文化资本以来，后继学者一直沿着他的脉络进行研究，一直存在着模糊性定义。虽然从布迪厄开始，文化资本书学者就一直认为，文化资本确切的定义会影响文化资本理论本身的开放性和拓展性，任何对它确切的定义在社会实践层面都是不科学和不严谨的。这样的观念在很大程度上让文化资本作为一个开放性的概念丧失了其元概念的理论普遍指导意义和结构严谨性，但是其灵活和弹性的定义解释让其理论拓展和解释在很大程度上具有不确定性和随意性。

其次，自布迪厄提出文化资本以来，社会学家们在阐释的时候，均带有强烈的阶级意识色彩。文化资本虽然和马克思的作为剩余价值进入再生产的经济资本在阶级意识形态上的凸显性解释有所不同，但是依然被作为统治阶层的惯习权力和文化权力的运用，成为阶级分层区隔的重要手段。同时，文化资本的这种阶级意识形态呈现在某种程度上也加深了社会公平发展和社会资源公平分配发展的阻碍，让社会等级制度在文化层面上得以固化。

最后，文化资本的以往研究在社会关系决定论的基础上，忽略个体层面对文化资本结构的影响作用，过分强调社会结构决定了文化资本的塑造构成意义，后继几乎没有文化资本在个体层面的研究就是基于这个原因。尽管社会结构对文化资本的影响可以从区域经济、教育公平和文化产业等方面予以思考，但是个体作为文化资本的承载如何对社会结构形成影响以及对社会实践活动的反作用的讨论非常不足，文化资本的主体性对个体发展思考的替代直接导致了文化资本的概念在社会决定论下显得僵硬和苍白，反而失去了文化资本在讨论如何通过社会关系方法摆脱主客观二元对立论的意义。

二、关于文化资本影响的相关研究整理

目前，国内外对于文化资本的影响类研究文献非常多，研究方向也较为多元，主要集中在文化资本通过教育对子代的代际传递、阶层流动和对

经济资本的影响方面。

（一）文化资本对个体结构的影响方面

首先，国外关于文化资本对个体影响的研究大多基于布迪厄的文化资本在教育场域的影响假设认识：一个家庭的文化资本总量通过家庭内部关系的代际传递直接影响个体受教育情况，并和个体教育程度直接呈现正相关关系。他在思考社会不同阶层的家庭儿童所取得的社会成就时，大胆地分析出了自身禀赋和教育资源的投入以外，早已存在于家庭中的文化资本沉淀对于儿童教育有深刻的影响，因此阶层之间的文化资本分布差异对于相应社会阶层下儿童的特殊利益获取有直接的影响。此外家庭文化资本通过代际传递固化于个体，并在个体人生发展全历程中产生影响，包括事业机会、社会地位、婚姻择偶和价值观念，等等。在这一假设前提下，大量国外国内的研究针对这一问题展开了相关的文献阐述。布迪厄认为，"由父母的教育文凭、职业类型、社会地位、选择机制和认知等级等形成的文化资本通过学校教育被用以保护自身已有的地位和权力，维护已有社会规则的运行，固化已有的社会阶级分布，从而对个体发展形成产生重要影响"[①]。因此，较多的文献是根据文化资本的代际传递形成对个体深刻影响的论断来研究的。

保罗·狄马乔（Paul DiMaggio，1982）[②]最早实证文化资本对代际传递的影响效果。他针对美国在校高中生展开了一项研究，他们把文化资本和家庭中父母受教育程度、婚姻择偶、大学入学率和性别特征等要素列入指标评价体系，从而验证了文化资本和家庭子女成绩相关性。他们在研究中发现，尽管性别作为中介变量对研究效果有干预性，但是总体上来说文化资本对家庭子女的成绩影响是有正向关联的。

南·阿斯通和麦克·拉拉汗（Nan Marie Astone & S. Mc Lanahan，1991）[③]将儿童发展的思想与教育程度的社会学模型相结合，研究了家庭文化资本和家庭结构之间的关系，即父母双方是否都在家庭中对儿童在高中的成就

---

① 曲如晓，曾燕萍. 国外文化资本书综述［J］.国外社会科学，2016（2）：104

② Dimaggio P. Cultural Capital and School Success［J］. American Sociological Review, 1982, (47): 189-201.

③ Astone N. Lanahan M. Family Structure, Parental Practices and High School Completion［J］. American Sociological Review, 1991(56): 309-320.

影响；根据1986年的数据，调查父母的教育愿望和养育方式的差异是否会导致成绩差异。结论是与青少年一起生活的单亲父母或继父母的孩子，较与自然父母同住的孩子受到的鼓励更少，对学业的帮助更少，父母的参与对孩子的学业成绩有积极影响。

马蒂斯·卡麦金和吉伯特·坎普（Matthijs Kalmijn & Gerbert Kraay Kamp，1996）[1]在1982年和1985年使用黑人和非西班牙裔白人的调查数据，研究了学校教育中种族不平等与文化资本差异之间的联系——父母将孩子社会化为高地位文化的程度。研究结果表明，出生队列（从1900年到1960年）父母文化资本显著增加。黑人的这种增长比白人更快，并且在考虑到种族差异之后持续存在，这表明文化领域存在一定程度的种族融合。结果还表明，接触高地位文化与更高的学校教育水平相关，黑人融入高地位文化有助于各种族融入学校教育。

德·高夫和吉伯特·坎姆（De Graaf & G. Kraay Kamp，2000）[2]针对父母文化资本如何促进荷兰儿童的教育成就进行研究，在参与艺术和阅读行为对儿童的影响方面进行实证，探讨了文化再生产理论和文化流动理论对父母教育背景与文化资本相互作用的问题。

苏萨·杜麦斯（Susan Dumais，2002）[3]认为研究文化资本对男女学生教育成功的影响目前存在相互矛盾的结论，很少有研究考虑到惯习在教育成果中的作用。她分析了八年级男孩和女孩的文化参与情况，并提出了一个包含惯习度量的模型。通过对通常被归为一个单一尺度的文化习俗的详细分析，她发现女性和高等SES学生更有可能参加文化活动。此外，在标准普通最小二乘法和固定学校效应模型中，她发现文化资本对女学生的成绩有积极而显著的影响，无论是否有对布迪厄惯习概念的控制。对于男学生，效果较弱，仅存在于固定效应模型中，因此惯习对所有模型中的男女学生都有很大的影响。她认为，传统的性别刻板印象在男学生缺乏文化参

---

[1] Kalmijn M., Kamp G. K., Race, Cultural Capital, and Schooling: An Analysis of Trends in the United States [J]. Sociology of Education, 1996(69): 22-34.

[2] Graaf D., Kraaykamp D. Parental Cultural Capital and Educational Attainment in the Netherlands: A Refinement of the Cultural Capital Perspective [J]. Sociology of Education, 2000(73): 92-111.

[3] Dumais S. Cultural Capital, Gender, and School Success: The Role of Habitus [J]. Sociology of Education, 2002(75): 44-68.

与方面发挥作用，可能更鼓励女学生利用其文化资本在学校取得成功。

安妮特·拉罗和艾略·温宁哥（M. Lareau&E. Weininger, 2003）[1]结合两个中心前提对文化资本的主导解释进行了阐释。首先，文化资本表示对"高雅"审美文化的了解或熟悉。其次，文化资本在分析上和因果上不同于其他重要形式的知识或能力（称为"技术技能""人力资本"等）。他们强调布迪厄认为社会公共教育是阶层强加于社会个体的能力标准，利用来自家庭和学校关系中社会阶层差异研究的人种学数据，展示了一个非裔美国中产家庭如何以低于平均水平的方式获得文化资本。

温勒·乔治（Werner Georg, 2004）[2]研究表明，在PISA等许多定量调查中，德国教育系统显示出强烈的社会不平等，特别是在向高等教育和大学过渡的过程中。最重要的是，冲突理论的理性选择模型和方法被用作解释这些发现。在这一贡献中，布迪厄的文化资本理论是在一项后续调查的基础上进行检验的，这项调查涉及的年龄在16至35岁之间。由此可见，文化资本在家庭中的传播具有实质性的再生产效应。

马蒂思·尤格和安德斯·霍姆（Mads Meier Jeager&Anders Holm, 2007）[3]分析了社会阶层对丹麦儿童中等教育选择的影响，其中最重要的是文化资本的影响。根据流动制度理论，他们认为在丹麦所属的斯堪的纳维亚流动制度中，社会阶层对教育成就的影响主要应以非经济资本形式来解释。在使用极为丰富的丹麦纵向调查来构建经济、文化和社会资本的实证指标后，他们还为统计分析建立了一个扩展的随机效应框架。研究结果是，文化资本是教育成就的最关键的预测因素。

露西亚·泰摩特和道格拉斯·威廉姆思（Lucia Tramonte & J.Douglas Willms, 2010）[4]的研究区分了两种形式的文化资本，一种是静态的，代表父母的高雅活动和实践；另一种是亲子关系，代表儿童与父母之间的文

① Lareau M., Weininger E. Cultural Capital in Education Research: A Critical Assessment [J]. Theory and Society, 2003(32): 567-606.

② Georg W. Cultural Capital and Social Inequality in the Life Course [J]. European Sociological Review, 2004(20): 333-344.

③ Jeager M., Holm A. Does Parents' Economic Cultural and Social Capital Explain the Social Class Effect on Educational Attainment in the Scandinavian Mobility Regime [J]. Social Science Research, 2007(36): 719-744.

④ Tramonte L., Willms D. Cultural Capital and Its Effects on Education Outcomes [J]. Economics of Education Review, 2010(29): 200-213.

化互动和交流。他们使用来自2000年国际学生评估计划的28个国家的数据来检验这两种文化资本是否与学生的阅读素养、学校归属感和职业抱负相关，在对社会经济地位测量作为因变量之后，研究一种文化资本是否比另一种文化资本具有更强的影响，以及它们在不同成果和不同国家之间的影响是否不同。

帕特里克·安德森和诺德里·汉森（Patrick Lie Andersen & Marianne Nordli Hansen，2012）[1]对由五个完整的挪威义务教育毕业生组成的数据集进行测试，通过使用为寄存器数据开发的类方案，旨在捕获布迪厄描述的基本类划分。发现很多研究结果都支持布迪厄关于阶级和文化的观点。

从国内研究来看，家庭文化资本对于代际传递中教育的影响文献也非常丰富，主要文献如下：

华中科技大学的研究生王洪兰（2006）[2]对家庭文化资本的产生原因、结构和特征进行了细致分析，认为家庭文化资本的代际传递可以分为智力传递和品质传递两个部分，因此家庭文化资本的传递不仅受到社会结构的影响，还受到家庭条件的制约；从历史发展角度来看，家庭文化资本是一个动态的历史变化过程，具有较大的不确定性，且受到社会风俗影响较大。

南京大学学者方长春、风笑天（2007）[3]认为在全国义务教育这一社会制度设计下，家庭文化资本对不同阶层的儿童产生不同的影响效果和代际传递明显特征，这一现象的发现需要社会重新审视社会制度结构下家庭单位作为最小构成部分的文化资本建设问题，以及如何让家庭文化资本体现社会制度下最大的效用。

清华大学刘精明（2008）[4]认为，在推进教育公平理念和政策的过程中，应该把握教育公平的变化形式和内容，影响教育公平的个体能力和社会结构均受到家庭文化资本的影响，这些家庭文化资本的差异可以被划分为内生型和外依型，他们在社会结构变动和教育普及化过程中，对后代文

① Andersen P. L., Hansen M. N. Class and Cultural Capital—The Case of Class Inequality in Educational Performance [J]. European Sociological Review, 2012(28), 05: 607-621.

② 王洪兰. 家庭文化资本的传承研究 [D]. 武汉: 华中科技大学, 2006.

③ 方长春, 风笑天. 家庭背景与学业成就——义务教育中的阶层差异研究 [J]. 浙江社会科学, 2008（8）: 47-55+126-127.

④ 刘精明. 中国基础教育领域中的机会不平等及其变化 [J]. 中国社会科学, 2008（5）: 101-116+206-207.

化资本的传递影响可能导致儿童的社会表现往两个极端发展。

上海理工大学周海玲（2008）[①]的研究表明，对比城市家庭，农民工家庭的儿童受到家庭文化资本的影响导致学业成绩相对较差，主要原因是家庭文化资本对儿童个体发展的影响较深，因此农民工家庭的文化资本需要配合教育制度的改革引起全社会的关注和重视；家庭文化资本对儿童教育影响非常显著，为体现我国教育制度的公平应该将目光投向城市中农民工儿童的教育问题；主要依靠三个手段来解决该问题，即推行教育公平制度建设，为流动儿童家庭文化资本的建设提供有利条件，促进农民工儿童的非家庭文化资本推进作用。

北京师范大学周序（2008）[②]认为，提高农民工子女教育水平应该从家庭文化资本的视角入手，努力提高其资本含量，营造公平教育竞争机制和社会环境。

此外，不同的学者[③]利用家庭文化资本和孩童的学业成绩及社会成就进行了关联影响实证研究，在很大程度上验证了家庭文化资本的代际传递对下一代的影响效果是显著的，并就此提出对策，对策的主要手段是提升家庭文化资本和促进教育制度改革的同时，需要密切关注不同家庭的文化资本差异性和提升手段等。

但是，近年来也有一些中国学者把目光转向文化资本对成年人社会行为和价值观念的研究，主要有：

刘凤芹、卢玮静和张秀兰（2015）[④]分析了文化资本对现代城市居民利他行为的影响，并进一步提出了文化资本可以促进城市居民的志愿者担当

① 周海玲. 论流动儿童教育公平化的策略——文化资本的视角［J］. 教育理论与实践, 2008（25）：23-26.

② 周序. 文化资本与学业成绩——农民工家庭文化资本对子女学业成绩的影响［J］. 国家教育行政学院学报, 2007（2）：73-77.

③ 杨习超, 姚远, 张顺. 家庭社会地位对青少年教育期望影响研究——基于CEPS2014调查数据的实证分析［J］. 中国青年研究, 2016（7）：67-73；李德显, 陆海霞. 高等教育机会获得与家庭资本的相关性研究——基于中国家庭追踪调查CFPS数据的分析［J］. 全球教育展望, 2015, 44（4）：50-60；张惠. 家庭文化资本与幼儿语言发展水平的关系研究［D］. 北京：首都师范大学, 2013；严警. 家庭文化资本研究——基于武汉市两所初中的调查［D］. 武汉：华中师范大学, 2012；程祁. 家庭文化资本及其对幼儿数学学习的影响研究［D］. 上海：华东师范大学, 2009.

④ 刘凤芹, 卢玮静, 张秀兰. 中国城市居民的文化资本与志愿行为——基于中国27个城市微观数据的经验研究［J］. 清华大学学报（哲学社会科学版）, 2015, 30（2）：37-47+187.

行为。朱镕君（2019）[①]认为，文化资本和农村青年择偶问题密切关联，文化资本的提升对青年人综合素质提升关系较大，具有较高文化资本的农村青年在婚恋方面具有较大的竞争力。袁一民（2019）[②]认为文化资本搭建了市民之间的观念美学桥梁，在艺术价值认可方面具有社会场域公共话题创造的构建一致性可能。华维慧（2019）[③]认为，文化资本介入文化生产的过程中，为以往知识分子和文人生活的社会空间构建了文化资本的脉络，塑造了独特的个体文化资本气质。

（二）文化资本对社会结构的影响方面

以布迪厄为代表的文化资本理论研究学者认为，因为文化资本的代际传递固化了社会原有的阶层结构，让结构流动发生的概率和可能不断衰减，社会是以一种"缓慢而趋于静态的趋势使社会结构在很大程度上按照少数社会金字塔顶端的阶层的意志来不断夯实底座的过程"[④]。那么这种作用机制是如何发生的？影响如何？中外学者针对这一问题也展开了丰富的讨论和研究。

在理论研究方面，布迪厄[⑤]认为文化资本是决定阶层固化和阻碍阶层流动的主要原因之一，文化资本的资源匹配不平均直接导致了阶层分化的结果。在布迪厄看来，现代工业社会阶层分化的主要原因是经济资本分配的不平均和文化资本分配的不平均，经济资本起到了关键性的主要作用，而文化资本的作用虽然同样重要但是相对于经济资本显得更加隐蔽和不易察觉。从以往学者关于财富、收入和固定资产等大量文献研究上看，经济资本对阶层分化的影响不言而喻。但是，对于阶层分化来说，文化资本包括价值观、知识、教育和社会声望等，阻碍了社会下层通过对上流阶层的文化惯习的获得而得到上升的通道和机会。值得注意的是，布迪厄通过对底

---

① 朱镕君. 从文化资本到婚姻资本：理解农村青年阶层流动的一个视角［J］. 南京航空航天大学学报（社会科学版），2019，21（4）：57–61.

② 袁一民. 审美的实践逻辑——关于电影工业美学的社会学再阐释［J］. 北京电影学院学报，2019（12）：4–13.

③ 华维慧. 大众传媒与文化生产：民国上海城市空间中的人文景观［J］. 大众文艺，2019（23）：174–175.

④ Wang Z., Mcnally R., Lenihan H. The Role of Social Capital and Culture on Social Decision-making Constraints: A Multilevel Investigation［J］. European Management Journal, 2018(37) 02: 227.

⑤ 布迪厄. 文化资本与社会炼金术：布尔迪厄访谈录［M］. 包亚明，译. 上海：上海人民出版社，1997.

层缺乏文化资本人群的数量和质量进行考察研究，指出了这部分人群的人口学特征如婚姻情况、性别、年龄、族群和区域居住位置等往往构成了文化资本缺乏人群的内在特征。

围绕这一问题，国外的学者研究建树颇多，主要有：

阿尔文·古尔德纳（Alvin Gouldner，1979）[①]认为在资本主义社会中，实际上有三个阶级，而不是马克思所确定的两个阶级。除了资助生产资料的资本家和从事生产劳动的无产阶级外，还有一个"新阶级"，它提供资本主义生产复杂运作所需的技术专长，是具有丰富文化资本的新兴阶层。这个新阶层被古尔德纳称呼为"知识分子"阶层，他认为知识分子阶层的职业的力量以及专业程度对社会发展具有极大的重要性，这一新群体正在崛起是基于资本主义社会结构的现实结果。如果没有研究科学家、更实际的技术人员和工程师、管理专家和通信专家的贡献，资本家既不能使他的生产性企业最大限度地提高效率，也不能在动态环境中生存。新兴阶层"知识分子"阶层的崛起主要是靠文化资本的力量和原来的资产阶级（古尔德纳称之为"金钱获利阶层"）进行对抗和争取社会资源、空间生存权利，社会底层向知识分子阶层的转换是资本主义社会能否维持公平前进的决定因素，无产阶级向知识分子的转换过程就是文化资本积累对社会结构的改造过程。

约翰·罗曼，L.安德森和埃瑞克·怀特（John Roemer，L. Andersen & Erik Wright，1996）[②]使用"技能资产"这一概念来具象文化资本的概念。将布迪厄文化资本中的技能看作是文化资本的整体表现，体现了社会劳动的盈余产生机制，技能的高低也构成了阶层的分化。他们的观念在资本主义制度和社会主义制度下均能够阐释技能作为文化资本的表现内容对阶层形成的影响。无论是掌握生产资料的资产阶级抑或是无产阶级中具有高级技能的人群，都具有形成有创造力和竞争力的新阶层的基础和现实条件。

朱利安·米思琪（Julian Mischi，2018）[③]认为，文化资本是分析工

---

① Gouldner A. The Future of Intellectuals and the Rise of the New Class［M］. New York: Macmillan Corporation, 1979.

② Roemer J., Arneson R., Wright E., et al. Equal Shares: Making Market Socialism Work［M］.［S.1.］: Verso, 1996.

③ Mischi J. Working-Class Politics and Cultural Capital: Considerations from Transformations of the French Left［J］. The Sociological Review, 2018(5): 63

人阶级行动主义的一个相关和有用的概念，它不应该只是教育内容对资本形式的转化，而应该是资本形式对教育本质的包含。工人从社会积极行动中获取教育资源，可以弥补他们正规教育的不足，使他们能够建立以行动为基础的文化资本。从这个角度来看，努力加入行业工会的工人活动应该被视为维权活动，呼吁培养特定的技能和继续教育，以方便对其提供社会提升的可能性。她的研究还阐明了工人阶级和政治精英之间不断扩大的分歧，这种鸿沟可以在许多欧洲国家，尤其是农村地区被观察到并为下一步研究提供素材。

美恩·弗莱门和魏佳德·加尼斯（Magne Flemmen & Vegard Jarness，2018）[1]，在讨论当代社会阶层是否以及如何以不同的生活方式为标志的过程中，创立了社会空间的模型框架，这是由布迪厄的区隔开创的一种新的阶级分析方法。与许多研究对下层阶级"脱离"和"不活跃"的描述形成鲜明对比的是，他们的研究发现了凭借惯习不同的社会阶层架构的证据。因此，他们的分析肯定了布迪厄社会阶级模型的有效性以及阶级倾向于采取地位群体形式的观点。他们的研究挑战了文化分层研究中的主导理论，认为对社会中产和上层阶级文化品位的学习可以迅速提高工人阶级的地位，实现其阶层的流动和跨越，获得与城市中层和上层社会同样的阶级待遇与身份接纳。

在中国的学者中，关于文化资本和阶层差异的研究文献相对较少，主要有：

香港中文大学刘欣博士（2003）[2]认为布迪厄的社会阶级理论主要描述了布迪厄对阶级概念、资本与阶级分类、阶级习惯与品位、阶级轨迹与相关主题的理论见解，并对布迪厄关于阶级理论的重要贡献及其局限性进行了评述，强调了文化资本作为布迪厄阶级理论重要组成部分的启发式含义，以及将其应用于中国社会发展中一些实证研究问题的可能性。

广东省社科院的郁方教授（2005）认为，自中国改革开放以来，目前社会上形成了稳定的三级阶层结构，其中中产阶级所处的地位结构较为稳

---

① Flemmen M., Jarness V., Rosenlund L. Social Space and Cultural Class Divisions: The Forms of Capital and Contemporary Lifestyle Differentiation［J］. The British Journal of Sociology, 2018(69): 124-153.

② 刘欣. 阶级惯习与品味：布迪厄的阶级理论［J］. 社会学研究, 2003（6）: 33-42.

定，人群相对集中，特征多样性和广泛性最为突出，这些特征里消费文化和消费主张所起的作用被认为代表其文化资本的显性特性，在中国消费力领域承担着相对稳定的主流角色[①]。郁方教授试图用一种历史的、流动的视角审视中产阶级消费文化主张和文化资本特征在中国消费社会中对阶层分级所构建的社会形态，进而从文化的角度考察中国阶层的结构和分级并对未来的研究方向进行预测和设计。

同济大学学者朱伟珏[②]（2006）在系统研究布迪厄文化资本理论的基础上，对于文化资本与阶级分层研究提出了理论思考。她在社会平等视角下认为文化资本的差异导致了阶层的差异，区别于经济结构和职业特点，她认为文化资本对阶层分化的作用在目前中国社会越来越明显，在解决中国阶层结构差异的制度性设计上，文化资本这一重要原因不应该被忽略。

上海交大的姚俭建教授（2005）[③]认为，作为社会阶层构成的社会行动者在社会实践中具有三种特性：包含在总体资本中文化资本的总量，文化资本在总体资本中的占比和动态实践积累中文化资本的积累程度。这三种特性共同决定了中国阶层构建的稳固性和流动性发生的可能。权力、教育和市场是中国阶层发生的场域，在这些场域内，不同阶层的品位、惯习和价值认识在很大程度上受到文化资本的影响，呈现出显著的差异。

复旦大学博士刘军（2008）[④]在研究中发现，基于中国复杂的现实社会条件，通过传统的社会学分析方法对阶层结构和差异进行分析已经不能满足目前中国现阶段阶层分化的根源研究，而应该采取一种更加多元的、文化的视角来看待中国阶层分化的现状和动因。通过引用布迪厄的文化资本观念，刘军认为阶层在文化层面上可以被看作是"符号"表达，这种表达伴随着文化资源实力的展示和文化道德观的体现，因此不同阶层的分水岭应该从经济身份向文化身份进行转移，不同阶层的冲突可以看作文化资本占有的冲突和文化资源获取的冲突，对文化资本不平等的分配机制和观念理解导致了阶层之间的不调和与竞争加剧，因此在某种程度上来说，中国

---

① 郁方. 19世纪末以来中国中产阶层的消费文化变迁与特征［J］. 学术研究，2005（7）：13-19.

② 朱伟珏. 文化视域中的阶级与阶层——布迪厄的阶级理论［J］. 社会科学辑刊，2006（6）：83-88.

③ 姚俭建. 论西方社会的中产阶级——文化资本理论框架内的一种解读［J］. 上海大学学报（社会科学版），2005（3）：107-112.

④ 刘军. 阶层文化的冲突与整合［D］. 上海：复旦大学，2008.

社会的和谐就是不同阶层之间文化资本的调和过程。

上海大学仇立平和肖日葵（2011）①经过研究发现，文化资本是个人实现阶层流动、获得社会地位的主要因素。在这个过程中，尽管家庭文化资本通过教育对孩童的学业和社会成就起到关键性的作用，但是对于阶层的社会构成来说，该研究依然是使用截面数据的静态研究，尚不能得到准确、全面和系统性的结论。他们认为要全面细致地研究文化资本对阶层流动的影响，还需要通过地位获得和文化资本流动的相关模型对结果进行进一步的验证和研究，这一模型还需要后来学者的不断努力进而达成准确的测量效果和结论。

东南大学学者洪岩璧和赵延东（2014）通过在2009年对全国城市父母和子女教育问题研究发现②，中国阶层的分化主要是由于经济资本投入上的差别，文化资本在家庭教育方面的影响并未在阶层分化中起到决定性作用，惯习和性情所代表的文化资本不过是经济资本的外在表现而已，在研究经济资本对阶层身份区隔的作用时，很容易混淆了文化资本和经济资本的内在差异和区别。

（三）文化资本对地区经济发展的影响方面

目前国内外关于文化资本对地区经济的影响研究也比较丰富。在文化资本正式被经济学领域所认可以前，古典经济学里文化对经济的影响已经被学者察觉和关注。亚当·斯密③在《国富论》中谈到，文化对经济具有一定的影响作用。马克斯·韦伯④在其著作《新教伦理与资本主义精神》一书中，开宗明义地指出当代资本主义之所以能够快速成长，其根源在于资本主义的精神对其实施的影响。罗纳德·科斯（Ronald Coase）⑤在对新经济制度的研究过程中发现制度对经济发展的影响作用非常显著，这些制度可以表现为很强的文化性阐释意义，包括人情关系、血缘纽带、生活习惯、价值取向和人生态度等等。但是因为文化资本所体现的价值意识、意识形

---

① 仇立平，肖日葵. 文化资本与社会地位获得——基于上海市的实证研究 [J]. 中国社会科学，2011（6）：121-135.

② 洪岩璧，赵延东. 从资本到惯习：中国城市家庭教育模式的阶层分化 [J]. 社会学研究，2014，29（4）：73-93+243.

③ 斯密. 国富论：下 [M]. 郭大力，王亚南，译. 上海：上海三联书店，2009.

④ 韦伯. 新教伦理与资本主义精神 [M]. 康乐，简惠美，译. 桂林：广西师范大学出版社，2010.

⑤ Coase R. The Nature of the Firm [J]. Economica, 1937(04): 386-405.

态等概念过于抽象，经济学家一直排斥将文化资本作为影响经济的具体因素予以讨论，而是将文化资本所包含的概念要素作为影响经济发展的其他直接组成部分，如社会资本、人力资本等予以解释和实证。

戴维·思罗斯比和潘飞[①]在20世纪末正式将文化资本概念引入经济发展领域予以讨论。在《文化资本》一书中，他解释了文化资本和经济发展之间的关系，他指出文化资本和经济发展相互依存，文化资本作为一种经济发展衡量指标，可以用公式测算，文化资本是动态发展的并可以在成本核算等金融领域内予以实践和运用。自此，文化资本在经济领域不断被学者应用为分析经济发展的显性指标，并开创了以文化资本检验经济发展的理论模型和研究范式。自此之后，更多的经济学家从文化资本的价值观念、惯习、生活态度、个人信仰、信用水平和消费习惯等角度出发，分析文化资本作为经济发展的重要解释原因和操作路径。在戴维·思罗斯比之后，深受其影响的部分经济学家继承他对于文化资本的影响观点，在其文化资本积累模型的基础上，更加深入地研究文化资本对经济发展的影响作用，主要体现在文化资本对人们观念价值的影响意义上。人们通过文化资本的提升，促进有形文化资源和无形文化资源的利用效率和使用途径，为提升社会福利和经济效益进行有益的尝试和探索[②]。其中主要有：

大卫·兰德斯（David Landes，2007）[③]在其著作《国富国穷》中谈到，一个国家的精神面貌和文化传统对经济发展意义重大，其官僚意识、文化消费理念、优秀品德、包容态度等对国家经济的发展起到直接作用。此外，他还对不同社会中的文化和企业等无形资产样本做出了大量调查结论，以解释经济上的成败。

经济学家克里斯托弗·科伊和克劳迪亚·威廉姆斯（Christopher J. Coyne & Claudia R. Williamson，2009）[④]认为，通过信任、尊重、自我管理水平和服从指标来衡量贸易开放对"经济文化"的净效应。对国际贸易的开放意味着社会更有可能接触到另类的态度、信仰、观念和价值观，从

① 思罗斯比，潘飞. 什么是文化资本？［J］. 马克思主义与现实，2004（1）：50-55.
② 曲如晓，曾燕萍. 国外文化资本研究综述［J］. 国外社会科学，2016（2）：106.
③ 兰德斯. 国富国穷［M］. 门洪华，译. 北京：新华出版社，2007.
④ Coyne C. J., Williamson C. R. Trade Openness and Cultural Creative Destruction［J］. Journal of Entrepreneurship & Public Policy, 2009: 47-67.

而实现文化资本的交流和积累经历熊彼特式的创造性破坏过程，即文化资本在某些方面被破坏，在其他方面得到加强。最重要的发现是，社会对国际贸易的开放会对经济文化产生积极的影响。一个国家的贸易越开放，就越可能拥有有利于经济互动和创业的文化，从而促进经济发展和增长。

皮尔·萨克和吉约沃纳·瑟格雷（Pier Luigi Sacco & Giovanna Segre，2009）[1]研究表明，文化创造力可以被看作生产过程对无形商品的经济附加值重新定位的更深层次过程的一个实例。在工业化国家，越来越多的商品和服务融入了源于设计、美学、象征和身份价值的重要无形增值，也是最先进竞争的关键要素。当竞争无法通过削减成本进行时，产品创新代表了通过大量应用创造力、工艺和技术转移可以获得的独特成功因素。在此框架内，通过仔细研究经济活动的组织特征，发现文化资本在个体层面形成的独特劳动素质可以在生产过程中直接作用于经济发展本身，因此文化资本对于经济发展的影响可以从人的身体形态所固化的文化影响上清晰而直接地展现出来。

此外，大量的国外学者分析了文化资本和人力资本的区别，提出文化资本对经济的发展虽然也是以人的素质作为中间桥梁实现转化，但是和人力资本有着根本的不同。人力资本在对经济资本转化过程中主要研究"作为社会个体的人怎么影响经济发展"的问题，而文化资本是研究"作为社会个体的人为什么可以影响经济发展"。因此不难看出，人力资本对经济发展的主要作用是技能方式的作用，而文化资本对经济发展的主要作用是认知方式的作用[2]。

在以上国外学者通过经验和理论判断发现文化资本对经济结构的影响作用后，越来越多的国外学者通过数据模型下的实证研究对两者的关系作基于定量研究的补充阐释。

罗伯特·巴罗和瑞秋·马克拉瑞（Robert J. Barro & Rachel McCleary，2003）[3]认为对经济增长决定因素的实证研究通常忽略了作为文化资本重要

---

① Sacco P. L., Segre G. Creativity Cultural Investment and Local Development: A New Theoretical Framework for Endogenous Growth, Growth and Innovation of Competitive Regions [M]. Springer, 2009: 281—294.

② Cite From: Scott A. J. Cultural-Products Industries and Urban Economic Development: Prospects for Growth and Market Contestation in Global Context [J]. Urban Affairs Review, 2004, 39(04): 461—490.

③ Barro R. J., Mcleary R. Religion and Economic Growth [R]. NBER Working Paper, 2003.

组成部分——宗教信仰的影响。为填补这一空白，他们利用有关宗教信仰的国际调查数据，为专业学者调查活动的信众参与率和宗教信仰活动本身对经济增长的意向进行了大量研究。为了找到宗教影响和经济发展的因果关系，他们使用工具变量，这些变量为宗教活动出勤率和信仰影响的分析提供了科学的系统分析依据。这些工具是国家宗教存在和宗教市场监管的虚拟变量，是宗教多元化的指标，也是宗教的组成。他们发现经济增长对宗教信仰的程度有积极的反应，特别是地狱和天堂的信仰，但教会参与对于经济发展的影响却是负面的。也就是说，增长取决于相信归属的程度。这些结果符合宗教信仰影响提高经济绩效的个人特征的观点。反过来，这些信仰是宗教部门的主要产出，教会出勤率衡量了这一部门的投入。因此，可以通过更多教堂的出现对宗教信念进行衡量，因为这意味着宗教部门使用更多的文化资源。

宝拉·萨蓬扎和卢济·格伊思（P. Sapienza, L. Zingales & L. Guiso, 2006）[1]等学者认为，长期以来经济学家一直不愿承认文化可以作为经济发展的可能性决定因素。文化的概念非常广泛，它进入经济话语的渠道如此含糊，以至于很难设计出可检验的假设。在研究中，他们引入了一个较窄的文化资本定义，允许一种简单的方法来开发和测试基于文化资本的经济发展解释。这种方法的几种应用——从研究资本家对文化资本的选择类型和程度作为生产要素的考虑到关于收入再分配的政治决策，在他们的研究中均有所体现。

吉多·塔贝里尼（Guido Tabellinii, 2010）[2]在讨论文化资本是否会对经济发展产生影响的时候，发现欧洲地区的数据能够予以确认。文化资本在他看来是通过个人价值观和信仰的指标来衡量的，例如信任和尊重他人，以及对个人自我决定的信心。为了隔离文化中的外生变异，他将两个历史变量作为工具：19世纪末的识字率，以及过去几个世纪的政治制度。欧洲的政治和社会历史在区域一级为这两个变量提供了丰富的变异来源。在控制同期教育、1850年左右的城市化率和国家效应之后，由历史引起的

① Sapoenza P., Zingales L., Guiso L Does Culture Affect Economic Outcomes? [R]. NBER Working Papers, 2006.
② Tabellinii G. Culture and Institutions: Economic Development in the Regions of Europe [J]. Journal of the European Economic Association, 2010(08): 677-716.

外部文化成分与当前的区域经济发展密切相关成为他的结论。

穆罕默德·可罕和张建华等（Muhammad Khan & Jianhua Zhang, 2010）[①] 试图在选定的亚洲国家中衡量文化资本对经济增长的影响。为此，他们检验了预设的文化资本特征是否对人们的生活产生了很大的影响，从而导致了更高的经济增长。文化因素被纳入使用了世界价值观相关数据分析的基线内生经济增长模型调查（1995—2007）。这种模式结合了文化和经济变量，因此优于那些仅基于经济变量的模型。他们发现文化态度、宗教尊重和自我价值认知对经济增长产生积极影响，对威权主义的盲目服从则从另外一方面抵消了文化资本对经济增长的推动作用。

在中国研究者方面，主要是采用实证的方式进行区域经济和文化资本相关研究，并通过研究结果来分析文化资本对区域经济发展的贡献率和影响因子。

中国传媒大学学者李怀亮、方英、王锦慧（2002）[②]就文化资本和文化产业的关系及其对经济增长的影响作用进行了评述，认为文化产业对促进地方经济发展有推动作用。南京大学的张鸿雁（2010）[③] 把文化产业抽象为"城市文化资本"，对这一概念的内涵进行了解释，并着重提到"城市文化资本"对城市可持续发展和个体社会发展有重要的意义。

南京大学高波和张志鹏（2004）[④] 认为，文化资本对于经济发展的重要影响，主要是从生产要素质量提升的角度来解释的。熊彼得提出的企业家精神主要是指文化资本在企业家价值观里的体现，它对经济增长的作用主要存在于报酬收入的边际增长和生产过程中对生产要素的选择性，往往文化观念和文化价值的选择会直接影响生产结果和效率的最优化路径。

南开大学的金相郁和武鹏（2009）[⑤] 通过对联合国教科文组织和新西兰文化政府机构的文化创意发展指标中的文化资本指标体系进行研究，总

① Khan M., Zhang J. H., Hashmi M. S. Cultural Values and Economic Growth in Asia: An Empirical Analysis [J]. Business and Social Science, 2010(01): 15-27.

② 李怀亮，方英，王锦慧. 文化产业与经济增长关系的理论研究 [J]. 经济问题，2010（2）：26-29.

③ 张鸿雁. 城市形象与"城市文化资本"论——从经营城市、行销城市到"城市文化资本"运作 [J]. 南京社会科学，2002（12）：24-31.

④ 高波，张志鹏. 文化资本：经济增长源泉的一种解释 [J]. 南京大学学报（哲学、人文科学、社会科学版），2004（5）：102-112.

⑤ 金相郁，武鹏. 文化资本与区域经济发展的关系研究 [J]. 统计研究，2009，26（2）：28-34.

结出针对中国各省级行政区划的文化资本现有存量指标的计算公式，针对2005年中国地方文化资本发展的不均衡性进行假设后，得出中国各地区文化资本发展中存在高低水平发展差异的严重性结论。他们采用道格拉斯生产函数指标模型对这些区域进行验证后，发现区域经济发展影响因素中文化资本占比较高，有明显的正相关影响。

学者何文章（2018）[①]通过个体、企业、政府三个层面来对文化资本的特性进行分析，通过"索罗剩余法"进行模型建立，分析各区域经济发展中文化资本的含量和贡献程度，发现文化资本在区域经济发展中具有贡献作用。

此外，吕庆华（2006）[②]认为文化资本可以对经济资本实现转化，主要通过文化资本的历史资源形态和现实资源形态实现。宋振春、李秋（2011）[③]认为文化资本对经济资本的转化可以实现旅游产业的振兴和腾飞，文化资本中文化资源的传承和创新为中国地区和整体旅游业的发展提供了机遇和挑战。他们均认为文化旅游资源中的文化景观、文化遗产和文化传统活动对区域经济整体增长发挥了巨大的带动作用，区域经济增长通过经济的"溢出效应"反过来又能促进个体经济的发展。

王麓怡和邹时荣（2006）[④]认为，随着我国消费结构的升级，文化资本的发展为文化消费提供了更加宽阔的平台和基础，在此基础上，休闲消费也面临升级要求，文化在消费领域中的竞争优势非常明显，具有文化竞争力的企业在竞争中具有更大的生存和发展空间，并对我国其他服务业带来新的拓展空间，同时也必将对城市相关从业人员的文化水平有更高水平的要求和推动。

姜琪（2016）[⑤]通过使用政府行政质量与文化资本的关系构建其对区域经济发展的影响指标，通过2000年的统计截面数据，对中国28个省份的经济发展进行衡量比较，最后发现政府的管理质量需要与文化资本的发展相一致，这种协调性长期处于稳定状态才能对区域经济发展起到关键性作用。

---

① 何文章. 文化资本与经济增长及要素贡献率实证分析 [J]. 社会科学家，2018（4）：75-81.

② 吕庆华. 文化资源的产业开发的文化资本理论基础 [J]. 生产力研究，2006（9）：183-185.

③ 宋振春，李秋. 城市文化资本与文化旅游发展研究 [J]. 旅游科学，2011，25（4）：1-9.

④ 王麓怡，邹时荣. 都市休闲文化对区域休闲产业的激励——以武汉都市休闲文化资源为例 [J]. 自然辩证法研究，2006（2）：91-94.

⑤ 姜琪. 政府质量、文化资本与地区经济发展——基于数量和质量双重视角的考察 [J]. 经济评论，2016（2）：58-67.

三、关于影响农村流动人口城市融入的相关研究整理

在有关城市融入问题研究上，相关文献综述主要从三个方面展开：首先是对目前农村流动人口流入现状的研究；其次，影响农村流动人口城市融入的主要因素和政策解决的研究；再次，从流动人口特殊人群进行分类，在少数民族、儿童、老年三个维度进行文献归纳和整理。期望就城市融入问题进行详尽和客观的文献整理、分析，将城市融入的理论和实践脉络予以梳理，为本书提供城市融入研究的基础视角和逻辑框架参考。

（一）农村流动人口城市融入的现状研究方面

目前，在学术界对于农村流动人口城市融入整体状况研究较多，基于各城市流入地的流动人口管理政策，城市居民接纳态度和农村流动人口素质等方面的情况差异，在研究结论上也呈现不同的讨论角度和方向。但是总体上看，由于我国城乡二元户籍制度的影响，农村流动人口城市融入总体情况并不乐观[1]。目前学术界关于农民工城市融入问题基本达成一致的观点是：现阶段，农村流动人口整体城市融入程度较低[2]，在城市社会中受到社会排斥的影响，这部分人群和城市人口相比，无法享受社会服务和社会制度的平等照护，在城市生活中无法获得城市身份的自我认同和社会融入的获得感[3]。

其次，由于受到流出地文化、经济、政治和生活习惯等因素的影响，农村流动人口在进入城市以后，迟迟无法适应城市的生活，并和城市的主流文化生活产生诸多的矛盾，在不断的自我纠结和现实抗争中，越发呈现出一种候鸟式的"流而不迁"的流动状态[4]，在城市永久定居意愿上体现出焦虑、反复和不确定性[5]。

---

① 李珍. 农民工城市融入问题研究综述［J］. 东南大学学报（哲学社会科学版），2013，15（S1）：56-59.

② 卢海阳，郑逸芳，钱文荣. 农民工融入城市行为分析——基于1632个农民工的调查数据［J］. 农业技术经济，2016（1）：26-36.

③ 梁波，王海英. 城市融入：外来农民工的市民化——对已有研究的综述［J］. 人口与发展，2010（4）：75-87+93.

④ 张振宇，陈岱云，高功敬. 流动人口城市融入度及其影响因素的实证分析——基于济南市的调查［J］. 山东社会科学，2013（1）：28-40.

⑤ 徐祖荣. 以杭州为例浅析流动人口的社会融入问题［J］. 人权，2009（1）：54-57.

（二）制度因素对农村流动人口城市融入的影响方面

目前对农村流动人口城市融入制度影响因素的分析文献研究较为丰富，主要从如下几个方面进行分析。

首先，在户籍制度管理方面。童雪敏、晋洪涛、史清华（2012）[①]认为，目前中国城乡户籍二元对立制度大大限制了流动人口城市融入的可能性，无法将农村流动人口纳入城市整体管理和服务体系中，恶化了农村流动人口的城市融入现状，并在很大程度上加剧了农村流动人口的城市排斥阻碍，让该部分人群成为城市生活中的"孤岛"和"边缘人"。

其次，基于居住政策方面，雷敏、张子珩、杨莉（2007）[②]认为居住隔离是导致农村流动人口城市融入困难的原因之一，因为中国户籍制度的二元对立结构，在城市居住环境中的政策无法对农村流动人口进行覆盖，导致农村流动人口无法和城市户口居民实现混居，在空间上导致了其城市融入的困难。这部分流动人口因工作强度大、工作时间长、上班地方离城市较远，所以往往采用租房的模式，选择郊区进行群租，在物理空间上与城市生活进行了隔离。同时，杨菊华（2015）[③]认为社会环境和社区服务的优劣是农村流动人口实现城市融入的重要参考指标，良好的社会环境和服务对有效接纳农村流动人口可以起到关键性的辅助作用，因此居住的社区应该成为这部分人群城市融入的政策设计首选考虑目标。

再次，基于教育政策方面，教育水平对农村流动人口城市融入的影响较大，目前农村流动人口教育水平对比城市居民依然偏低，在实际上影响了这部分人群的城市融入效率。受到户籍制度的影响，教育制度无法保证农村流动人口子女享受和城市户籍子女同样的教育公平，因此刘玉侠和尚晓霞（2012）[④]认为，教育制度对该部分人群的差异对待限制了以家庭为单位的农村流动人口城市融入的信任和决心，教育区隔加剧了该部分人群的

① 童雪敏，晋洪涛，史清华. 农民工城市融入：人力资本和社会资本视角的实证研究 [J]. 经济经纬，2012（5）：33-37.

② 雷敏，张子珩，杨莉. 流动人口的居住状态与社会融合 [J]. 南京人口管理干部学院学报，2007（4）：31-34.

③ 杨菊华. 中国流动人口的社会融入研究 [J]. 中国社会科学，2015（2）：61-79+203-204.

④ 刘玉侠，尚晓霞. 新生代农民工城市融入中的社会认同考量 [J]. 浙江社会科学，2012（6）：72-76 +82+158.

城市排斥感。此外，吴安华等人（2011）[①]研究认为，高考制度在制度设计方面，未能充分考虑农村和城市教育水平的差异，基于考生户籍所在地的无差别录取原则也为农村流动人口子女继续教育提出了严峻挑战。

再次，在就业政策方面，国家对于农村流动人口的就业统计机制并不健全，失业保障相关政策并未将这部分人口纳入整体保障范围内。牛喜霞和谢建社（2007）[②]认为农村流动在业人口在就业过程中，相应的劳动福利待遇亟待完善，和城市户籍人口同工同酬、享有平等的休息权和其他相关福利待遇需要受到政策和法律方面的进一步明确和保护。

最后，在社会保障政策方面，目前农村流动人口参加社会保障的比例较低，在城市生活过程中风险抵御能力相应也偏低，反映了我国在社会保障制度设计上对该部分人群的重视程度不够，未能有效地把该部分人群纳入我国城市综合社会保障体系总体范围中。因此，石智雷和施念（2014）[③]认为该部分人群在社保方面未受到均匀覆盖，主要体现在城乡社会保障机制的承接机制未能完全贯通，保费金额的城乡差异化和政策宣传覆盖不足等问题。社会保障政策对农村流动人口的覆盖不足，大大降低了农村流动人口城市融入的积极性和其家庭整体抵御风险的能力，成为农村流动人口城市融入的重要制度制约因素之一。

（三）人力资本对农村流动人口城市融入的影响方面

人力资本对农村流动人口的城市融入研究在很大程度上受到了西方相关学者研究的启发和影响。国外学者从人力资本角度着眼，讨论其对移民城市融入的影响机制，主要是建立在"现代理论范式"的研究假设基础上。因此国外学者对新移民融入研究的结论多是新移民如果具有较高的人力资本水平，在城市高度发展的情况下，其城市融入的能力越强；反之，个体人力资本水平越弱，其城市融入水平也越差。西方研究学者从实证方面观察，当新移民流动进入一个经济更发达、政治更开明、文化更先进的城市社会中，与之相匹配的语言能力、职业技术、教育水平和生活习惯等人力资本应该随之更新和发展，其人力资本和社会发展程度相匹配的过

① 吴华安，杨云彦. 中国农民工"半城市化"的成因、特征与趋势：一个综述 [J]. 西北人口，2011, 32（4）：105–110.

② 牛喜霞，谢建社. 农村流动人口的阶层化与城市融入问题探讨 [J]. 浙江学刊，2007（6）：45–49.

③ 石智雷，施念. 农民工的社会保障与城市融入分析 [J]. 人口与发展，2014, 20（2）：33–43.

程就是自我人力资本不断提升的过程。国外学者柏海库·帕瑞克（Bhikhu Parekh，2001）[①] 认为，非社会学历性教育的职业培训、技术手段和行动方式等人力资本的要素是城市新移民快速获得城市融入的砝码，需要不断提升他们的这些人力资本获取能力以实现自我在城市融入中的竞争优势，并取得和原有城市居民在城市发展中的相同地位和身份。学者约翰·古德卢斯特和理查蒙德·安东尼（John Goldlust & Richmond Anthony，1974）[②] 认为随着现代化经济结构的不断发展，各生产要素的配置更加趋于科学，现代化生产对新移民的专业技术要求不断提高，因此新移民的人力资源无法顺应现代社会的发展将引发社会结构性的失业，进而导致家庭困顿和家庭经济收入不足的恶性循环。

在中国学者研究方面，多名研究者（赵延东、王奋宇，2002[③]；李春玲，2007[④]；邓曲恒，2007[⑤]）就人力资本对经济收入的正向回报进行了实证研究分析，表明人力资本越高，个体经济收入也越高，说明人力资本对经济收入有正向影响作用。同时，人力资本积累对于阶层的提升具有积极的影响作用，阶层的提升为农村流动人口的个人事业发展提供了更高的平台。张蕾、王桂新（2008）[⑥] 认为教育既是人力资本的组成要素也是人力资本得以对经济发展实施影响的中介平台，因此以教育为主的知识积累、技能提升、语言表达和行为逻辑等都表现出了人力资本对个体经济的良性助推作用。农民工进入城市后一方面不断学习新的知识技能，另外一方面不断在自身人力资本积累下进行更高层次的学习，最终在劳动市场上获得更好的竞争议价能力，实现自我经济水平的提升。与此同时，人力资本对经济资本的带动也能提升农民工的社会融入水平，为农民工进入城市社会提供了更加优厚的社会平台条件。李树苗、任义科、靳小怡和费尔德曼

① Parekh B. Rethinking Multiculturalism: Cultural Diversity and Political Theory [J]. Ethnicities, 2001（01）: 109-115.

② Goldlust J., Anthony R. A Multivariate Model of Immigrant Adaptation [J]. International Migration Review, 1974(8.2): 193-225.

③ 赵延东，王奋宇. 城乡流动人口的经济地位获得及决定因素 [J]. 中国人口科学，2002（4）: 10-17.

④ 李春玲. 城乡移民与社会流动 [J]. 江苏社会科学，2007（2）: 91-97.

⑤ 邓曲恒. 城镇居民与流动人口的收入差异——基于Oaxaca-Blinder和Quantile方法的分解 [J]. 中国人口科学，2007（2）: 8-16.

⑥ 张蕾，王桂新. 第二代外来人口教育及社会融合调查研究——以上海为例 [J]. 西北人口，2008（5）: 59-63.

（2008）[1]研究发现，受教育程度越高的农民工其社会网络交际范围越广，主动结交城市居民的兴趣也越大，较高的受教育程度对其积极融入城市社会生活圈层具有积极作用，尤其是高中以上文凭的农民工在社会融入方面更加具有竞争力。李培林、田丰（2010）[2]认为，教育收益率是由人力资本作为中介变量直接作用于经济收入的，不同的阶层教育收益率不同是因为不同阶层对人力资本的要求程度不同，更高的阶层对人力资本的要求更复杂和更细化。

（四）社会资本对农村流动人口城市融入的影响方面

国外研究中，社会资本对移民社会融入的研究主要是基于"社会网络范式"理论假设研究视角，认为新移民进入城市后，原有的社会网络虽然可以在很大程度上在新移民融入初期给予相关支持，但是如果新移民不能迅速融入现有的城市社会网络，原有的社会网络反而在其进入城市后会给其社会融入带来负面效应。最先发现这一问题的是美国社会学家安洛吉德罗·波特茨（Alejardro Portes，1993）[3]，他认为新移民在城市社会中可以利用社会网络实现个人就业机会的扩大、个人社会资源的提升和个人积极收入的增加，过度依赖流出地的社会网络则会阻碍其在移民城市中的发展，产生诸多不利的影响。陈·亨利和顿·罗莎莉（Chung Huntington &Tung Sosalie，2013）[4]认为社会资本通过"移民效应"对企业发展起到良性推动作用，反过来又带动了新移民的就业机会，促进其构建自我发展的正确目标。

我国学者任远、乔楠（2010）[5]认为，农村流动人口的融合受到多方面、不同层次社会资本的影响，应该构建一个立体的、多方位的社会资本吸收和接纳模式，让农村流动人口能够自然和干预性结合、主动单向和复合双向结合，在推进融合中实现多维度的融合。悦中山、李树苗、靳小怡

---

① 李树苗，任义科，靳小怡，等. 中国农民工的社会融合及其影响因素研究——基于社会支持网络的分析 [J]. 人口与经济，2008（2）：3-10+72.

② 李培林，田丰. 中国劳动力市场人力资本对社会经济地位的影响 [J]. 社会，2010，30（1）：32.

③ Alejardro Portes. Embeddedness and Immigration: Notes on the Social Determinants of Economic Action [J]. American journal of sociology, 1993, 98(6): 1320-1350.

④ Chung H. F. L., Tung R. L. Immigrant Social Networks and Foreign Entry: Australia and New Zealand Firms in the European Union and Greater China [J]. International Business Review, 2013, 22(1): 18-31.

⑤ 任远，乔楠. 城市流动人口社会融合的过程、测量及影响因素 [J]. 人口研究，2010（2）：13-22.

等（2011）^① 将农村流动人口的城市社会资源进行了进一步划分，并具体结合农民工的就业分布分析了不同的社会关系网络，认为农村流动人口在社会资本支持方面也是一个多维网状的分布形式，不同的社会资本共同作用于农民工在城市中的融入过程，对这些社会资本的取舍是由农民工的具体生存和发展状态决定的。王华斌（2013）^② 认为，农村流动人口的流动本身反映了其社会网络不断升级的要求，随着流入地的社会网络形式的变化，农民工社会资本被赋予了更新的内涵，这些内涵的变化本身包含了农村流动人口社会资本的具体构成因素。

（五）农村流动人口中特殊人群的城市融入情况方面

目前，针对流动人口社会融入的研究呈现越来越细化的趋势，流动儿童、流动老人、流动新生代农民工、在业流动人口的随迁妇女都在近年来的文献中多有体现。截至2017年，中国少数民族流动人口超过1400万人，已经形成中国流动人口的重要组成特征人群^③。少数民族人口在向城市流动的过程中，由于自身的民族习惯、语言和文化教育程度的限制，总体社会融入程度不高，在城市生活中容易被边缘化和感到隔绝孤独^④。他们对城市融入具有较大的"选择性"，这种选择性让少数民族流动人口更加倾向于选择在自己族群内部融合，而排斥和城市其他族群的融合，这种选择让他们在融入城市的过程中不够开放和主动，限制了其城市融入的能力^⑤。

在儿童流动人口方面，目前儿童流动人口处于一种尴尬的境地，由于城乡二元户籍制度的影响，流动儿童在社会接纳和自我身份认可方面都存在城市融入的主客观障碍^⑥。其次，王毅杰、史晓浩（2010）^⑦ 发现，农村流动儿童在社会交往方面，缺乏自信，受到流入地文化的影响，这些儿童

---

① 悦中山，李树茁，靳小怡，等. 从"先赋"到"后致"：农民工的社会网络与社会融合 [J]. 社会2011（6）：137-159.

② 王华斌. 农村人口流动的社会网络构筑与管理 [J]. 华东经济管理，2013，27（7）：121-126.

③ 晏月平，廖爱娣. 城市流动人口社会融合状况研究综述 [J]. 成都大学学报（社会科学版），2016（4）：15-20.

④ 肖昕茹. 我国少数民族流动人口社会融合现状研究 [J]. 云南民族大学学报（哲学社会科学版）. 2015（1）：60-65.

⑤ 李伟梁. 论少数民族流动人口的城市融入 [J]. 黑龙江民族丛刊，2010（2）：35-40.

⑥ 白文飞，徐玲. 流动儿童社会融合的身份认同问题研究——以北京市为例 [J]. 中国社会科学院研究生院学报，2009（2）：18-25.

⑦ 王毅杰，史晓浩. 流动儿童与城市社会融合：理论与现实 [J]. 南京农业大学学报（社会科学版），2010（2）：97-103.

在未来城市融入过程中需要更多的社会帮助和生活指导。孙永丽（2007）[①]认为农村流动儿童在心理认知层面对于城市生活感到陌生，对自我归属感的偏差会阻碍其城市融入的效果和进度。汪萍（2011）[②]立足于社会工作的方法，突出从社区帮助的角度来实现儿童流动人群城市融入的可能。

在老年流动人口方面，在中国目前人口老龄化背景下，随子女向城市流动的农村老年人口逐渐成为流动人口的重要组成部分，这部分人口大多数已经到了退休年龄，其心理上的孤独感和养老的压力让他们在城市融入过程中面临诸多障碍。社会学者刘亚娜（2016）[③]认为，社区作为城市的基层场域在老年流动人口城市融入方面承担了较大的社会责任和功能，在对北京特定社区25位老人的座谈中，她认为代际关系和心理认知是影响老年流动人口城市融入最大的因素，需要政策进行配套和推动。马肖曼（2017）[④]认为在家庭整体流动过程中，老年人口占比相对较小，家庭决策能力不如在业年轻人，因此这部分人群的融入过程相对于年轻流动人群较为缓慢，是正常现象；另外老年人口由于已经完成生命历程的大半部分，教育、工作等社会经历已经实现，在城市融入中更加侧重于心理融入部分。

（六）流动人口的政策管理研究方面

首先，流动人口管理研究目前在国内学术界已经成为一个非常紧迫的研究方向，国内学者从政策分析的角度，对中国流动人口管理的严峻形势提出了意见。郭秀云（2008）[⑤]认为目前中国流动人口的管理不规范将会导致社会风险的增加。戴建中（2012）[⑥]认为流动人口和城市户籍人口的冲突是流动人口在城市融入中受阻的激烈反映，应该从法制角度予以监管。在目前文献研究中，对于流动人口的管理研究主要分为：防范类型的管理模式研究，综合管理类型的管理模式研究和福利类型的管理模式研究[⑦]。根据

---

① 孙永丽. 外来务工人员子女融入城市的心理学研究 [D]. 上海：华东师范大学，2007.

② 汪萍. 外来工随迁儿童社区融入问题探讨 [J]. 苏州大学学报（哲学社会科学版），2011，32（6）：104-108.

③ 刘亚娜. 社区视角下老漂族社会融入困境及对策——基于北京社区"北漂老人"的质性研究 [J]. 社会保障研究，2016（4）：34-43.

④ 马肖曼. 乡—城新生代人口的家庭迁移模式研究 [D]. 长春：吉林大学，2017.

⑤ 郭秀云. 基于人口流迁视角的城市公共安全问题研究 [J]. 天府新论，2008（4）：99-102.

⑥ 戴建中. 流动人口与社会安全 [J]. 北京工业大学学报（社会科学版），2012，12（3）：7-8.

⑦ 晏月平，廖爱娣. 城市流动人口社会融合状况研究综述 [J]. 成都大学学报（社会科学版），2016（4）：15-20.

以上三个模式，经过文献梳理发现，目前流动人口管理政策也主要从流动人口的政策管理法规、流动人口的管理制度和流动人口的管理内容三个方面进行综合研究。

四、关于文化资本指标评价体系的相关研究整理

根据文献综述中的相关整理，关于个体文化资本的指标构建体系研究较少，高质量实证文献并不多，目前仅有几篇文章对其指标体系构建有相关的说明，主要有：

仇立平、肖日葵（2011）[①] 将家庭文化资本进行分类，认为家庭文化资本可以分为高雅文化、文化氛围、教育程度、课程学习程度和客观文化因子，这样的区分主要是两位学者基于家庭文化资本的代际传递效果考虑的，在一定程度上背离了家庭文化资本作为检验社会个体综合文化资本情况的客观标准原则，并不能实现对社会个体文化资本的正确评价和衡量，尤其对高雅文化和文化氛围、客观文化因子等进行定义可能不具备操作性，同时也在概念把握上有自相矛盾的地方。张军、王邦虎（2013）[②] 对文化资本的认识严格延续了布迪厄的文化资本分类标准，他们将文化资本按照具体化形态、客观化形态和制度化形态进行分类，并制定了相关的二级指标（图2-4），但是这些二级指标在具体实证时显得笼统和模糊，且在定义方面并没有很好地实现逻辑自洽，需要进一步细化。

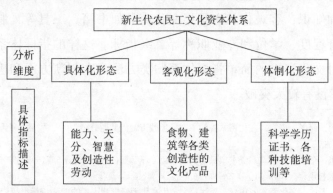

图2-4　张军、王虎邦的新生代农民工文化资本体系

① 仇立平，肖日葵. 文化资本与社会地位获得——基于上海市的实证研究 [J]. 中国社会科学，2011（6）：121-135+223.

② 张军，王邦虎. 新生代农民工城市融入的文化资本支持 [J]. 安徽农业大学学报（社会科学版），2013，22（2）：43-48.

关盛梅、何影、庞文（2015）[①] 从文化资本的传统村落根基意识、技能与培训水平不足以及教育程度低下三个方面初步构建了农民工的文化资本组成部分，但是未能形成系统的指标体系。张翠娥、李跃梅、李欢（2016）[②] 将文化资本直接对应为教育程度，分为小学、初中、高中、大专和大学本科及以上测度标准进行分析，结合经济资本与社会资本一道探讨农民资本禀赋和民主治理参与之间的关系问题。杨毅、王佳（2016）[③] 将文化资本和文化消费进行了关联，认为文化资本中的文化产品消费、文化消费观念的塑造、文化教育水平的积累和文化活动的参与都和文化资本有具体的关系。但是他们的研究中并没有对文化资本进行内涵定义，而是将文化资本的获取等同为文化消费的目的，在理论构建上似有值得商榷之处。程欣炜、林乐芬（2017）[④] 在讨论文化资本的代际传递对农村流动人口金融市民化的影响时，从教育、伦理、教育环境、宗教信仰和乡土联结等方面对文化资本进行定义。此研究对文化资本的构建比起以前的学者更加务实和有开拓精神，对文化资本的理解从布迪厄的文化资本定义出发进行了大胆的扩展，并联系中国实际情况进行了补充。但是这项研究中的文化资本依然没有作为单独的资本现象进行观察，而是与经济资本和社会资本一起参与到整个自变量的构建中，因此显得单薄和不够准确。张少哲、杨敏（2019）[⑤] 在分析文化资本对青少年健康水平的影响时，根据布迪厄理论中文化资本的组成部分，提出具体化状态是指由外在财富内化而形成的价值观、技能和知识，客观化状态是指文化商品如书籍、工具等，制度化状态则是指教育程度、学位和专业职称等二级指标。这样的指标体系依然秉承了传统的对文化资本的简单指标体系归类方法，在创新方面和理论价值贡献方面依然没有较大突破。

---

① 关盛梅，何影，庞文. 文化资本视阈下农民工城市融入问题分析［J］. 安徽农业科学，2015，43（16）：326-328.

② 张翠娥，李跃梅，李欢. 资本禀赋与农民社会治理参与行为——基于5省1599户农户数据的实证分析［J］. 中国农村观察，2016（1）：27-37+50.

③ 杨毅，王佳. 文化资本的集聚与表达：大学生文化消费影响因素的Logistic模型研究［J］. 湖南社会科学，2016（6）：114-119.

④ 程欣炜，林乐芬. 经济资本、社会资本和文化资本代际传承对农业转移人口金融市民化影响研究［J］. 农业经济问题，2017，38（6）：69-81+3.

⑤ 张少哲，杨敏. 美好生活视域下城市青少年健康的影响因素研究——基于文化资本理论的视角［J］. 哈尔滨工业大学学报（社会科学版），2019，21（1）：52-60.

五、关于城市融入指标评价体系的相关研究整理

在完成中国农村流动人口城市融入评价体系构建之前，需要对目前国内外关于城市融入的指标评价体系文献研究进行梳理。

首先在文献梳理之前，需要认识到中国城市融入和目前国际移民社会融合主流研究相比，中国农村流动人口在进入城市过程中所遭遇到的语言障碍、宗教信仰障碍，社会主流价值意识形态和文化观念通行认可障碍更小，在大力推进城乡一体化过程中，城市发展为农村流动人口提供了一个相比国际移民更加宽松和同质化的社会环境。其次，中国农村流动人口的城市融入和国际移民社会融入相比更加具有持续性和多元性的特征，相比国际移民社会融入主流研究的"即时性"特点，中国农村流动人口城市融入研究不仅在于融入的状态还主要考察融入的结果，并对其进行评价，是一个长期动态的研究评价过程。最后，在农村流动人口城市融入过程考察中，需要明确融入的主体对象，这个主体对象可以是群体也可以是个体，但两种不同分析单位的融合评价的理论框架、概念化界定、指标体系以及社会融合的结果有较大差异，因此为和后文中文化资本的群体特征对应，本书梳理也是在群体层面进行测量指标体系的文献统计和分析。

（一）流动人口城市融入指标评价体系的国外相关研究

在布迪厄之前，国外诸多学者对城市融入影响已经有不少论述，主要是有M.高登（M. M. Gordon，1964）[1] 提出的结构和文化"二维融入"，J.辛格－塔司（J. Junger-Tas，2001）[2] 提出的结构性融入、社会—文化性融入和政治—合法性融入的"三维融入"，以及汉·恩特金格（H. Entzinger，2003）[3] 提出的经济、社会、政治和文化融入的"四维融入"。这些针对西方移民社会的融入理论虽然侧重不同，但是都将目光聚焦到结构性的经济、社会结构融入，以及社会结构下的文化融入分析方面，这些方面的考虑和布迪厄的资本划分理论进行结合后，可以通过资本的维度进行归纳，即把影响

① Gordon M. M. Assimilation in American Life: The Role of Race, Religion, and National Origins [M]. Oxford: Oxford University Press on Demand, 1964.

② Junger-Tas J. Ethnic Minorities, Social Integration and Crime [J]. European Journal on Criminal Policy and Research, 2001, 9(1): 5-29.

③ Entzinger H. The Rise and Fall of Multiculturalism: The Case of the Netherlands [M] //Toward Assimilation and Citizenship: Immigrants in Liberal Nation-states. London: Palgrave Macmillan, 2003: 59-86.

农村流动人口的因素按照资本形式，分为经济资本、社会资本和文化资本维度进行考察。其次，这些考察的目标是在社会结构下的农村流动人口在城市中生存和发展的现实处境，及影响其城市融入的原因。

（二）农村流动人口城市融入的指标评价体系构建的国内相关研究

在农村流动人口城市融入指标评价体系的文献梳理方面，通过进一步的文献比较研究发现，目前中国学者大多数时候的确也是围绕着与经济、社会和文化资本对应的经济融入、结构融入和文化融入来进行评价指标体系的构建的。田凯（1995）[①] 主要是从经济、文化、社会三个层面来进行维度划分，朱力（2002）[②] 在田凯的基础上将文化和心理融合为一个维度进行划分，张文宏、雷开春（2008）[③] 将社会融合分为经济、文化、心理和身份融入四个维度，杨菊华（2009）[④] 将行为适应单独作为一个维度来评价农村流动人口的城市融入行为，在社会行动的基础上讨论其融入的效果和障碍。其后的学者余运江、高向东（2012）[⑤]，周皓（2012）[⑥]，悦中山、李树茁（2016）[⑦]，卓玛草（2016）[⑧] 等人也主要是从经济、社会、身份和心理融入的角度来思考农村流动人口的社会融入问题（表2-5）。

表2-5　国内学者对城市融入的维度研究总结

作者	时间	维度分类	测量指标
田凯	1995	经济层面	职业，收入和经济情况
		文化层面	观念转化，价值认同，心理归属
		社会层面	人际交流，生活习惯，闲时活动，消费习惯
朱力	2002	经济层面	职业，收入与住房

① 田凯. 关于农民工的城市适应性的调查分析与思考 [J]. 社会科学研究，1995（5）：90-95.

② 朱力. 论农民工阶层的城市适应 [J]. 江海学刊，2002（6）：82-88+206.

③ 张文宏，雷开春. 城市新移民社会融合的结构、现状与影响因素分析 [J]. 社会学研究，2008（5）：117-141.

④ 杨菊华. 从隔离、选择融入到融合：流动人口社会融入问题的理论思考 [J]. 人口研究，2009，33（1）：17-29.

⑤ 余运江，高向东，郭庆. 新生代乡—城流动人口社会融合研究——基于上海的调查分析 [J]. 人口与经济，2012（1）：57-64.

⑥ 周皓. 流动人口社会融合的测量及理论思考 [J]. 人口研究，2012，36（3）：27-37.

⑦ 悦中山，李树茁. 中国流动人口融合政策评估——基于均等化指数和落户指数的分析 [J]. 中南财经政法大学学报，2016（6）：36-45.

⑧ 卓玛草. 城市资本积累视角下的农民工融入城市能力问题研究 [D]. 西安:陕西师范大学，2017.

作者	时间	维度分类	测量指标
朱力	2002	社会层面	人际关系，圈层接纳，生活方式和行为习惯
		文化和心理层面	意愿，价值观念和文化认同
张文宏、雷开春	2008	经济融合	亲人随迁，居住意愿
		文化融合	对流入地语言、文化、习俗的掌握
		心理融合	社会、职业、住房满意
		身份融合	思想、行为、意识形态的市民化
杨菊华	2009	经济整合	收入水平，就业机会，职业培训，居住环境
		文化接纳	文化熟悉，语言适应，价值观认可
		身份认同	城市居民与农村居民的区分
		行为适应	行为规范，自我约束，教育技能，婚恋行为
余运江、高向东	2012	经济适应	收入、住房与工作的满意程度
		社会接纳	长期居留意愿与对社会公共服务的满意程度
		文化与心理融入	身份非歧视性交流，价值观念认可，人际关系的融洽
周皓	2012	经济适应	经济收入，社会阶层，固定住所，劳动场所
		社会适应	对迁入地的认可度、心理满意度
		结构融入	差序圈层，老家联系，交友质量
		文化适应	语言，外表，习惯，价值观念
		身份认同	自我归属，迁居意愿
悦中山、李树茁	2012	经济融入	收入，房产，职业
		社会融入	乡土文化保持，语言，习惯
		心理融入	身份感，社会距离和归属感
卢海洋、钱文荣	2016	经济融入	工资水平，就业选择，福利状况
		社会融入	社会交往，社会活动参与
		文化融入	文化实践，文化价值接受
		心理融入	心理距离，歧视感受，城市适应
		身份融入	城市身份认同
卓玛草	2016	经济融入	经济收入，职业属性，居住条件，城市社会保障
		结构融入	社会交往，社会参与，居住区位，迁移模式
		城市适应	融入城市难易度，工作满意度，参保意愿，子女教育重视程度
		身份融入	自我身份认同，留城意愿，未来发展规划，对下一代城市化期望

这些国内学者提出的构建指标一方面可以为本书指标评价体系提供相关的文献证据参考，另外一方面基于后文所提出的文化资本和经济资本与社会资本的转换关系，可为文化资本对农村流动人口的影响形成理论解释归纳。

此外，张文宏、雷开春（2006），周皓（2012）和卓玛草（2016）对城市融入的指标体系分析解释较为具体，在指标体系构建中规避了对文化融入解释的模糊和不全面问题。虽然很多学者也将文化融入问题纳入研究视角，但是他们对文化融入的概念分析不够全面，在文化融入指标体系构建中难免出现和其他一级指标相互交叉和矛盾的地方，因此本书主要选取了经济融入、社会融入、心理融入和身份融入四个部分进行具体解释。

六、关于文化资本对农村流动人口的城市融入影响方面

目前，从资本层面对农村流动人口的城市融入影响方面的研究主要是从人力资本角度、社会资本角度和经济资本角度切入。但是，文化资本层面的相关研究非常少，主要有两个研究方向，即文化资本与其他资本转换过程中对农村流动人口城市融入的间接影响研究，农村流动人口的文化资本对其城市融入直接影响研究。

（一）资本转换视角下文化资本对农村流动人口城市融入间接影响的研究

在以前的文献研究中，农村流动人口的文化资本对其城市融入机制的研究大多数是从文化资本对经济资本、社会资本的转化过程来考虑的，文化资本仅仅被当作其他资本对农村流动人口城市融入影响的转换条件或转换后的可能结果来进行思考。

学者刘辉武（2007）[1]继承布迪厄的文化资本理论研究脉络，并进行了中国化的解读。他梳理文化资本对农民工城市融入造成的可能性障碍，主要从农民工文化资本的负面作用入手，将文化资本切分为制度型文化资本和能力型文化资本，并采用观察法进行了一些分析，得出需要提升农民工的人力资本进而将其转化为能力型文化资本，以提高其城市融入的竞争

---

① 刘辉武. 文化资本与农民工的城市融入 [J]. 农村经济，2007（1）：122-125.

性优势。赵芳和黄润龙（2008）[①] 在继续分析布迪厄文化资本理论的基础上，提出文化资本对社会资本与经济资本具有转换的可能性，这种可能性为农民工在社会层面、经济层面和心理层面的城市融入提供了支持。他们的研究侧重于社会心理层面上的社会融入机制介入，并以此为研究视角，重点思考了文化资本在对其他资本转换过程中如何影响农村流动人口心理机制，并为其在城市融入过程中的心理融入和身份融入提供基础条件。张军、王邦虎（2013）[②] 将文化资本和城市融入进行了理论桥接，并对农民工城市融入状态进行了三类归纳——全融入、半融入和不融入类型，结论认为文化资本是推动城市融入的可能性因素。但是他们并未阐述清楚文化资本和城市融入的理论关系和发生机制，仅仅从概念的层次上进行归因，在理论构建上显得模糊，对文化资本的融入机制分析得不够透彻。李振刚和南方（2013）[③] 也提出，农民工群体从农村进入城市以后，通过参加教育培训和文化学习，将文化资本转化成生产过程中的经济资本，通过增加自身的人力资本构成和素质，实现在城市中经济地位的提升。在文化资本转化为经济资本的同时，其城市心理融合程度也会相应提升，实现向"城市人"的科学转变过程。程欣炜和林乐芬（2017）[④] 在进一步考察文化资本、经济资本和社会资本三者的转化关系后，提出农业转移人口金融市民化背后，以上三种资本发挥的作用较大，而三者互相转化关系的实现和积累为金融市民化创造了社会条件，并在很大程度上对农村转移人口的资本代际传递有正相关影响。曾维希、李媛、许传新（2018）[⑤] 等人对农民工进入城市后的心理资本相对于城市融入的影响进行了分析，他们认为文化资本对心理资本的转化对于农民工的城市融入具有正向影响作用，获得感、接纳感和进取性、主动性等心理指标可以帮助农村流动人口树立正确的城市融入心

---

① 赵芳，黄润龙. 文化资本与农民工的城市融入 [J]. 法制与社会，2008（13）：192-193.

② 张军，王邦虎. 新生代农民工城市融入的文化资本支持 [J]. 安徽农业大学学报（社会科学版），2013，22（2）：43-48.

③ 李振刚，南方. 城市文化资本与新生代农民工心理融合 [J]. 浙江社会科学，2013（10）：83-91+158.

④ 程欣炜，林乐芬. 经济资本、社会资本和文化资本代际传承对农业转移人口金融市民化影响研究 [J]. 农业经济问题，2017，38（6）：3+69-81.

⑤ 曾维希，李媛，许传新. 城市新移民的心理资本对城市融入的影响研究 [J]. 西南大学学报（社会科学版），2018，44（4）：129-137+195.

理体系，并让其逐步由不融入状态向永久居住心理意愿迈进。

（二）文化资本对农村流动人口城市融入直接影响的研究

在农村流动人口的文化资本对其城市融入的直接影响研究方面，文献更是极少，现有的文章主要偏重于理论分析，缺乏实证分析，主要有：

刘辉武（2007）[①]通过质性分析，从理论上分析了文化资本对农民工城市融入的影响作用。他把布迪厄的文化资本理论按照两个维度进行了分解，主要从制度文化资本和能力文化资本的方向，结合中国农民工目前文化资本的现状进行逻辑阐述，指出文化资本和人力资本、社会资本一道对农民工的城市整体融入具有影响作用，但是这些影响作用的产生机制、影响过程和影响方面并没有涉及，最后得到的经验性结论缺乏数据实证的支持和验证。

缪青（2007）[②]将文化资本的内核用公民文化的概念进行阐释，着重讨论了农村流动人口在城市融入过程中，公民文化所起到的作用和构建路径。他认为，农村流动人口接受公民文化的影响，是一个从新市民到市民化再到城市文明的逐步融入过程，这个过程是中国现代化建设的重要环节；在这个转变过程中，制度化的文化建设（即文化资本的制度化要求）应该出台相关的政策法规，保证流动人口市民化过程的顺畅，消减城乡二元户籍制度的负面影响。

赖晓飞（2009）[③]尝试采用质性访谈的研究方式，考察厦门工厂的农村转移劳动力的文化资本情况。他在布迪厄的理论基础上，提出应该把文化放在社会结构中去看待，而不是和经济资本、社会资本割裂开来。文化向度对城市融入的影响在个体和社会考察中应该居于中间位置，是可以实现个体主义和社会结构考察的调和考察视角。他有创见性地提出，文化资本在个体的发展中除了受到教育影响以外，还受到场域、惯习差异的影响，这种看法将布迪厄关于文化资本的三个重要概念表述进行了归纳总结，在农村流动人口社会融入过程中进行了很好的综合，最后得出文化资本的

① 刘辉武. 文化资本与农民工的城市融入 [J]. 农村经济, 2007（1）: 122-125.
② 缪青. 从农民工到新市民：公民文化的视野和亟待开发的社会工程 [J]. 马克思主义与现实，2007（5）: 109-114.
③ 赖晓飞. 文化资本与农村流动人口的城市融入——基于厦门市Z工厂的实证研究 [J]. 南京农业大学学报（社会科学版），2009, 9（4）: 91-96.

稀缺和排斥性是导致农民工人群缺乏社会融入机会的主要因素，同时他也认为正是因为文化资本存在后天学习和创新的可能性，也为农民工的城市融入预留了巨大的空间。虽然赖晓飞对文化资本在教育机会、家庭结构背景和文化惯习方面做了阐释，但是依然没有交代三者之间的关系和转换可能，也没有对文化资本的分级指标提出清晰的判断和划分，因此具有较大的主观色彩，得到的结论也比较中性和调和，没有针对其研究问题给出可供验证的确定答案。

关盛梅、何影、庞文（2015）[①]从城市排斥理论出发，对农民工文化资本和城市融入的关系进行了分析。主要讨论了农民工现有文化资本对其城市融入的负面排斥作用，从教育程度相对较低、个人文化素质尚需提升和流出地根深蒂固的传统思想等方面对其城市融入障碍进行归因，最后得出帮助现阶段农村流动人口的方式主要是提升其文化资本的积累，这是一个漫长的过程，主要通过代际传递的教育来实现。这样的结论值得商榷。这项研究在一定程度上对农村流动人口城市融入的现实问题采取回避的态度，寄希望于下一代的教育改良，研究者似乎忽略了社会个体在结构中的文化主动适应性，采取了早已被目前主流社会学界所批评的斯宾塞的社会进化论的理论态度来思考中国社会现实问题，然而这并不是一个好的学理推导和研究策略。

李振刚（2017）[②]第一次采取定量实证研究的方法从制度型文化资本和能力型文化资本两个角度对农村流动人口城市融入的影响进行了研究，认为制度型文化资本对农民工城市融入影响不如能力型文化资本强，并指出技术能力发挥的作用不可小觑。他对农民工社会融入概念进行了重新定义，认为农民工城市融入的过程就是一个逐步被城市市民化的过程，文化资本存在自我适应新的调整需求。但是在研究过程中，能力型文化资本和制度型文化资本的转化关系如何，内涵是什么，以及如何影响城市融入的理论框架并不明确；在具体实证过程中，得出的结论偏政策性，对研究假

① 关盛梅，何影，庞文. 文化资本视阈下农民工城市融入问题分析 [J]. 安徽农业科学，2015，43（16）：326—328.
② 李振刚. 新生代农民工文化资本对社会融合影响的实证研究 [J]. 社会发展研究，2017，4（4）：85—104+239.

设回应不充分，在农民工文化资本角度上没有按照多元文化理论的文化平等逻辑和向度来考虑个体文化资本和社会结构影响下的文化资本的价值中立性，受到篇幅的影响，该文章对问题留有更多的思考空间和余地。

七、文献综述评价

本章主要从文化资本的内涵发展研究、文化资本的影响研究、农村流动人口城市融入的现状研究、指标评价体系的研究现状和文化资本对农村流动人口的城市融入影响研究等五个层面展开。

在文化资本的内涵研究中，在布迪厄之后，中外学者对文化资本这一概念的内涵在不同的时期和不同的学科范围都进行了大量拓展研究，这些研究为本书确定农村流动人口文化资本的概念内涵提供了丰富的视角和思考，同时这些概念的持续研究和拓展也是印证了布迪厄所判断的，文化资本这一概念具有广阔的研究边界，是一个随着时代发展，不断变化和不断丰富的概念范畴。

在文化资本的影响研究层面中，主要分为文化资本对社会方面的影响和对经济发展的影响。在目前的文献综述来看，文化资本对社会方面的影响在个体微观层面依然主要是从教育对家庭文化资本的代际传递着眼，结合布迪厄的场域理论，将家庭、学校和社会看作是文化资本积累的资源争夺场所。从这个意义上，在文化资本构成上，仅仅看到教育成绩的提升和教育资源的积累，忽略了个体的观念价值、思想认识和文化体验等和文化相关的文化资本构成元素。仅仅将文化资本的积累着眼于文化资本的再生产过程，忽略了文化资本在不同地域、群体和社会结构中流动所带来的差异和趋同性，较少从国家民族历史文化长期形成的结构角度对文化资本的内涵和外延予以解释，较少从社会学结构主义的角度观点讨论社会对不同人群文化资本的形成机制和作用过程，均是目前文献中关于文化资本对社会个体方面研究的不足。

在文化资本对阶层结构的形成过程中，国外理论相对于国内较为丰富，但是大多采取社会学结构主义的方式来看待，主要论述社会主流结构下，文化资本不足的个体和群体逐步沦入社会底层结构，文化资本较为丰富的文化精英人口逐步占据社会主流文化圈层，进而进入到上层社会体系中。那么，从个体层面出发的文化资本对自身所处的社会阶层的主动影响如何？个体文化资本所处的文化圈层和主流文化圈层的差异如何比较？文化资本作为经济资本的补充，和经济资本还有社会资本的关系如何，是如何与经济资本和社会资本合作进行阶层结构划分的？这些问题在现有的文献研究中并没有明确给出答案。其次，在现有的文献中，对马克思主义以"经济基础决定上层建筑"的阶级划分的相关论述研究未有明确的体现，马克斯·韦伯关于品味和资本主义精神对阶层的决定的相关思考研究还有待深入，文化资本相关学者对以上两位学者的思想有明确的继承性研究，在相关文献中的体现仍显不足。

文化资本对经济影响层面上，目前的研究比较丰富，但是大多数是从国家、地域经济增长关系或是从促进企业管理者的管理精神和态度的角度进行分析，很少就社会经济个体层面进行研究。在极少的针对个体经济层面影响的研究上，主要是从文化资本对人力资本的转化上形成讨论，依然是针对教育培训和就业技能培养等方面，缺乏创新研究。尤其值得关注的是，文化资本作为生产要素可否纳入经济发展的内生发展模型中，在目前文献中已经有所讨论，但是实证方面依然显得欠缺。

在农村流动人口研究现状分析里，理论阐释依然比较单一，缺乏多角度研究视野，主要是在城市排斥理论主导下就农村流动人口的被动适应问题进行阐释，缺乏多元文化理论、弱势群体理论、社会分化理论和社会距离理论等理论分析和阐释的角度。其次，目前文献中尽管有少量文献关注农村流动人口城市融入的进入、冲突和融入过程与策略，但是大部分文献依然具有社会结构主义主导的特征。这部分文献着重关注社会结构性要素对农村流动人口城市融入的决定性意义，在社会结构视角前提下，该人群的经济融入、社会融入、身份融入和心理融入等融入过程均是作为适应社会结构的城市融入适应的被动选择，忽略了从自身内部文化观念观察的视角。从理论解释上来看，就是农村流动人口在社会化、现代化、城镇化和全球化背景下，主体对社会结构变化的生理和心理适应性转变，具体体现在结构化的社会对个体的单向影响过程。虽然城市融入在整体上是单向度的融入过程，但是这种个体对于城市化社会结构的匹配调整和适应关系直接导致了农村流动人口成为中国现代城市化进程下社会结构调整的必然结果的结论，忽略了农村流动人口在城市融入过程中的自我选择和主动策略，在一定程度上带有很强的二元对立的逻辑色彩和强烈的制度型一刀切的逻辑。

在指标评价体系文献研究梳理中，文化资本对个体的指标评价体系鲜有；而与之相对应的是，国内对于农村流动人口城市融入指标评价体系已经有大量学者进行过研究和实证，并产生了丰富的理论和实证结果。因此本书需要将主要目光放在对于农村流动人口文化资本的指标评价体系构建上去，而围绕本书研究方向，对现有的城市融入指标体系进行梳理后得到较为适合本书研究角度的科学指标评价体系。

在文化资本对流动人口影响分析里，在有限的文献资料里，上文提到的社会结构主义倾向对个体的影响决定非常明显。此外，关于农村流动人口的文化资本的分析并未采取中立态度，而是采取和城市主流文化资本比较的范式，认为农村流动人口的文化资本在数量及质量上和城市文化资本具有优劣之分，这种分析前提显然违背了布迪厄所认为的不同个体的文化资本平等性原则，是一种社会制度解释范式下的主流文化和非主流文化的差异视角观点。因此，关于农村流动人口在城市融入过程中，文化资本影响的自主性选择和分析比较就自然显得欠缺。再次，文化资本和经济资本、社会资本的转换关系，运行机制明显不足，文化资本的构成部分之间的关系在目前文献中没有体现，缺乏对城市融入影响的理论构建和解释逻辑，尚未形成严谨的论证体系。在实证方面，主要借用了社会资本、心理资本和人力资本对农村流动人口的影响进行量化实证框架构建，在人口学变量方面，对于婚姻、性别、年龄等中介变量在指标方面的影响研究缺失，在历史阶段变动和区域集中变化等方面观察没有体现。最后，文化资本代际传递对农村流动人口城市融入影响的相关研究缺失，国内对此方面的研究尚为空白。总体来说，目前文化资本对农村流动人口城市融入的影响研究尚处于起步阶段，后继研究依然存在较大的探索空间和研究空白。

| 第三章 |

文化资本对农村流动人口城市融入影响的
理论构建和机制分析

本章主要讨论的重点是在本书所选取的基础理论分析下，如何构建文化资本对城市融入影响的理论解释框架和机制分析。在该目标下，不仅需要对本书涉及的基础理论进行梳理和分析，还需要对农村流动人口在城市融入过程中的作用进行理论框架搭建，解决农村流动人口文化资本如何与经济资本、社会资本进行转换，文化资本的积累形式是怎样的，具体作用机制如何，等等理论的构建问题。这部分理论构建和机制分析的清晰阐释，可以为后文的实证研究提供较为严谨的理论支撑和相对精确的验证靶向。

第一节　基础理论

在文化资本对农村流动人口的城市融入影响的理论框架构建之前，有必要对本章所涉及的基础理论进行分析。在基础性概念理论如文化资本理论、资本划分理论等和农村流动人口城市融入涉及的基础理论以外，应将文化资本对农村流动人口的城市融入影响作用放在中国现代化发展进程下考察，使其具有基于特定的历史背景和社会现实的分析依据，同时也应该在中国社会学、人口学、经济学和心理学等多重理论观照下进行思考。

基础理论按照文化资本系列理论、社会融入系列理论、人口学相关理论和其他相关系列进行理论梳理，为文化资本对农村流动人口城市融入的影响理论构建进行底层奠基。因此从理论构架上来看，文化资本对农村流动人口城市融入的理论建构是以文化资本系列理论对城市融入系列理论的影响对主要基础进行构建的。充分梳理文化资本系列理论（包括布迪厄的文化资本理论和在文化资本理解上进一步阐释的社会实践理论和资本划分理论等）、社会融入理论（社会弱势群体理论、社会分层理论、社会距离理论、社会排斥理论、多元文化理论和社会认同与社会接纳理论等，这些基础理论共同构成了目前西方社会融入的主要理论解释框架），这两个理论的梳理对进一步分析文化资本对中国农村流动人口城市融入影响具有规导作用。而人口学系列理论（人口质量理论、推拉理论和代际传递理论）体现了文化资本对农村流动人口城市融入影响理论构架中的人口学理论内核，直观地揭示了文化资本对农村流动人口影响中人口学基础理论的发生机制，具有较强的理论解释性特征。此外，马克思的人的全面发展理论和阿玛蒂亚·森的可行能力理论为农村流动人口城市融入在文化资本影响下，提供了丰富的理论视角，它们和布迪厄的文化资本理论具有非对立性和互补性，因而在理论解释框架下的融合是可能的，而要在实现这种融合的基础上构建本书的理论框架，寻找到一条中国特色的文化资本对农村流动人口城市融入的解释路径。

一、文化资本的系列

（一）社会实践理论

文化资本的系统理论是皮埃尔·布迪厄首先提出的，他将文化资本、惯习和场域三个理论归纳到他的社会实践理论体系中。他认为社会实践理论是由以上三个理论构成，文化资本是社会实践的工具，惯习是文化实践的逻辑，场域是文化实践的环境。布迪厄认为我们所处的社会是由两种结构组成的，即社会结构和心态结构，这两种结构在人类社会发展过程中，同步同质且双向互动构建了人类社会的整体面貌。从这个意义上来说，布迪厄所认为的实践更多地从个体出发，是个人的实践，基于现实中个人行为展开，而非社会整体的实践。社会实践理论的核心是个体的主观能动性对外界环境的客观存在性的超越过程，个体的计划能力和目标手段是其改造世界的基础。显然，布迪厄的社会实践理论是对马克思主义人的全面发展理论的继承和发扬，在肯定人的主观性基础上，探讨个体和社会现实的双向互动行为，创见性地把个体的心态结构作为微观结构和社会结构的宏观结构并列研究，从而总结出社会实践的理论内涵构建。其中，布迪厄对场域理论的定义为在现代化的社会中，社会整体由无数的具有高度自主性的独立领域所构成，这些领域的构建遵循着各自的规则和逻辑，并不能直接跨越领域的界限成为其他领域的决定因素①。比如在艺术场域中，审美成为艺术场域的逻辑和出发原则，经济价值和政治意图并不能成为艺术场域的主导力量，即使有时候经济和政治在艺术场域中的作用十分明显。对惯习的定义，布迪厄是这么认为的②，惯习可以被称为"实践感"，是社会中控制个体行动的实际基础。惯习反映了社会科学研究中对于个体主义和社会结构的二元对立的超越，惯习作为"实践感"既来自个体对社会实践的感知，又由社会结构不断的影响和支配，因此惯习是一种综合的社会现实的反映，既存在于个体内，又体现在社会结构中。

（二）资本的划分理论

资本的划分理论也是布迪厄在总结社会实践理论的基础上，提出了文化资本作为独立的资本形态后，按照资本的性质，将经济资本、社会资本和文化资本并列作为资本的三大形态内容。这三种资本形式的划分同样是布迪厄选择了放弃社会结构主义的思考原则，而以个体认知出发的符号隐喻的相关认识观念为出发点来思考社会问题的结果。他多次谈到了"哲学的田野方法"③，即用经验事实和理论来建构社会学的整体认识框架。在资本问题的认识上，他发扬了马克思对资本是"创造剩余价值的价值"的概念认识，认为资本是一种劳动的积累形式，包括了具体化的劳动和肉身化的劳动，即把思考和认识等主观行为也看作资本的内涵之一，资本建立在社会资源对特定人群的占有和排斥基础上，也建立在稀缺的资源的获取能力基础上。他的这一理论后来被很多学者拿来和阿玛蒂亚·森（Amartya Sen）的可行性能力理论进行对比研究，认为文化资本的获取也是一种可行

① Mcnay L. Gender, Habitus and the Field: Pierre Bourdieu and the Limits of Reflexivity [J]. Theory, Culture & Society, 1999, 16(1): 95−117.

② Lizardo O. The Cognitive Origins of Bourdieu's Habitus [J]. Journal for the Theory of Social Behaviour, 2004, 34(4): 375−401.

③ 王震. 哲学里的田野调查——哲学视角下的布尔迪厄 [J]. 哲学动态，2014（5）：50−55.

性能力的获取过程。

（三）文化资本理论

文化资本理论作为个体主观改造人类社会的手段和工具，具有非凡的意义。一方面文化资本是建立在个体心态结构和能力基础上的认识世界和改造世界的工具，另外一方面文化资本作为独立的资本范畴，建立在个体主观计划性基础上，不仅是社会实践中对外部环境所形成文化惯习和场域的无意识接纳，而且是个体有计划的实施对世界改造的手段和能力积累。因此，文化资本的提出对传统社会学、经济学从社会结构解剖个体生存发展的视角进行了突破，更多的重视在个体实践领域中和基础上，从个体的观察角度来思考社会结构，以及个体在社会结构中的作用和影响。

二、社会融入的系列理论

在目前国外对城市融入的理论研究中，主要围绕着"一核三层"展开，一核心主要指城市一体化结构的基本理论，包括弱势群体理论、社会分化理论、社会距离理论和社会排斥理论。三层主要指城市融入方面，包括宏观、中观和微观的三种理论体系，按照黄匡时和嘎日达的研究概括，"一是社会融合的宏大叙事，这部分起源于涂尔干的社会团结理论和马克思的社会共产思想，后被帕森斯、洛克伍德、哈贝马斯和吉登斯等演化为社会整合理论；二是社会融合的族群模式，这是较早使用社会融合概念的研究领域，主要用来研究外来群体与流入地当地居民之间的社会关系，包括克雷夫科尔的熔炉论、帕克的族群关系循环论和戈登的同化过程理论以及多元文化模式；三是社会融合的心理建构，主要从微观个体的心理层面研究社会融入和社会接纳，包括社会认同理论、自我认同理论和社会接纳理论"[①]。这些理论共同构建了目前城市融入的解释体系，并在不同的层面建立了顶层理论框架，后继学者在继续深入探索和思考这些理论的同时，也不断对这些理论进行补充和创新。

在本书的研究过程中，结合目前农村流动人口整体社会融入情况，主要选取弱势群体理论、社会分化理论、社会距离理论和社会排斥理论为核

---

① 黄匡时，嘎日达. 社会融合理论研究综述 [J]. 新视野，2010（6）：86-88.

心理论，以中观和微观理论进行该部分的理论构建。

以社会融合为母概念理论的城市融入理论在提出之初，就深深烙上社会政策的概念标签，因为欧洲社会学学者在研究社会排斥问题的同时，发现在社会结构中被排斥的人群往往处在社会主流文化边缘，在社会不同阶层之间，在种族人群之间都不断形成沟通和交流的鸿沟。这种排斥导致了社会融入的障碍和困难，因此越来越多的社会学家将目光转向社会融入问题研究上，而研究社会融入问题必然受到之前比较成熟理论视野的影响，出现了关于社会排斥、社会弱势群体、社会距离和社会分层等诸多理论认识。

（一）社会弱势群体理论

该理论主要针对社会经济利益分配和社会权利中处于弱势地位的人群，反映了社会结构的不公平和不合理问题。很多学者在社会伦理学的意义上，认为社会不应该将弱势群体的弱势看作负担，而是应该以一种包容的心态去帮助和完善弱势群体的生存权利达成，弥补这些弱势带给他们和社会的负面影响，促进社会公平、正义和和谐地发展。持有这种观点的学者往往呼吁社会非弱势人群面对这一群体的时候，应该体现出一种"社会特殊责任"和"社会附加道义"[①] 来实现对这部分人群的帮助。这一群体的社会劣势主要表现在：经济收入劣势，信息获取手段劣势，专业技术能力劣势，组织关系劣势，权利获取和实现劣势，体能劣势（包括老弱病残）和地区劣势，等等。

弱势群体理论主要关注弱势人群的基本权利实现，主要有生存权利、劳动权利、受教育的权利、社会知情权利和政治参与权利等。同时社会弱势群体理论认为，社会弱势群体的概念，是一个抽象的、象征的概念，而且也是一个社会比较型概念，伴随着该人群在社会中的身份认可而形成，这种身份同时也分为先天身份（如身体残疾、贫困家庭、地理环境等）和后天身份（个人成就、社会地位、职业特征等）。后天身份的可流动和变更性为弱势人群提供了社会流动的空间，社会保障政策为弱势人群的先天身份不足提供了人道关怀和伦理照护，最终以消减弱势人群先天不利条

---

① 吴宁. 社会弱势群体保护的权利视角及其理论基础——以平等理论透视 [J]. 法制与社会发展，2004（3）：60~68.

件，鼓励和创造有利于弱势人群的后天社会权利、机会等，实现社会总体共同发展，这是弱势人群理论的核心思想。

（二）社会分层理论

该理论是社会学从地质学中借用并内化形成的概念理论体系。人类社会中存在分层的现象主要是由于个体和群体在社会位置中的不平等，构成了社会层级的差别。从这个意义上来说，社会层级的差别主要体现在社会个体——人和人之间的资源和权力占有不平等关系的问题，具体体现在社会个体之间、社会个体和自然之间的社会关系，以及这些关系被确立的社会秩序问题[①]。因此，社会分层的关键问题在于社会利益和社会资源是通过何种程序在个体之间、个体和群体之间、群体和群体之间进行分配的，分配机制是如何运转的，分配过程是否是公平的。社会分层理论里代表性的理论学派为卡尔·马克思的阶级分层学派，马克斯·韦伯的以社会身份为识别的阶层分层理论和埃米尔·涂尔干的社会分工理论。三者的主要区别在于马克思在生产关系的认识论下看到阶级分层，并在生产过程中按照生产关系的考察进行研究；韦伯在阶层的视角下，以消费关系考察社会群体和个人身份的差异关系；涂尔干以社会分工的视角，考察群体和个人在工作关系中的分工，以工作过程为研究对象。

（三）社会距离理论

该理论主要由布里尔·塔德（G. Tarde）提出，是主要讨论不同阶层之间融合程度和亲密范围的理论，这种可以度量的阶层差别就是社会距离的实质。齐美尔在深入研究社会距离的社会问题时，进一步从个体角度对这一问题进行阐释。个体在社会生活过程中，对于社会环境的认识存在一个"有效距离"，超过了这个有效距离，作为个体的"我者"和作为客体的"他者"之间的认识平衡关系被打破，个体对社会的不适感就会增加[②]。因此，社会距离理论是一个综合性的理论，既解释了人和人在社会关系中彼此距离的相对位置的适应感，也有人和社会、自然环境中的客观位置的融入感和接纳感。

---

① 刘祖云. 社会分层的若干理论问题新探 [J]. 江汉论坛，2002（9）：89-93.
② 史斌. 社会距离：理论争辩与经验研究 [J]. 城市问题，2009（9）：54-58.

（四）社会排斥理论

欧盟基金会将社会排斥理论定义为，社会将个人或者群体充分参与社会活动的权利予以部分或者全部的剥夺过程。英国政府"社会排斥办公室"提出："社会排斥作为一个简洁的术语，指的是某些人或地区受到的诸如失业、技能缺乏、收入低下、住房困难、罪案高发的环境、丧失健康以及家庭破裂等等交织在一起的综合性问题时所发生的现象。"（Social Exclusion Unit，2001）[①] 该理论在认可经济资源作为社会排斥的核心表现后，将更多目光放在经济基础背后的机会、能力、权利和社会参与等社会关系考察上，将就业机会、福利制度和社会保障等问题作为社会排斥的研究重点，对工业现代化社会下的新型社会关系和社会融入可能性进行了很好的解释和探索。

（五）多元文化理论

中观层面的多元文化理论在20世纪初被美学学者卡伦提出，在美国20世纪60年代民权主义运动时开始盛行，而后该理论逐渐被世界各国社会学学者所接受，直到今天该理论已经成为解释各国社会融合现象的主要理论之一。该理论认为，社会结构中存在多种文化体系和文化理念，这种区别不仅体现在文化框架内容上，还体现在文化框架内容下社会中秉持不同文化理念的不同的个体和人群，这些个体和人群与主流文化人群一样，生活在同一社会结构下，享有平等的社会权利和社会义务，是社会不可或缺的组成部分，在文化价值判断上并没有高下优劣之分，不同的文化内容共同组成了社会的主流文化体系和文化价值观念[②]。

（六）社会认同理论与社会接纳理论

在微观层面上来看，自我认同理论、社会认同理论和社会接纳理论为农村流动人口的社会融入提供了基本的身份构建和心理构建。社会认同理论主要是建构在个人认同和社会认同基础上，个人认同是社会在个体自身的影响和反映过程。在这个过程中，个体不仅要深刻理解自我是如何被社会影响的，同时要认识自我对社会影响是如何做出反应的，即自我不仅仅

---

① Unit S. E. Preventing Social Exclusion [J]. Social Exclusion Unit Office of the Deputy Prime Minister, 2001.

② 王希. 多元文化主义的起源、实践与局限性 [J]. 美国研究，2000（2）：44-80.

是"社会的自我"还是"自己的自我"①。社会认同把视角集中在个人和社会发展的关系上，这一关系更加倾向于单向性，即个体如何主动积极地融入社会生活中，形成个体对社会的认同感，同时需要个体在建立认同后不断加入社会生活的团结和维护中，实现个体利益和群体利益之间的一致性。因此社会认同理论是社会心理学的理论，是实现农村流动人口身份和心理融入机制的主要参考理论。和社会认同理论一样，社会接纳理论也非常关注在社会融入过程中，个体自我的表现和相关能力，主要体现为健康能力、行为能力和文化判断能力等②。这些能力的培养和提升为农村流动人口的城市融入提供了行动目标和规则支持，社会接纳学者目前整理出的系列量表也为城市融入提供了量化分析的研究方法和实证支撑。

三、人口学相关的系列理论

人口学相关理论对于解释文化资本对农村流动人口城市融入的影响非常重要，也是人口学科下相关理论对本书的宏观指导方向，具体如下。

（一）人口质量理论

人口质量，或称人口素质，是相对于人口数量而言的。马克思曾经说过，人口是"一个具有许多规定和关系的丰富的总体"③，因此人口质量可以被认为是人本身具有的认识、改造世界的条件和能力。人口学者杨成钢认为它可以从狭义和广义两个角度来进行观察和定义：从狭义上，人口素质就是人类适应客观环境和改造客观环境的能力，是人之体力和智力的总和，它反映了人的自然属性；从广义上，人口素质是人类对客观外在环境的一种适应状况，它由人口的健康状况、文化水平和道德水平构成，反映了人的社会属性④。继而人口学者穆光宗认为，人口素质的潜能存量在极限的意义上取决于身体素质、智力素质和非智力素质之间既相制约又相促进的关系⑤。按照刘铮、李竞能在其专著《人口理论教程》⑥中的观点，可以

---

① 张莹瑞，佐斌. 社会认同理论及其发展 [J]. 心理科学进展，2006（3）：475-480.

② 吴新慧，刘成斌. 接纳？排斥？——农民工子女融入城市的社会空间 [J]. 中国青年研究，2007（7）：13-16.

③ 马克思恩格斯选集：第二卷 [M]. 北京：人民出版社，1972：103.

④ 杨成钢. 关于人口素质的几个理论问题 [J]. 人口学刊，1986（5）：8-11.

⑤ 穆光宗. "人口素质木桶理论"探析 [J]. 科技导报，1991（8）：20.

⑥ 刘铮，李竞能. 人口理论教程 [M]. 北京：中国人民大学出版社，1985：119.

把人口素质划分为三个方面的素质——人的思想素质、人的科学文化素质和人的身体素质，这三方面共同体现了人口素质的社会历史范畴内涵。

（二）推拉理论

推拉理论是由巴格内（D. J. Bagne）提出的，他指出，推拉理论是系统的人口迁移理论。人口流动的现象往往伴随着改善生活条件的目的，流入地的那些利于改善生活条件的因素就是吸引人口流动的拉力，相反的，流出地相对不利的生活条件就成了推力[①]。人口流动也是由拉力和推力这两股力量决定。他认为，推力是消极因素，这些因素促使移民离开原居住地；拉力是积极因素，吸引那些有改善生活条件愿望的移民迁入新的居住地。巴格内之后，索瓦尼（Sovani）、迈德尔（G. Mydal）、特里瓦撒（Trewartha）、贝斯（Base）等学者都对这一理论做出了一些修正。巴格内的理论也在国际劳工局研究报告中得到了验证[②]。艾瑞特·李（Everett S. Lee，1966）的《移民人口学之理论》[③]，在巴格内理论基础上做出补充，认为流出地和流入地实际上都既存在拉力也存在推力，中间障碍因素便是他补充的第三个因素，主要包括距离、物质、语言和文化的差异，包括移民者自身对以上这些因素的价值判断。故人口流动是这三个因素耦合作用的结果。

（三）代际传递理论

"代"的概念最初属于生物学的范畴，将其运用于社会学当中，"代"的概念便有生物学和社会学的双重属性。在生物学属性方面，代表了代际关系之间关系过程中的祖父母、父母和其他子代之间人类的繁殖；在社会学属性方面，指在一定社会中有大致相同年龄和相似社会特征的人口。不同的代际之间由于不同的社会环境和文化环境，有一些价值观和行为的差异，这种差异通常是指所谓的"代沟"。这种"代沟"在隔代之间更多地表现于思想观念、行为方式、文化习俗等方面，并具有明显的继承性。这种继承性就是所谓的"代际传递"。[④]

① 李强. 影响中国城乡流动人口的推力与拉力因素分析［J］. 中国社会科学，2003（1）：125−136+207.

② Zimmermann K. F. European Migration: Push and Pull［J］. International Regional Science Review, 1996: 95−128.

③ Lee E. S. A Theory of Migration［J］. Demography, 1966, 3(1): 47−57.

④ 李晓明. 贫困代际传递理论述评［J］. 广西青年干部学院学报，2006（2）：75−78+84.

美国当代社会学家皮特·布劳（Peter Blau）与欧提斯·邓肯（Otis Duncan）[①] 在对代际传递的继承性研究中，指出一个社会居民的成就不是偶然的，除了自身努力外，社会的结构和家庭的影响对其具有决定意义，家庭阶层地位或多或少地在子代身上部分或全部的被继承，观念、习惯和文化认同在代际传递过程中起到决定性的作用。

四、其他相关的系列理论

（一）人的全面发展理论

人的全面发展理论——马克思主义的最高目标和根本价值取向。这一理论被马克思称为"每个人的全面而自由的发展"，是人的"自由个性"的全面发展[②]。这一理论建立在对人的科学认识和对资本主义深刻批判基础上，深刻揭示了人类社会和人自身发展的客观规律，是马克思主义理论的重要组成部分。

马克思关于人的全面发展理论论述非常的庞大和丰富，具体来说有五个方面的内容：

人的需求的全面发展。马克思认为人作为社会性的产物，需求是人类的天性，是人作为社会化存在的实践动力和源泉。其需求包括自我生存和发展下的物质需求，社会关系和精神实践的需求，以及自我实现和对自由的需求等。

人类个体主体性的全面发展。作为社会实践的主体，人类凭借其主观能动力和自身的综合素质处于社会实践中的支配地位，人类总是承担着社会运动的主体和目的，并不是无足轻重的社会因素。甚至可以说人的发展史就是社会历史的主体。人的主体性便是人在创造人类历史的实践中展现出的能动性、创造性和自主性。关于人类个体主体性的全面发展不仅是指其在群体空间中呈现的特殊属性，也是指人成为自然界的、社会的和自我发展的主体。这不只是人的全面发展理论的重要内容，更是实现人的全面发展的重要条件。

---

① Cite from: Marsh R. M. The American Occupational Structure ［J］. Social Forces, 1968, 46(4): 561−562.

② Katz C. J. Karl Marx on the TransitionFrom Feudalism to Capitalism ［J］. Theory and Society, 1993, 22(3): 363−389.

人的能力的全面发展。马克思认为人全面发展的核心是人的能力的全面发展。他提出，"任何人的职责、使命、任务就是全面发展自己的一切能力，其中也包括思维的能力"。人全面发展的重要内容之一毫无疑问是能力的发展，发展人的各种才能也是发展人的首要任务。人的能力包括自然的和社会的，潜在的和实际的，体力和智力等多方面内容。只有充分发展这多方面的能力，才能真正实现人的全面发展。

人的个性的自由发展。人的自由个性是人本能力量得到发展的集中体现，是人自身在不同社会领域表现出的生理、心理和社会素质的集合，同时也展示出人的自主性、能动性、独特性和创造性。

人的社会关系的全面发展。人与自然、社会以及他人等关系构成人的社会关系。简而言之，社会关系可以理解成人的本质的现实性表现或人的现实本质。人的本质的全面发展也是人全面发展的核心。同时，人的社会属性即人的社会关系的全面发展就是人的本质的全面发展。人的本质基于社会关系的丰富性、全面性得以丰富和全面。所以人的社会关系得到充分的丰富和发展是人的全面发展的必要条件。若失去个人与社会间的普遍联系，个人的才能也就无法得到发展，人的社会性质也无法充分地呈现。

（二）可行能力理论

阿玛蒂亚·森在贫困系列理论研究中提出的"可行能力的贫困"的核心思想，对研究农村流动人口城市融入能力问题有重要的参考意义。阿玛蒂亚·森在对新古典主义传统福利分析方法提出批评的同时，给出了自己的可行能力解释方法。认为贫困的根源在于可行能力的不足并将其定义为"一种选择有理由珍惜现实生活的真实自由"[1]，是一种为了这个目的而需要具备行动能力的总和，因此这种能力是一种选择自由，是一种机会的优选自主权利的实现。具体到农村流动人口城市融入的语境中，这种可行能力的达成背后是由社会资源的积累程度支撑的，阿玛蒂亚·森明确认为，既然人具有不可约减的二元性，那么可行能力的达成建立在个人福利价值的积累和个人主观能动目标的设定上，该主观目标的设定既包含了经济和社会福利的追求，又包含了个体选择自由在内的文化价值观念的内容。

---

① Saito M. Amartya Sen's Capability Approach to Education: A Critical Exploration［J］. Journal of Philosophy of Education, 2003, 37(1): 17-33.

第二节　文化资本对农村流动人口城市融入影响的理论构建

农村流动人口城市融入是中国社会现代化发展的必然。早期中国城市发展水平并不足以接纳足够的农村转移劳动力，农村流动人口呈现被动候鸟式的迁移状态。在今天，中国城镇化发展已经为大规模农村流动人口进入城市创造了容纳条件，对农村流动人口的接纳"两难局面"已经得到了很大改变。因此，城市发展对于农村流动人口更加友好，户籍二元制度的劣势不断被城市其他方面的普惠政策所抵消，其城市融入阻碍因素的研究视角也必然从城市资本对农村流动人口开放的不足问题转向农村流动人口在城市中的自身融入能力问题。所以农村流动人口在城市融入方面的文化资本影响归因也成为本书主要讨论其城市融入效果时的重要参考方向，沿着这一方面进而探讨农村流动人口资本积累和城市融入水平的关系，成为本书在该问题下理论搭建的主要思路。

一、理论框架构建

在理论框架搭建方法方面，参考运筹学理论的层次分析法（简称AHP方案）来搭建。首先明确要分析决策的问题，并把它条理化、层次化，理出理论的递阶层次结构。目标层：将本书理论研究总体目标设置为目标层，即文化资本对农村流动人口的城市融入影响作为最终目标。准则层：将本书研究的系列基础理论和布迪厄文化资本系列理论作为理论框架搭建的总体指导准则，梳理本书理论框架的内部逻辑结构和理论解释路径。措施层：主要通过文化资本的自身积累、流动和再生产实现农村流动人口文化资本的综合积累能力和水平的提高。

明确各个层次的因素及其位置，并将它们之间的关系用线连接起来，就构成了本书的主要目标递阶层次结构（图3-1）。

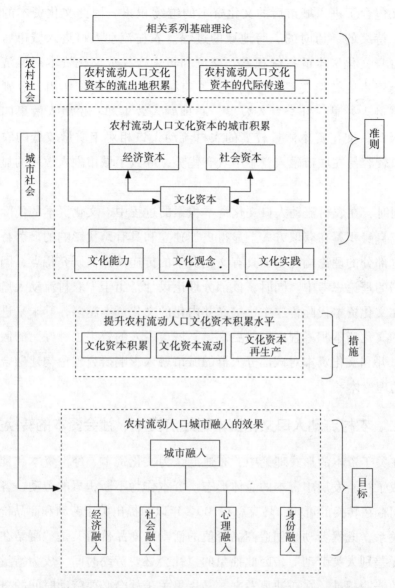

图3-1　文化资本对城市流动人口城市融入影响的理论路线图

　　这一框架主要是从社会学、人口学和其他相关学科理论出发，通过分析文化资本积累的程度、文化资本对经济资本和社会资本的转换关系，实现对城市融入显著影响的探究。农村流动人口文化资本自身积累过程是一个复杂的综合作用结果，既包括了进入城市之前在他们幼年时期代际传递形成的文化资本先天积累和在农村流出地社会实践中的自我文化资本积累，又包含了进入城市后的文化资本的继续积累，因此文化资本的积累是一个持续的、历时的、跨地域的过程。农村流动人口进入城市后不断通过自身文化资本的持续积累、交流和再生产完成文化资本对经济资本和社会资本的转换关系，形成对其城市融入的显著影响作用，分别表现在经济融入效果、社会融入效果、心理融入效果和身份融入效果四个方面。因此，文化资本质量较高的农村流动人口相对于质量较低的农村流动人口较容易在城市融入竞争中具有优势，导致了城市融入效果的显著差异性。

同时，在农村流动人口文化资本积累的过程中，文化资本的代际传递相对于自身积累在获取方式上显得更加独立和具有跨代影响的显著特征，对于这部分的理论构建更加具有文化资本的传递回溯性研究特点，因此纳入本书的理论思考中。同时，该部分理论设计是出于"农村流动人口幼年时期在文化资本代际传递中所接受并内化的文化资本越多，其未来进入城市中的文化资本积累程度可能更高，其城市融入的效果也越好"的假设出发点，并和文化资本对该部分人群的城市融入影响研究理论构建融合成为完整的理论体系。

二、农村流动人口文化资本对经济资本、社会资本的转换关系

在关于资本的形式理论中，布迪厄认为文化资本、经济资本和社会资本构成了社会发展中资本的总体形态。资本作为不断积累的劳动，各个资本之间存在转换的可能。马克思在100多年以前提出关于劳动和商品价值之间的关系，既然劳动是创造商品价值的活动，商品价值又是"凝结在商品中的无差别人类劳动"，因此抽象的"社会必要劳动时间"成为衡量商品价值的普遍标准。在布迪厄看来，马克思关于社会必要劳动时间的概念和界定应该予以肯定并延伸，在文化资本层面的有效劳动和获得文化资本的劳动时间关联后，文化资本的价值既是社会劳动的评价标准又是社会劳动的直接结果[①]。从这个认知出发，文化资本和经济资本、社会资本之间内在转化关系的达成条件和转换标准可以通过有效社会劳动时间形成。例如，

---

① 陈锋. 文化资本导论 [D]. 北京：中共中央党校，2005.

在布迪厄看来，学习语言、养成自身文化习惯等社会实践活动中所消耗的时间对文化资本的价值是可以计算和衡量的。

　　布迪厄关于资本转换的认识，和其"场域"理论密不可分。他认为场域的存在主要是指在社会实践中，具有"从分析的角度来看，一个场域可以被定义为在各种位置之间存在的客观关系的一个网络（network）或一个构型（configuration）。正是在这些位置的存在和它们强加于占据特定位置的行动者或机构之上的决定性因素之中，这些位置得到了客观的界定，其根据是这些位置在不同类型的权力（或资本）——占有这些权力就意味着把持了在这一场域中利害攸关的专业利润（specific profit）的得益权——的分配结构中实际的和潜在的处境（situs），以及它们与其他位置之间的客观关系（支配关系、屈从关系、结构上的对应关系，等等）"①。因此，本书中的"场域"是农村流动人口在城市中充分参与社会竞争的场域，也就是追求城市融入的场域，农村流动人口在城市融入过程中和城市社会居民在经济资本、社会资本和文化资本之间的博弈，决定了农村流动人口在社会关系中所处的位置和融入能力，布迪厄曾经生动地把这种博弈关系定义为富有游戏感的竞争行为。因此在农村流动人口进入城市后，获得城市身份和实质融入的人群是以城市融入效果作为评估标准的。从这个意义上来看，资本社会下的场域中，城市和农村流动人口之间的关系作为参与竞争的主体，该场域里的内部规则被城市融入的规则所取代，农村流动人口和城市其他人口之间的关系形成了该场域的边界。在城市融入中，本书构建理论过程时，认为文化资本起到较关键的作用，农村流动人口城市融入的快慢和文化资本积累质量有密切的关系，因此该场域也是文化资本社会生产的场域，和城市融入形成了交叉。同时，按照我们对文化资本代际传递的理解，文化资本代际传递的场域应该是在农村流动人口幼年阶段，发生场域是农村社会的家庭中，因此也被称为文化资本的家庭代际传递场域。

（一）农村流动人口文化资本对经济资本的转换

　　在现代化的今天，科学技术作为社会生产力发展的主要驱动之一，文

---

① 陈宇光. 论布尔迪厄社会实践理论的三个核心概念［J］. 南通职业大学学报（综合版），2003（4）：43-46.

化资源和文化价值等观念作为文化资本的表现对经济整体发展的影响巨大。文化能力、文化观念和文化实践等作为文化资本的组成部分对经济资本的发展产生了巨大的影响，并不间断地实现对经济资本发展的转化作用。

在文化能力方面，个体作为劳动生产力的提高手段，体现了文化资本作为生产要素环节对生产过程参与中的经济效率的提高作用。劳动生产率的提高直接决定了生产过程中投入和产出比的整体提高，文化资本作为提高劳动生产率的个体资本，主要体现在劳动者个体的素质和技能手段，同时也体现在对劳动对象的数量和质量提升中。一方面，劳动者通过文化学习和价值观培养，不断改进劳动工具和手段，内化科学文化知识，提高劳动技能的普遍熟悉程度，实现劳动者对经济生产效率的提高。在这个过程中，教育起到了非常关键的作用，一方面，教育提升对文化知识的认知和技能水平，通过有计划、系统性地对文化能力进行培养、继承和发扬，总体提升农村流动人口的工作能力和技术水平，增强其文化能力的可行性，实现经济资本的顺利转化。另外一方面，通过教育实现国家产业的优化升级，从国家宏观层面提升产业发展水平，优化经济机构，提升我国整体经济发展能力。具体到农村流动人口中，调动农村流动个体的文化学习和运用能力，提高其身心健康水平，提高其进入社会经济工作中的实践水平，实现推拉理论中城市发展对农村流动人口的吸引和对经济资本的转化作用。另外，通过对农村流动人口教育水平的提高，也为其进入经济领域奠定了较好的文化科技水平，在规模传播水平和教育方法的不断提升过程中，相关的文化知识、科技知识和管理知识不断注入作为生产要素的农村流动人口的思想认知中，为其实现更好的全面素质提升、经济管理能力提升和自我经济改善提供了可能。

在文化观念方面，文化资本对经济资本的转化主要体现在文化观念对经济资本发展的群体凝聚作用。根据多元文化理论的解释，文化资本中关于价值观念、文化认同的一致性让社会个体和群体在经济发展过程中保持文化认同和整体意志，体现了国家民族背后关于历史社会发展经验的总结和积累。这种认识继而升华为民族观念和文化价值理念，对于统一社会经济发展目标，调整个体和群体之间的经济分工和地位，划分经济产业层级都有重要的推动作用。按照韦伯对于社会分层理论的理解,共同的文化认识和价值取向也是劳动个体之间、劳动者和企业之间的沟通桥梁和基础,经济体内的分工协作,彼此合作运转,文化观念担负着重要的作用。同时,文化观念让农村流动人口个体在文化能力运用和文化实践中保持了价值观念的先进性,通过不断更新自我观念实现个体经济收入水平的提升,实现对经济资本的转换过程。

文化实践方面,由于文化产业对国家经济发展的渗透和介入,中国经济发展过程中伴随着文化活动的文化产业层出不穷,文化活动和文化生产承担了文化资本和经济资本嫁接的桥梁作用。在布迪厄的文化实践理论看来,文化资本的活动直接作用于经济活动,文化活动形成的商品价值在市场行为中直接和经济资本的商品价值挂钩,因此文化活动和文化生产相关的文化产业对于经济资本的转化过程最为直接和显性。

(二)农村流动人口文化资本对社会资本的转化

文化资本对社会资本的转化主要以社会网络为资本转换的场所,主体内资本的转换促成了其资本的不断积累,文化资本对社会资本的转换过程中,经济资本作为元资本的中介作用依然显著,也就是说文化资本对社会资本的转换过程中,依然需要通过经济资本发生作用的市场交换领域实现,并体现资本价值的转移、实现过程。继布迪厄对社会资本的资本形式进行简约分析后,波茨和普特兰[①]对这一理论进行了更多的分析。波茨提出布迪厄虽然对社会资本的网络化特征进行了描述,但是缺乏对社会资本作为资本形式的稀缺性这一重要特征的阐述,并进一步研究这种稀缺性是如何在人际关系中进行作用并形成资产概念的。普特兰对社会资本的概念进行研究时,着重对社会资本中生产关系的不均匀分布进行了讨论,他认为社会资本主要体现在社会制度和秩序的构建、社会价值的界定和社会关系网络的形成过程中,其中文化元素和经济要素起到了非常重要的作用。

结合本章相关学科理论基础和以上学者对社会资本理论的认识,文化资本对于社会资本的转换关系的实现有了清晰的理论基础。

---

① 周红云. 社会资本:布迪厄、科尔曼和帕特南的比较 [J]. 经济社会体制比较,2003(4):46—53.

首先，按照布迪厄的解释，文化资本通过教育的体制化结果实现对社会资本的社会规则、社会秩序和社会结构的推动作用。在不同个体、不同家庭和不同阶层里，教育水平的高低直接影响了其社会地位的实现。布迪厄在文化资本的概念上直接将教育文凭定义为体制化的文化资本，就说明教育文凭作为一种文化象征资本，受到社会秩序的承认和维护。在这个意义上来说，一旦个体的文化资本制度化形式——教育文凭的获得得到认可，那么个体在社会发展过程中的自身社会资本就得到了制度上的肯定，被社会规则接纳的可能性就随着文凭的高低呈现正影响相关。这一推论在社会认同理论中也被予以肯定。社会生活中的融入可能性也会随着文化能力中教育程度和学历认可的提升而提升，文化资本和社会资本的转化条件也就自然实现。

其次，文化资本通过个体的观念认知形成社会资本中的价值界定。社会个体的文化资本中的观念认知在不断地形成和更新过程中，社会个体一方面增加了自身在社会网络中的交往习惯、价值意识和行为规范，按照社会接纳理论的解释，在人际交往过程中，更容易被网络中的其他人群接纳，提高了自我社会资本的含量；另外一方面，通过对家庭成员的影响，对周围人际关系网络的文化资本传递也不断发挥文化资本的感染和带动作用，提高了后者的文化资本含量和社会交往的含金量，并使家庭成员在价值意识形态的认知方面趋向一致，形成社会交往中的互相理解和相互促进，提升人际网络的整体社会资本价值含量，减弱了社会排斥理论所讨论的那种社会排斥性，增强了融入性。

最后，活动参与在人际关系网络建立方面实现了其向社会资本转化的意义。威利斯和理查德（Wilkinson & Richard G.）[1]在其调查结果中发现，健康的身心条件下，积极的社会活动参与可以消除社会融入中的焦虑反应，进而提高城市个体的劳动效率和社会圈层交往范围和质量。根据博格达斯对社会距离理论的解释，社会活动互动的亲密性可以增进不同人群之间的社会关系紧密程度和亲近感，文化实践的积极程度直接决定了人际关系网络建立的效果。通过积极的文化实践，个体的人际交往在生活习惯、

---

① Wilkinson, Richard G. Unhealthy Societies: The Afflictions of Inequality [J]. Biochemistry, 1998, 10(8): 1335−1339.

语言表达和思考逻辑方面的无障碍交流，实现以个体为单位的人际关系网络不断扩大；意识形态信仰方面的共同认知，在让以群体为单位的人际关系网络在数量和质量上不断扩大、不断提升方面具有竞争力，因此文化资本的文化实践部分对于社会资本的转换意义是显著和重要的。比如在城市生活中，长期宅居的人群在人际交往范围和社会网络搭建过程中，往往不如积极参加文化活动的人群的社会网络质量高和范围广，其文化资本对社会资本的转化程度也较低。

三、农村流动人口的文化资本的积累方式：自身积累、流动与再生产

农村流动人口的文化资本在已有存量的基础上，通过促进积累、流动和再生产的过程，不断实现着文化资本的增值。这种增值是伴随着中国现代化社会生产条件、全球化进程和城市融入的不断发展而完成的。塔尔科特·帕森斯（Talcott Parsons）[①]认为，以工业生产为基础的现代社会，个体文化资源所拥有的教育技术能力、文化价值认识以及信仰观念，在社会生产过程中具有资本增值的可能，而现代教育体制的确立、文化公共事业的发展和文化市场机制及文化产业相关法规的确立，为这种资本的增值提供了相应的基础。

（一）农村流动人口文化资本的自身积累

对农村流动人口文化资本积累的过程进行理论整理，发现与经济资本和社会资本一样，它们都以资本的稀缺性为资本积累的先决条件。在前文中谈到，文化资本的稀缺性让个体文化资本在社会竞争中有优势和劣势之分，拥有文化资本的个体一旦进入社会，必然为了提高社会竞争力，不断实现自己文化资本的增值，这种动态的积累过程也同样适用于农村流动人口。一旦进入城市，在城市融入过程中，文化资本在流出地农村社会中的竞争优势不再明显，和城市居民文化资本的竞争决定了农村流动人口在经济地位和社会地位中的位置，这种位置的变化也是文化资本竞争力大小和积累程度的变化。流动人口主体在流入地城市社会中一旦丧失了

---

① Parsons T. The Professions and Social Structure [J]. Social Forces, 1939, 17(4): 457-467.

积累的可能，且从流出地社会中继承的存量文化资本不足以实现个体社会竞争化，那么这种稀缺性所带来的收益也会逐渐降低，最终失去优势，转为劣势。

在文化资本积累的社会实践过程中，文化资本具有特殊性的主体特性，主要表现为流动人口是通过自身社会实践不断实现文化资本的积累。布迪厄对于社会实践理论的阐释非常翔实，并把社会实践作为文化资本积累的唯一通道。他认为，社会实践过程中，个体社会实践行动实现了文化资本积累，这种积累是不可能从商品流通中直接继承和购买的，但是商品流通的确又是个体社会实践中文化资本积累的体现方式。也就是说，文化资本是不能够购买的，但是可以通过主体的社会实践活动参与和市场手段进行文化商品的传播，再通过个体文化实践活动内化为自身文化资本，实现个体积累。因此，相比经济资本的积累过程，文化资本的积累过程显得隐秘而间接。于是，个体的文化资本积累，一方面依赖实践主体自身的社会实践活动，也就是文化资源和社会教育内化的过程，即文化资本商品化和制度化的过程；另一方面依赖实践主体的个体身体和心理素质，这两个方面也是布迪厄在文化资本中所谈到的文化资本（客观化）身体化过程。在文化能力实现积累的过程中，主要也是依赖两个过程，即自身文化资本在社会实践中通过不断发展，最终被社会所承认和自身所运用的过程，也是社会实践主体的经济资本和社会资本对文化资本的转换过程。以上两个过程中，个体的文化资本都可以得到积累，并且过程是持续和长期的。

文化资本一旦进入了自我积累的模式以后，积累风险和积累效果的研究就显得非常必要。在农村流动人口方面来看，其积累风险主要是经济成本和机会成本的投入对于城市融入文化资本积累效果的收益比较。这部分人口进入城市以后，在社会实践过程中，文化资本的积累必然伴随着社会实践中教育培训的资本付出，这种资本付出主要是经济资本付出。如果在转换过程中，个体文化认知或者对文化资源机会、政策的掌握并不充分，也就失去转化的时效性，甚至导致资本付出的无效转化，因此农村流动人口在城市融入中存在承担经济资本和文化资本积累的双重风险可能。同时，在文化资本积累过程中，农村流动人口的时间投入直接提高了机会成本，一旦转化失败，积累过程不能很好完成，那么农村流动人口在机会成本上就失去了向经济资本和社会资本转化的可能，那么承担的必然是三重风险。因此文化资本的积累风险也是经济资本和社会资本投入成本的风险，一旦失败，农村流动人口城市融入过程中所面临的障碍就会更加沉重和持久，造成社会融入过程中的恶性循环，这也可能是农村流动人口在文化资本积累过程中对金钱和精力谨慎投入态度的直接原因。

（二）农村流动人口的文化资本流动

在现代社会和全球化背景下，中国城市化发展已经取得举世瞩目的成就，尤其是近几年中国城镇化的发展，其重要特征之一是文化资本的不同区域流动。文化资本的流动体现在不同时间和空间上，就是文化信息的流动、传播和重新组合的过程；从其资本属性的流动上来看，就是资本的转移趋向和行为。因此，文化资本的流动过程可以看作文化资源的传播和资本属性的转移过程。

皮埃尔·布迪厄认为，文化资本既可以为个体所有，又可以为社会结构下国家所有。个体文化资本和国家文化资本的区别在于文化资本的内容的独特和一致性。在考察中发现，农村流动人口的文化资本特性在流动过程中具备了以上两种特征。农村流动人口的文化资本流动，主要是文化资本中文化观念认识方面的交流。农村流动人口进入城市后，其文化认识观念在城市生活过程中必定遭遇挑战和整合。挑战在于，农村流出地现有的文化意识和城市主流文化不一致，这导致了该部分人口需要认真审视自身文化资本是否有利于城市生存和融入。根据以往学者的研究，农村流动人口进入城市后，生活习惯和社会认知与城市人群的差异，导致其思维模式和文化认知模式也存在差异，以往农村生活形成的固定文化思考模式并不一定适用于城市生活，这在布迪厄看来是"惯习"影响了其文化思考和行动实践，因此城市文化的融入需要农村流动人口在文化资本的流动过程中采取更加开放的心态。此外，在文化资本的流动重构方面，农村流动人口如何保有现有文化资本中文化价值观念的优势部分，对城市文化内容和资源进行自我构建，形成适用于自身的文化资本内容，实现文化资本的增值和更新，体现了流动中自我重构的意义及其特点。

农村流动人口的文化资本流动还体现在文化生产活动过程中，当文化生产活动作为一种社会分工形式出现时，个体在该过程中的文化资本流动显得更加直接和显性。文化生产活动就像布迪厄谈到的那样，是一个以场域概念存在的社会实践领域，在这个实践领域中，城市个体进行着以文化资本为砝码的个体竞争。他们在该场域中通过文化商品实现文化资本的交流、文化资源的传播和文化权力的表达。因此，在文化产业场域里，文化资本的流动最终呈现出四种资本形态，第一种是和商品有关的文化商品，通过文化实践者的劳动而呈现物质化的资本形态，在文化商品形成后，这种物质形态和文化劳动过程脱离时空同质关系，如书籍、字画和雕塑等；第二种形态是通过文化活动直接展现的文化资本形态，和文化劳动参与具有时空的同质性，比如非遗表演、现场演出、文化活动和脱口秀等；第三种是向其他产业提供的文化观念和文化价值附着，实现文化品质的提升，这种提升行业文化含量的文化资本流动，在某种程度上也是一种文化资本的转化过程；第四种主要是版权转移、文化衍生品的生产等，是既有的文化资本在不断的流动过程中，实现文化产业链播散的过程，是以核心版权为主的文化资本中心汇聚向周边产业链圈层不断实现文化资本交流放大的过程，也是一个文化资本增值的过程。因此农村流动人口一旦进入文化生产领域，文化资本的流动就是一个持续的、渐进的过程，这个过程不仅提高了自身文化资本，同时带动了文化资本流向领域内的文化资本整体提升，这种流动无疑对其城市融入和城市竞争有着巨大的优势作用。

（三）农村流动人口文化资本的再生产

文化资本再生产的过程在布迪厄看来主要也是在文化资本的三个组成部分上展开，即文化主体的能力自我建构、文化观念的认识和文化实践的行为。在文化主体能力建构方面，布迪厄提出了惯习的概念作为个体文化资本再生产的动因，他谈到"与存在条件的特定阶级相联系的条件作用形成了习性：它是持久的、可变换的一些性情系统，是一些被建构的结构。这些结构倾向于作为建构性结构而起作用，也就是作为这样一些原则而起作用：它们产生和组织了实践和表征，从而，即便并未有意识瞄准一些目标，或者并未明确掌握为达至这些目标必具的运作程序，就可以客观地适应到其结果中去"①。据此，"惯习"在布迪厄看来是指导文化个体的行动性情系统和思考模式，是指导个体感知、认识和行动的内部复杂情绪、心理和认知系统。另外一方面，惯习受到社会结构的影响，一边通过社会结构的不断影响对自我主体文化认知起到指导作用，一边通过主体的惯习又不断重新认识社会和构建自己在复杂社会中的身份、文化理解和意识表达。从农村流动人口角度，农村流动人口的惯习直接影响其文化资本的再生产过程，在城市融入中，惯习的改变、更新和优化是其城市融入的行动变革指导，对其文化资本的改造水平直接反映在文化资本再生产效率上，也就是原有文化资本中惯习对文化主体性的更新过程的快慢、优劣和效率评价中。

　　文化资本再生产过程还体现在教育过程中。既然社会场域的竞争伴随着文化资本的竞争，那么在文化主体的自我教育和社会技能提升上，文化资本再生产的过程必然伴随着文化知识传承和学习的提升，无论是家庭、学校还是社会中，教育就是对原有文化知识体系的更新过程。在这一过程中，原有的文化资本不断在前人固有的、积累的和发展的文化资本影响下得到优化，实现文化资本的再生产过程。这一过程不仅体现在个体身上，还带有明显的代际传递的特征，文化资本主体的下一代在家庭、学校和社会中接受的教育为其文化资本的确认和优化提供了场域。在布迪厄看来教育对文化资本的再生产影响是非常重要的，这种重要不仅体现在个体社会生存上，还体现在个体在社会阶层中的地位划分上。同时，文化资本代际传递作为文化资本再生产的重要方式，一方面体现在社会正式承认的代际传递场域——学校里，这部分内容在文献综述中已经有大量的以往学者的描述；另外一方面体现在文化资本代际传递的另外重要场域——家庭中，父代②的社会行为特征对子女文化资本的继承和积累有较直接的影响关系，该部分理论内容将在后续内容中具体解释。

　　最后，文化资本再生产的过程还体现在文化资本取代的方式上，这种

---

　　① 朱国华. 习性与资本：略论布迪厄的主要概念工具（上）[J]. 东南大学学报（哲学社会科学版），2004（1）：33-37+74-124.

　　② 这里的父代是指家庭层次结构中，上一个较高级别中与当前成员直接相关的成员，含家庭中的父母等。

文化资本再生产的方式相对来说更加激烈，即完全用一种文化资本取代原有的文化资本。弗雷德里克·詹姆森（Fredric Jameson）[1]认为，这种文化资本的再生产过程之所以显得更加有对抗性，是因为文化资本的被完全取代一般伴随着工作生活环境的改变、工作方式的转换和媒介环境的改变，尤其是在西方消费社会下这一点更加明显。例如，五四运动以后，经院式教育被西方文明教育所取代，儒家哲学让位于自然和人文科学，这种现代新的植入必然以摧毁旧文化体系为手段，实现文化主体由过去人向现代人的转变。因此这种再生产方式跨越了旧有的文化体系和文化资源认知，常常是跨地域的文化资本再生产。农村流动人口进入城市后，很大部分会为了实现城市融入采取这种融入方式，按照社会排斥理论解释，如同东方移民进入西方国家以后，为了彻底融入西方社会生活中，免于遭受新融入地区的制度和文化所带来的社会排斥，不得已实现自己的文化认同和文化价值改变，最终改造后形成新的文化资本整体形态。

四、资本转化视角下的农村流动人口的文化资本对城市融入的影响

（一）农村流动人口的文化资本积累与城市融入的影响关系

农村流动人口的文化资本积累能力很大程度上决定了其资本积累的水平，也决定了文化资本对经济资本和社会资本的转化的基础量和效率值。从这个意义上来说，分析农村流动人口的文化资本积累对其城市融入的影响关系，进而从资本转换视角进一步构建三大资本对城市融入的影响关系才具有严密的逻辑贯穿性。同时，在农村流动人口能力视角下讨论文化资本和转换后的其他两种资本形态积累对城市融入的影响，才让文化资本积累对农村流动人口城市融入的影响分析具有逻辑性和参照性。

1904年，英国学者查尔斯·爱德华·斯皮尔曼（Charles Edward Spearman）提出能力的二因素[2]说，这一学说在后来不断被研究拓展，逐渐成为今天社会学和心理学研究中的"能力结构"宏理论。斯皮尔曼认为，

---

① Jameson F. Culture and Finance Capital [J]. Critical Inquiry, 1997, 24(1): 246-265.

② Cite from: Perloff, Robert. Arthur Jensen's The g factor: The Science of Mental Ability [J]. The Psychologist-Manager Journal, 4(1): 5-7.

人的社会实践能力由两部分构成，一个是G能力，也叫普遍性能力，是每个人都具备的能力，是社会实践过程中的标准能力；一个是S能力，也叫特殊能力，是个体在社会实践中具备的特殊能力。G能力和S能力往往在社会能力研究过程中成对出现，衡量个体在社会生产过程中不同的实践水平。一般来说，G能力的总和越大，个体在社会实践中的适应能力越强，竞争优势更加明显，比如经济资本积累的能力、社会资本积累的能力和文化资本积累的能力；S能力是在特殊实践空间中展示的能力，比如文化资本积累过程中的文化能力、文化观念和文化实践等方面的能力，这些能力研究的最终目标在于对文化资本积累的结果评价上（图3-2）。这一分析和布迪厄的社会实践理论也比较契合，布迪厄认为社会实践中特定场域的特定关系构成了社会实践的全部内容，特定场域内的关系构成和参与到场域内的个体自身竞争能力紧密关联。

农村流动人口文化资本积累能力二因素结构

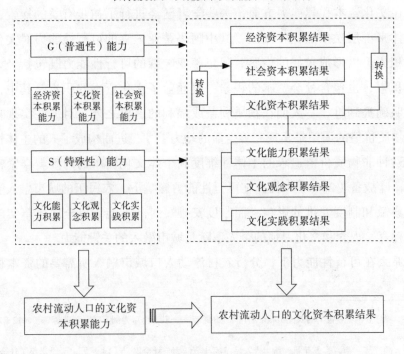

图3-2　农村流动人口文化资本积累能力结构理论分析图

具体到这些资本积累能力对中国流动人口城市融入的资本积累能力的

影响分析，一些中国学者认为：

在经济资本积累能力方面，中国社会学者罗恩立（2012）[1]将就业能力作为农村流动人口经济资本积累的主要能力，是个人生存发展、经济基础搭建和经济地位提升的最重要的能力考虑因素。一旦就业能力具备，农村流动人口在城市的经济和社会地位的确立将受到极大的保护，其个人城市融入具有极大的可能。

在社会资本积累能力方面，主要是胡晓江、南方和郭元凯（2014）[2]提出，具备社会资本积累的能力就满足了农村流动人口进入城市后融入的能力基础，社会资本积累能力的确认不仅让农村流动人口在社会关系中获取社会资源，还能够让他们不断在社会实践中获取教育培训的能力提升，实现自我城市融入的快速达成。他们还认为这种社会资本积累能力是农村流动人口技能和行为实践的结果总和，真实反映了农村流动人口在城市融入中的竞争实力。

在文化资本积累能力方面，一些学者已经进行了初步有益的探索，但是总体来说层次依然比较浅显，其中阿玛蒂亚·森的可行性能力对文化资本的积累可以形成较好的借鉴。阿玛蒂亚·森的可行性能力既包括经济资本的积累，也包含社会资本的积累，更涵盖了文化资本的积累。其中，森曾经明确提到过，"人们在物质利益或福利的追求之外，对那些实现自身的非物质价值的渴望是实现完善生活的动力"[3]，进而构成了人的主体性维度。这种非物质价值追求的主体性维度和个体文化资本的内涵契合紧密。因此，叶战备（2009）[4]提出在可行性能力影响下，农民工的城市融入受到自身禀赋和制度安排的影响，而制度安排短时间不能予以全面改革实施，包含教育、观念和文化习惯的个人禀赋是城市融入的关键能力。

那么在可行性能力下，分析农村流动人口城市融入所需要的资本积累

① 罗恩立. 就业能力对农民工城市居留意愿的影响——以上海市为例 [J]. 城市问题，2012（7）：96-102.
② 胡晓江，南方，郭元凯. 新生代农民工的社会能力与社会融合 [J]. 同济大学学报（社会科学版），2014，25（2）：51-60.
③ 刘科. 能力及其可行性——阿玛蒂亚·森能力理论的伦理基础 [J]. 社会科学，2018（1）：118-126.
④ 叶战备. 可行能力视阈中的中国农民工问题研究 [J]. 学习与探索，2009（1）：74-77.

效果，再结合布迪厄从社会关系行动实践中得出的资本划分理论，资本形式的积累可以划分为三个方面：经济资本积累、社会资本积累、文化资本积累。这三种积累结果对应的能力也构成了农村流动人口城市融入在斯皮尔曼"能力二因素"理论中的G部分。从文化资本积累的能力的角度研究转换后的三种资本积累结果可以对农村流动人口自身城市融入水平进行理论归纳，寻找到检验农村流动人口能力视角下的城市融入评价标准，最终构成文化资本积累对农村流动人口城市融入的影响理论路径（图3-3）。

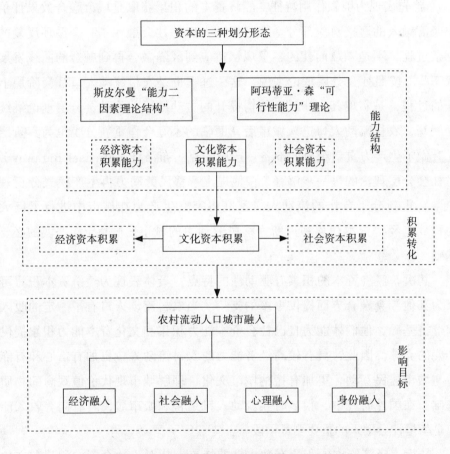

图3-3 文化资本积累对城市融入的影响理论路径

（二）可转换视角下的经济资本积累对城市流动人口城市融入的影响

农村流动人口进入城市以后，其经济资本的积累是生活和发展的首要保证。在进入城市初期，由于经济资本的积累相对较少，他们很容易被纳入社会低收入人群，进而成为城市社会中较弱势人群。因此，农村流动人口在和城市居民同等竞争的条件下，需要不断提高自己的经济收入能力和就业能力，以获得相应的社会经济权利。这种权利的获得一方面体现在拓宽自己城市经济资本的获取渠道，一方面体现在积极争取在城市中的居住、收入和工作权利与城市人口的均等化。因此，可被文化资本积累转换的经济资本积累对城市融入具有较明显的影响特征，主要归纳为：

首先表现为引领作用特征，经济资本的积累获取是城市融合效果评价中经济融入的直接对应部分。农村流动人口的社会融入是一个循环反复的复杂过程，不是一蹴而就的，呈现从适应到区隔融合再到融合的曲线发展状态①。按照社会分层理论来说，这一过程也是农村流动人口社会阶层上升的过程，是实现其自我社会结构提升的主动结果。将社会分层理论继续延展开，农村流动人口进入城市后，面临的家庭合作重新分工也为其阶层提升做了生产力重新组合的准备。按照麦克·布洛维（Michael Burawoy）对社会分层理论的进一步解释②，他提出"移民劳动力再生产模式分析理论"，重新分工合作的流动人口家庭将家庭生产力在城市中进行了巨大的释放，经济资本积累和更新为移民劳动力的城市发展奠定了坚实的必要基础。

其次，经济资本的积累有驱动性的特点，具体表现为经济资本积累可以为其他社会融合方面提供更多的支持。当农村流动人口有了一定的收入和经济基础，他们才能为自己社会资本能力积累和文化资本能力积累提供必要的支撑。因此，具有较高经济能力的农村流动人口更加有信心和有能力与城市居民互动，更加有接纳城市文化、理解城市现代价值观念的物质基础。在国外研究中，很多时候流动人口是否和城市居民具有同等收入能力是衡量社会融入的重要测量手段③。

最后，经济资本的积累有独立性的特点。相对于社会资本积累和文化

---

① 杨菊华. 从隔离、选择融入到融合：流动人口社会融入问题的理论思考［J］. 人口研究，2009，33（1）：17-29.

② Burawoy M.Manufacturing Consent: Changes in the Labor Process Under Monopoly Capitalism［J］. Industrial & Labor Relations Review, 2001, 61(1): 445-446.

③ Heckman J. J. Detecting Discrimination［J］. Journal of Economic Perspectives, 1998, 12(2): 101-116.

资本积累，经济资本的积累更加客观且更容易被测算，因此作为城市融入的最重要的能力积累维度，但是虽然经济资本积累结果相对独立，但是也为社会资本和文化资本获取能力及它们的彼此转换提供了一个更加稳定的衡量坐标，徐水源、黄匡时认为很多时候经济资本对社会资本和文化资本的影响要强于后面二者对经济资本的影响[①]。由此可推断，经济资本积累在三种资本积累中的地位更加突出，对城市融入的直接影响效果最为明显。

（三）可转换视角下的社会资本积累对城市融入的影响

社会资本积累的获取是指个体为了实现获得社会资本而需要进行的积累，直接对应了城市融入中的社会融入效果评价部分。社会资本在广义上是指社会特定群体为了追求利益和目标的一致而进行的集体社会实践活动。因此，讨论社会资本获取能力的时候，必须瞄准社会资本中的状态和特征，他们主要是社会网络规范、信任、权威和行动的共识以及社会道德等方面。对这些方面的掌握成为社会资本积累的基本评价标准。在社会距离理论看来，社会资本的积累不仅能够让农村流动人口迅速缩短和城市人口的社会距离，实现平等的交流、对话和合作，而且还能让自我在社会中和他人保持一种适合的彼此关系，既能满足自我社会生存发展的需要，又能够保持独立的空间，不断扩大社会机会的选择范围以适应未来的发展。同样，具有社会资本积累程度较高的农村流动人口在社会排斥问题上，能够有效地通过社会交往手段和技巧，在具备一定的对经济资本积累转换能力后，实现对社会排斥的自我抵御功能。一般来说，社会歧视在制度性歧视和身份性歧视方面表现最为明显，一旦社会资本积累到能调动足够的社会资源来对抗社会歧视，这种社会排斥的负面作用可以被极大地抵消，实现个体在城市融入的最佳状态。

（四）文化资本积累对农村流动人口城市融入的影响

文化资本积累主要是指农村流动人口进入城市后，通过对文化资本的获取和掌握，迅速在城市的社会和文化层面达到适应和调和，且在心理和

---

① 徐水源，黄匡时. 流动人口社会融合指标体系内在关系研究［J］. 统计与信息论坛，2016，31（10）：99-105.

感情上对自己的社会成员身份和归属的认同发生变化的现象①。城市融入对农村流动人口在文化资本积累上有两个要求——文化层面的要求和心理、身份层面的要求，因此文化资本积累对城市融入的心理融入和身份融入的直接影响更加显著。

文化资本的积累一直是西方社会学学者关注的重要问题，且在诸多理论中均有所涉及，但是区别于布迪厄的文化资本理论对个体的内在认知系统研究，在涉及农村流动人口城市融入问题的时候，更多的国内学者将其作为社会融合的一个指标进行相关的讨论，或者将其作为社会融入的独立对应评价标准进行实证方面的描述和解释。但是在中国城市社会里，农村流动人口的文化资本积累相对于西方移民社会融入理论更加复杂和具体，农村流动人口对该部分资本的积累区别于经济资本和社会资本，应该是城市融入对资本积累要求的最高阶段②。按照多元文化理论的解释，农村流动人口进入城市之后，其自身的流出地文化资本和城市主流文化资本会产生碰撞和更迭，这要求农村流动人口对两种文化资本具有整合能力和辨别能力，逐步总结出自我适应的一种融合的、包容的和多元的自我文化价值观念和实践内容，这种综合的文化资本体系不仅保留了乡土记忆，又很好地兼顾了城市价值导向，是对原有文化资本积累部分的归纳升级。

这种文化资本的积累具体到对城市融入作用的结果层面，主要体现为进入城市后的心理认同与身份认同。按照社会认同理论与社会接纳理论，心理认同和身份认同是流动人口进入城市后，基于自身的经济、社会状况和能力与城市居民比较后得出的结果，涉及主观感受和社会行为两个层面。社会行为是主观感受的行动特征，而主观感受往往基于个体文化心理状态的不断改造，是个体感受和认知外在变化意愿的变化结果。因此，农村流动人口的心理认同和身份认同也同样具有长期性、复杂性和多样性的特征。

---

① 悦中山，李树茁，费尔德曼. 农民工社会融合的概念建构与实证分析［J］. 当代经济科学，2012（1）：1-11.
② 朱力. 论农民工阶层的城市适应［J］. 江海学刊，2002（6）：83.

五、农村流动人口文化资本代际传递对城市融入的影响

（一）文化资本的代际传递对农村流动人口经济资本积累的影响

在讨论文化资本的代际传递对农村流动人口经济资本积累的影响问题时，需要从文化资本对父代和子代的收入代际传递的微观角度与文化资本在社会文化制度下的继承延续的宏观角度两个方面进行分析。

在文化资本代际传递对收入流动性的影响方面，文化能力和文化观念对收入代际传递的影响最大。首先，文化能力中的知识、技能和健康条件通过父辈的传递，对子辈经济资本会产生一定程度上的影响，这种影响主要表现在收入的代际传递上。按照阿玛蒂亚·森的可行性能力理论，知识、技能和健康水平的缺失会降低以家庭为结构单位的整体社会生存能力，导致贫困。这种能力具有继承和代际传递性，按照美国经济学家拉格纳·纳克斯（Ragnar Nurkse）的理解，由于能力不足导致的低收入带来低储蓄又导致低生产投入，因此贫困家庭很容易陷入"低收入贫困陷阱"[①]的恶性循环，且这种恶性循环带有遗传性。美国社会学家Belau和Duncan（1967）认为，由于技能和文化储备的不足，父辈的文化能力对子辈的影响将导致子辈经济收入呈现出和父辈经济收入相似的特征，这种继承性让子辈从一出生就处于和父辈经济收入水平相应的家庭生活情况中[②]。

其次，文化观念中的价值观、情感、欲望和情操等在父辈的影响下，子辈形成自我奋斗以提升经济地位的动机。这种动机是对自我现状的不满足和对未来美好生活的向往期盼而不断促发的自我经济地位提升的内在动力。一旦这些动机性的文化观念因素得不到激发，这种区别于智力因素的条件得不到满足，自我社会价值实现机会的匮乏容易让农村流动人口沉沦在贫困的惯性认知和条件适应中，变得和主流社会格格不入，在自我奋斗和上进方面动力不足，最终丧失了向上层社会流动的机会。对于子代来

---

① Nurkse. Problems of Capital Formation in Underdeveloped Countries [J]. Punjab University Economist, 1966, 2(4): 1–23.

② Cite from: Steffen Hillmert. Analysing Intergenerational Transmissions: From Social Mobility to Social Reproduction [J]. Comparative Social Research, 2013, 30: 131–157.

说，这种文化观念中奋斗动机的丧失容易将整个家庭带入美国社会学家奥斯卡·刘易斯（Oscar Lewis）所认为的"贫困文化"[①]中。一旦进入到这种贫困文化中，子辈对贫困环境和贫困非主流文化所伴随的文化价值观念、文化认识更加熟悉，因此这种贫困文化具有继承性，常常通过父辈对子辈进行影响，让子辈在贫困环境中缺乏奋斗动力、安于现状。

最后，在文化生产活动参与方面，父辈对文化生产活动的参与性不足直接导致了子辈对文化生产活动的认识不足，进入社会后，在和同龄人的社会竞争中主动选择低附加值的体力工作或低层次管理岗位，工作起点降低，提升空间不足，从短期和长期来看这部分子代农村流动人口在自我收入提升方面必然处于劣势。

从社会整体发展来看，我国目前社会处于阶层分化比较严重的时期，2016年我国社会整体基尼系数达到0.5，收入差距持续扩大。中国阶层目前已经出现同代交流性减弱、代际遗传性加强的社会结构特征，很多社会学家将其称之为"阶层固化"。一方面，社会收入差距的不断扩大意味着低收入群体在社会总收入占比越来越小；另外一方面，社会资源和社会资本都慢慢向优势阶层集中，阶层对垒鸿沟越来越明显，阶层之间的跨动越来越困难，社会利益分配分化严重，底层群体向上流动的空间越发狭窄。目前在前期文献综述中可以看出，中国阶层固化的阶段结果势必发展为"赢家通吃""输家一无所有"的巨大社会阶层分裂局面，社会底层的流动机会逐步被锁死，阶层代际固化直接导致了子代对父代经济收入的继承和经济地位的延续。

（二）文化资本的代际传递对农村流动人口社会资本积累的影响

文化资本的代际传递对农村流动人口社会资本积累的影响主要可以从农村流动人口的职业代际流动着眼，分析文化资本代际传递和农村流动人口职业流动之间的内在关系。

农村流动人口进入城市以后，其社会融入的关键性问题在于职业的选择。城市中的职业选择不仅可以确认自我在社会分工下的社会地位，同时也可以根据所处的职业对自我社会交际进行重新建构，因此职业选

[①] 李晓明. 贫困代际传递理论述评［J］. 广西青年干部学院学报，2006（2）：75-78+84.

择对于社会资本的积累非常重要。在农村流出地生活过程中，父辈对子辈文化资本的传递，反映在职业代际流动影响上主要是父辈对文化生产活动的参与过程中，换句话说也就是父辈和文化生产有关的职业社会实践中。

首先，父辈所从事的文化生产活动本身就带有明显的文化实践特点，子辈在日常生活学习过程中对于父辈文化活动实践的了解和学习，在很大程度上会激发其好奇心和持续性的关注。这种好奇心和持续关注对于子辈文化资本的社会认知主要体现在：第一，更多地从文化角度出发，基于自我判断和对于他人相似文化行为进行归纳，形成自我文化认知体系。让·皮亚杰（Jean Piaget）提出儿童认知理论[①]时，专门谈到父亲的职业对于孩子来说，不仅对认识自我有积极的帮助作用，而且对孩子的交际圈层也有指导意义。比如在中央电视台纪录片频道中，传统文化工艺经常在家族的几代人中传承，并且形成了特有的工匠精神和交流圈层。第二，在对于社会规范和社会关系的认知上，子代通过对父代文化职业习惯的观察，逐渐按照文化生产的规律和模式形成自己对社会关系和社会规范的看法，这些看法包括文化情操、道德等。比如，对于历史文化遗迹的探索和热爱，对于文化交流环境的创造和保护，还有文化习惯的养成，等等。这些认知慢慢也对子代关于自己未来发展的设计和规划产生作用，并在一定程度上潜移默化地指导其未来社会职业规划。

其次，父辈所从事的文化生产活动对子代的社会行为习惯产生深刻的影响。农村流动人口父代从事文化生产工作，对于子代社会行为会产生较大影响，这里的社会行为主要是指儿童在探索外部世界过程中所表现出来的合群性、利他性、责任心和诚实正直等优秀传统和现代品格[②]。这些社会行为的出现与子代进入城市后的社会融入有很大的关系。第一，父代从事文化生产工作，文化资本在家庭资本存量中占比较大，对子代的文化自律意识，传统中国文化中利他行为和分享意识让子代从小形成了和城市儿童相似的文化情操和文化观念，进入城市后的社会思想观念融入就显得更加自然，也更容易和城市居民取得实质性的交往。第二，父代具体文化生产

---

① 杨宁. 皮亚杰的游戏理论［J］. 学前教育研究, 1994（1）: 12-14.
② 屈娇娇, 林晓春. 父亲的职业类型对儿童社会性发展的影响［J］. 亚太教育, 2016（19）: 286.

工作还能带给子代一种文化责任感和文化群体归属意识，这种意识伴随着子代进入城市生活以后，从身份认同上对自己的文化归属和城市人口一样有清晰的界定，因此他们和城市人口一样以文化传承和守护者自居，更多地会选择和文化生产相关的工作类型，其工作和生活圈层也更加主流和趋于特定文化趣味选择。

最后，父代文化生产工作让子代在文化氛围中具有更强的社会适应能力，长大进入城市中对于城市相似的传统文化氛围具有亲切感，并在现代文化的感召下，迅速调整自己，更好地实现社会融入过程。这一过程的实现，很大程度上也是通过子代对于父代文化生产工作的了解和学习，逐步在城市中对城市环境和交往伙伴适应的情况下完成的。正是由于在思想意识上对传统和现代文化理念的接受，在社会行动上具有利他和分享原则，子代农村流动人口在工作过程中势必以一种更加平和包容的态度融入城市社会生活中，在本身文化资本具有继承性特点的基础上，具有更加明确的优势。

从社会结构上来看，受到城乡二元户籍制度和社会资源分配不平衡的影响，农村流出地职业整体层次情况较城市更低，职业发展前景比较受限。但是在农村流出地从事文化生产的群体受到文化艺术的熏陶，在就业过程中较一般性群体更加稳定，收入相对较高，职业门槛具有准入性。同时，这部分人群在文化生产工作过程中具有积极传承和保护文化的职业特性，很大程度上受到民间和政府的保护和重视，因此在社会职业分布中并未受到结构性挤压，反而更加具有市场活力和竞争性。这种文化活力和竞争性不仅为自我发展提供了有力的支撑，也为子女的个体发展提供了有力的保障。

（三）文化资本的代际传递对农村流动人口文化资本积累的影响

在中国农村，大多数的农村家庭和城市家庭相比在生产资料上并不占有优势，在政治上没有背景依靠，在家族气质养成上没有传承机制。但是，农村家庭中依然存在文化资本的代际传递，主要是存在于文化习惯的代际传递影响和家庭教育的代际传递效应。

1. 文化习惯驱动下的文化资本代际传递分析

保罗·福塞尔曾经谈到"阅读习惯是决定家庭在社会生活中未来所处

阶级的重要考虑因素"①，因此阅读作为文化习惯的显著构成特征也是布迪厄在具体化文化资本时所强调的。布迪厄认为，"在个体拥有的经济、社会资本差异并不足以说明其在社会空间中的位置的情况下，是文化资本的多寡决定了他在社会结构中所拥有的地位与声望"②。很多研究表明，阅读习惯是儿童时期文化品位形成的决定性因素，儿童在阅读量、阅读频率和阅读效率养成方面受到父辈的深刻影响。儿童阅读习惯的养成对其文化资本的提升潜力主要表现在：第一，促成其智力的良性发育。阅读习惯的养成让儿童在图形和文字结合的基础上，形成缜密的逻辑思维和对世界的碎片认知。阅读数量和质量的提升让儿童对世界全景有了更加全面的认识并形成自我思辨能力的判断，在学习能力和创造能力方面都有较大的飞跃。第二，提升儿童个人气质。古人曾说"腹有诗书气自华"，通过书籍中的文化世界和社会经验总结，儿童在个人修养方面得到较大提升，在外部展现出依赖文化修养形成的个人魅力和气质。第三，提升儿童的外部交往能力。通过和小伙伴分享、讲解和描述，儿童在人际社交方面得到更多小伙伴们的认可，获得社会交往能力的自信和技巧。因为阅读习惯对儿童文化资本的提升，其成年进入城市后，自然在城市融入方面相对童年时期阅读习惯不足的儿童有更大的竞争优势。进入城市后，阅读是快速认识社会和实现自我价值提升的主要手段，城市竞争的压力不仅倒逼着流动人口不断提升自身知识储备，更是要求其在有限的时间内通过阅读提升工作效率和个人素质，因此阅读习惯的养成是文化资本在代际传递中的重要影响因素。

在客观化的文化资本形式中，布迪厄认为丰富的人文活动、自然景观和艺术作品对个人文化资本的塑造有很大的影响。由于中国农村的现实情况，农村儿童在生活中所获得的艺术影响相对于城市儿童来说有很大的劣势。因此，农村儿童在具体文化资本中的积累主要依靠父母外出打工见闻的传授和农村传统文化的参与完成。在父辈外出打工过程中，将外地尤其

① Siahi E. A., Maiyo J. K. Study of the Relationship between Study Habits and Academic Achievement of Students: A Case of Spicer Higher Secondary School, India [J]. International Journal of Educational Administration and Policy Studies, 2015, 7(7): 134-141.

② Bourdieu P. The Social Space and the Genesis of Groups [J]. Social Science Information, 1985, 24(2): 195-220.

是城市中的所见所闻对子女讲授，一方面丰富了子女对于农村社会以外的生活经验感知，增加了对城市的形态、大众文化、生活方式的了解；另外一方面也对中国传统文化有了更深的理解，尤其是国内山川形胜、传统故事和日新月异的科学技术相关的文化发展情况，给农村儿童打开了一扇通往外界的窗户，通过外出打工的父母，农村儿童对于外界的认知形成了其文化资本的迅速积累。此外，农村有丰富的节庆活动和延续下来的重要仪式，参与这些活动对于农村儿童来说也是非常重要的文化资本积累过程。父母参与这些传统文化活动越多，其子女对这些活动的认识和参与频率就越高，文化资本积累的程度自然也越高。

2. 文化教育驱动下的文化资本代际传递分析

在农村生活环境中，在父代对子代的文化资本代际传递中，文化教育的作用非常明显。这种文化资本主要是通过布迪厄谈到的象征性文化资本（也被称为制度性文化资本）传递的，具体表现为父代的教育程度和对子代的教育观念影响两个方面。在父代的教育程度方面，父代的教育程度越高，对子女教育培养的重视程度也越高，主要是因为：第一，在布迪厄看来，教育程度反映了个人在社会阶层中的综合素质和身份位置，因此父辈教育程度较高，在社会生活中所受到的社会惠及相对更多，对子女未来教育程度更加关注，对子女学业所倾注的希望更大。第二，具有较高教育程度的父辈在社会生活中对教育赋予子代的文化品质的关注更多，对未来社会竞争中子代所具有的文化身份有更加深刻的理解，相应他们的收入较教育水平低下的父代更加殷实，更有能力资助子女进行长时间的教育学习。因此教育程度高的父代在教育方面希望子代具有更长时间的教育经历，获取更多的教育资源，对其未来进入城市生活进行更多的文化资本积累，从这个方面也促进了子女教育水平的提升。

父代对子代的文化积累代际传递动机，主要是基于农村父代对子代未来发展的焦虑和社会阶层流动的渴望。相较于城市，农村生活的社会资源较为匮乏，就业机会偏少，公共事业服务明显不足。此外，较多数的农村父代都有外出务工的经历，他们对现代观念及高级生产活动对于个体阶层的提升都有深刻的认识，因此他们出于对下一代的爱护和家庭振兴的希望很大程度上也寄托于子代流动到城市后寻找更高的阶层位置，对上一辈有基于中国传统的"反哺机制"进行老年照护和赡养的责任。

（四）文化资本代际传递对农村流动人口城市融入的影响

布迪厄曾经在文化资本再生产中谈到，文化资本再生产的主要场域是发生在收到社会制度下正式文凭颁布的学校中，但是他同时也认为，家庭教育场域是作为学校教育场域的补充，虽然并未通过制度化的文化资本予以符号化的确认，但是对子女文化资本积累具有重要影响。而家庭文化资本再生产的发生其实就是文化资本代际传递的主要体现。

文化习惯和文化教育驱动下的文化资本代际传递对农村流动人口子代的城市融入影响主要是通过文化资本代际传递导致子代文化资本不断积累后，再对其城市融入实施影响的。一方面通过文化习惯的灌输和启蒙，激发子代文化资本的自觉意识，阻断刘易斯所谈到的亚文化环境中的观念认识困境，树立正确的文化价值理念，为子代进入城市后快速融入城市文化环境打下良好的基础。阿玛蒂亚·森也曾经谈到，可行性能力是具备对改造自身生存和发展的测度能力，也成为对自我认识的能力[①]。这种能力的构建同样需要文化资本的积极参与，文化习惯的培养可以很好地弥合子代未来进入城市中，文化价值观念的差异性问题，更好地形成良性和健康的文化价值观念和文化实践素质，更好地应对未来城市融入中的竞争问题。

另外一方面，父代家庭文化教育的驱动实现了子代文化资本中文化能力的代际传递。本书文化能力中的基本部分是对布迪厄文化资本客观化形式的涵盖和补充，家庭文化资本传递场域对于学校文化资本传递场域体现了文化资本的代际传递的双向并行发展特征，在家庭文化教育中，子女对于经验性的文化知识和父母互动教育形成的认识更加具有亲近感，更容易结合父母的社会实践轨迹，形成其内化为子代的文化能力和未来行动指引。在家庭文化资本传递中，文化教育相对于学校来说，其有效性、补偿性和差异性对子代未来在社会实践中的自我发展和突破具有现实意义，为子代未来融入城市提供了文化智力储备和文化习惯养成积累[②]。这也是其子

---

① 姚先国，来君，刘冰. 对城乡劳动力流动中举家外迁现象的理论分析——一个可行性能力的视角 [J]. 财经研究，2009，35（2）：28-38.

② 郭晓娜. 教育阻隔代际贫困传递的价值和机制研究——基于可行能力理论的分析框架 [J]. 西南民族大学学报（人文社科版），2017，38（3）：6-12.

代融入可行性能力提升的重要路径。布迪厄对这一问题也提出了自己在区隔理论下的看法，他认为文化趣味的区隔在幼年时代已经形成，而进入社会后，这种文化区隔对自身阶层具有影响作用①。因此文化教育和文化习惯的培养也是提升子代未来在城市中融入的有力手段。

第三节　农村流动人口文化资本积累对城市融入的影响机制分析

文化资本对农村流动人口城市融入的影响机制可以从文化资本的三个构成部分——文化能力、文化观念和文化实践，对城市融入的具体影响作用来分析。首先，文化能力是农村流动人口融入城市的基础，其次，农村流动人口城市融入的核心是文化观念，文化实践则是城市融入的有力手段。这三个方面作为文化资本的三个构成部分，共同作用于农村流动人口的城市融入过程，并对其产生直接的影响。

因此本书正式的主要的假设问题为A1假设：农村流动人口文化资本越高，其城市融入整体水平越高；反之亦然。

其他假设问题，随着本书对主要假设问题影响机理的分析，本部分将根据不同的分内容——解释。

一、文化能力对农村流动人口城市融入的影响机制

在前文中谈到，文化是相对于经济、政治而言的人类全部精神活动及其产品。文化能力是人们获得知识或应用知识的评价过程，抑或信息加工的衡量结果，它包括感觉、知觉、记忆、思维、想象和审美能力等。因此文化能力可以被视为人类主体对文化认识和运用的评价，是内化于个体身体层面的文化感知能力。文化能力作为个体文化资本的身体承载基础，对于农村流动人口城市融入具有关键性的影响作用。从这个角度来说，文化能力的结果直接决定了城市融入的可能性和融入程度，因此文化能力是农

---

① 杨修菊，杜洪芳. 文化成就区隔——布迪厄阶层理论述评［J］. 池州师专学报，2007（4）：67-70+85.

村流动人口城市融入的基础。

（一）文化能力对经济融入的影响机制

对于文化能力对经济发展的影响，早在19世纪初德国社会学家弗里德里希·朗格（Friedrich Lange）[①]就提出，工人的身体作为工业活动的载体，在缺乏精神文化和审美趣味驱动的情况下，劳动会存在着与动物一样的机械性和盲目性。罗曼·瓦尔（Ramon Valle）[②]等美国学者也提出，工人的劳动不仅体现在经济价值的创造上，也应该重视对这种经济价值创造的个体文化意识的资源维护。社会学家福柯深刻洞察了文化认知能力对经济发展的巨大影响，他谈到"这种技能……按照一种复杂的交互形式，与对肉体的经济使用紧密相连；肉体基本上是作为一种生产力而受到权力和支配关系的干预；但是，另一方面，只有它被某种征服体制所控制时，它才可能形成一种劳动力（在这种体制中，需求也是一种被精心培养、计算和使用的政治工具）；只有在肉体既具有生产能力又被驯服时，它才能变成一种有用的力量"[③]。福柯所谈到的技能即社会个体的文化能力，同时也是社会审美能力的培养过程，以一种"社会文化美学的眼光去实现自我和社会的交融过程，让自己在社会实践中迸发出自我欣赏的美学价值和意义，就是个体在历史发展中存在的目的，也是个体在社会实践中的自我能力积累要求，体现在经济生产层面的结果就是劳动生产力的全面提高和劳动素养的自我提升"。

此外，2011年德国学者格尔诺特·伯梅（Gernot Bohme）[④]在《审美经济批判》中提出文化审美能力基于人类对个体经济的提升超越了基本生理欲望下生产和消费的价值意义，开发了凝结在劳动者个体内部的新型价值，因此也被称为"升级价值"（staging value）。这种价值对于劳动者来说是一种全面的能力升华，对其经济地位的提升有较强的带动作用，主要表现在：第一，提升了自身劳动力素质，让进入城市之初的低层次劳动者在工作中的人力资本对经济资本的转化更加有效率。学者大卫·罗伯兹

[①] 李俊. 技能形成的身体社会学分析——一个初步的框架 [J]. 职教通讯，2016（28）：78.

[②] Valle R., Martin F., Romero P. M., et al. Business Strategy, Work Processes and Human Resource Training: Are They Congruent? [J]. Journal of Organizational Behavior, 2000, 21(3): 283-297.

[③] 福柯. 规训与惩罚 [M]. 北京：生活·读书·新知. 三联书店，2003：27-28.

[④] Bohme G. Contribution to the Critique of the Aesthetic Economy [J]. Thesis Eleven, 2003, 73(1): 71-82.

（David Roberts）[①]等并不完全赞同审美价值与使用价值及交换价值不相融的观点，其著作《只有幻象是神圣的：从文化工业到审美经济》中指出：个体文化审美所产生的新型价值对使用价值和交换价值有较好的相融性。目前世界已经进入了后消费时代，商品消费所包含的价值在使用价值之外，还应该具有文化的氛围、想象力和情调。因此农村流动人口进入城市就业的过程中，很有可能进入的行业相对来说层次不高、就业环境较差、稳定性不强。在实现商品生产销售的同时，农村流动人口通过对文化能力的掌握和运用，实现商品使用价值之外的文化美学价值，不仅为雇主带来更好的商品销量，也在一定程度上增加了自我经济积累的实力，比如海底捞火锅的员工文化培训。第二，自身文化能力的提升，冲击了城市与乡村的文化差异，为进入更高平台的就业岗位塑造了提升通道。后消费时代，商业机构和雇工单位等对商品生产的要求更高，具有较高文化认知能力的农村流动人口在就业方面自然具有更大的竞争潜力，就业层次及上升通道相对更加宽广。

自主学习能力是文化能力的重要组成部分。自主学习能力的培养是文化资本积累的必要手段，也是文化资本自我积累不断完善的过程。这个过程对农村流动人口在动机、过程和结果上均有约束，主要是为了实现在城市中的工学实践一体化。为了更好地适应城市经济社会对个体文化能力的需要，自主学习成为个体不断提升文化能力，适应不断增高的经济发展对社会岗位的要求，提升自我经济地位的必要手段[②]。

因此，自主学习的目标往往以经济目标的实现为导向。农村流动人口在学习过程中，往往为了适应在目前岗位的工作需要而进行知识文化的积累，或者为了追求更高级别的工作岗位、行业类型而不断提升自我的文化素质。学习目标的设定往往以能否匹配其现有或未来的工作需求为标准。自主学习过程往往随着对其学习能力结果具有鉴定意义的证书或者资质的获得而结束。这些证书或者资质被社会认可后，成为制度性

① Roberts D. L., Penn D. L. Social Cognition and Interaction Training (Scit) For Outpatients with Schizophrenia: A Preliminary Study [J]. Psychiatry Research-Neuroimaging, 2009, 166(2): 141-147.

② Tough A. J., Prosser J. I. Experimental Verification of a Mathematical Model for Pelleted Growth of Streptomyces Coelicolor in Submerged Batch Culture [J]. Microbiology, 1996(142): 1332-1332.

文化符号资本的典型代表，并成为检验农村流动人口自主学习能力的考核标准。

文化能力中的教育水平也对经济融入有影响作用，这种作用很大程度上是通过文化资本对经济资本的转化来实现的。从早期的经济学家舒尔茨和丹尼斯到后来的学者卢卡斯都认为，教育和技术培训是增加劳动生产率的重要条件，个人教育和技能的提升与生产条件的提升可以形成直接对应关系。索洛—斯旺（Solow-Swan）模型之后，日本经济学者稻田献一提出的"稻田条件"① 很好地解释了教育和技能提升对个体经济资本增长的作用，农村流动人口文化资本中教育和技术手段从低起点的提升反而能更明显地提高其经济融入的边际效应。罗伯特·卢卡斯（Robert E. Lucas）使用"科布—道格拉斯"生产函数对教育这一文化资本对经济发展的作用进行了分析，进而提出"卢卡斯模型"②，他认为教育和技能的积累导致个体文化积累和经济积累，从而提升了自我经济能力和水平，因此他认为技能和教育的积累路径是直接导致个体经济发展的重要参考因素。此外，教育水平和技能的提升对农村流动人口的技术科技水平竞争具有关键作用，范登·伯斯奇（Van Damm Birch）对个体通过教育和技术培训提升技术水平后在经济发展中所拥有的竞争优势进行了验证，肯定了个体获得先进技术手段对其经济融入有正向作用③。此外，美国经济学家谢斯·格里利（Sheth Griliches，1969）对劳动力技能和教育考察后，提出"资本—劳动力技能互补性"④ 假设，认为劳动技能对经济资本的带动性是较大的，劳动力技能更高的个体对经济资本的吸引和利用率更高，投入和产出比也更加合理。

在信息获取能力方面，工作环境和非工作环境对经济融入影响的差异比较显著。在工作环境中，信息的获取加深了自身文化认知并通过劳动实

---

① Irmen A., Maussner A. Essential Inputs and Unbounded Output: An Alternative Characterization of the Neoclassical Production Function [J]. Social Science Electronic Publishing, 2014, 351(2): 322–339.

②. 赵魁君. 带有技术进步系数的柯布—道格拉斯生产函数 [J]. 财贸研究，1994, 5（2）：72-73.

③ Duggan P., Bartsch C. Reemploying Ui. Unemployment Insurance, Training, and Job Creation. Education-Economic Development Series 5. [J]. 1987, 3(2): 105–21.

④ Griliches, Zvi. Capital-Skill Complementarity [J]. The Review of Economics and Statistics, 1969, 51(4): 465.

践转换后实现个体经济收入的提高，从而带动城市融入中的经济融入；非工作环境中，其转换主要发生在家庭文化资本场域和教育文化资本场域，通过信息的获取转化为家庭劳动与教育技能的再生产积累，并在随后的工作环境中实现经济收入的间接提升。在工作环境中，农村流动人口的身体一旦处于文化信息的不断更新获取状态，经济活动就有了持续的劳动主体智力素质的支持，也就实现了劳动能力的不断提升。一旦农村流动人口作为社会实践主体具有信息获取、交流、选择和分析的能力，就区别于机器和动物，其劳动必然具有创新性和开放性，对城市环境的适应和自我文化价值体系的调整导致了劳动力要素的优化，使经济生产效率水平提高、个体经济收入增加。然而，当农村流动人口信息获取渠道缺失和信息内容获取不足时，个体在就业机会、个人发展和经济能力提升方面都将受到很大的掣肘，个体文化资本对经济融入的影响就会降低甚至丧失。目前在城市中，部分农村流动人口信息手段的缺失导致信息获取能力不足也是其城市经济融入能力不足的重要原因之一。

综上所述，结合布迪厄对文化资本中文化能力的理解，我们不难发现，文化能力对经济层面的影响虽然显著但并不直接，很大可能是通过对经济资本的转换间接实现其对经济融入的影响。文化能力作为文化水平和文化技能积累的体现，并不仅仅是个人文化接受和内化的内部循环过程，还受到社会生产力发展和经济水平要求的制约，因此农村流动人口在城市社会生产中，必定会被社会生产力发展制约、要求，其教育程度和技能水平需要与社会经济发展水平相适应。农村经济发展水平和城市相比，处于落后地位时，流动人口文化资本需要不断升级以适应这种经济发展需要。一旦文化能力受到局限，个体文化资本发展预期自然也不足，很可能会受到企业雇主的文化歧视和雇佣排斥，结果是其经济融入不足。

（二）文化能力对社会融入的影响机制

西方学者认为文化能力对社会融入的影响是显著的，这主要依赖个体的文化能力对社会交往的适应程度。个体文化能力的不同，也会导致社会融入效果的差异。一般来说，文化认知程度越高，社会网络就越广，城市中社会融入程度越高；文化认知程度越低，社会网络主要局限于家庭网络中，城市中社会融入程度越低[①]。目前，个体文化认知能力对于社会融入影响的主流研究方向是教育程度对社会融入的影响效果。文化能力的获取不足引起社会资源不足，继而引发社会阶层地位低下，导致社会人际网络缺失。文化认知能力的缺失引起经济收入较低、政治参与度较弱、生活质量下降和心理敏感性增加，这部分人群在就业过程中的优势缺乏导致正式社会支持体系严重不足，因此对非正式社会支持体系——社会网络支持的依赖程度更高。但是个体文化认知能力的缺乏又导致社会交往行为能力不足。费孝通先生在1943年提出中国社会差序格局的社会网络关系[②]，每个人在以自我为中心的人际交往体系中，与社会他人进行圈层碰撞和交流，形成社会关系网络。一旦个体文化认知缺失问题导致圈层外围缩紧，和外界沟通范围缩小，所处的人际交流圈层自然会缩小甚至断裂，正如许烺光[③]、黄光国[④]、何友晖[⑤]等研究中国社会网络的社会学者提出的那样，在中国特殊的人情交际圈层里，文化能力不足所导致的心理、工作和政治参与的缺位让个体社会融入可能急速减小，那么这部分人群有社会被排斥感也是非常正常和可以理解的，这种社会排斥不仅是个体心理上的反映，也是社会网络对个体的真实作用。

在自主学习能力的积累中，农村流动人口的自主学习过程本身就是一个社会合作的过程。美国教育学者德·葛瑞申（D. R. Garrison）[⑥]认为，对于自主性学习的偏见总是伴随着"学习是个体独立的行为"这一观点，其实在学习过程中少不了外界环境的参与和他人的协助，因此自主性学习实际上是社会合作的直接结果。在个体学习层面，学习目标的设置、学习过程的自我监督和学习效果的评价都需要一边借助他人的经验指点，一边获得他人前期学习成果的借鉴，形成文化资本再生产后的快速积累。在社会横向合作层面，借助学习互助小组、读书会和专业培训机构，形成

① Fiori K. L, Antonucci T. C., Cortina K. S. Social Network Typologies and Mental Health Among Older Adults［J］. 2006, 61(61): 25-32.

② 王君柏. 对费孝通"差序格局"的再反思［J］. 湖南社会科学, 2015（1）: 100-104.

③ 许烺光. 跨文化的自我透视［J］. 中国社会心理学评论, 2005（1）: 1-20.

④ 黄光国, 胡先缙. 人情与面子——中国人的权力游戏［J］. 领导文萃, 2005（7）: 162-166.

⑤ 何友晖, 屈勇. 论面子［J］. 中国社会心理学评论, 2006（1）: 18-33.

⑥ Garrison D. R. Self-Directed Learning: Toward a Comprehensive Model［J］. Adult Education Quarterly, 1997, 48(1): 18-33.

文化知识和技能水平学习场域的提升氛围，对实现自主学习能力的提升具有较大的帮助，因此自主学习能力的积累也导致了农村流动人口社会融入的实现。

在信息获取方面，通过现代社会的互联网络技术，对当今时代的信息进行采撷、加工和吸收本身就是人社会化的过程。马克思在人的全面发展理论中谈到，要获得全面发展，对信息的选取和甄别显得尤为重要，通过对信息的吸收不断丰富自己对社会的体验和认识，是实现社会融入的前提手段和有力支撑。阿玛蒂亚·森也认为，可行性能力不足其中最重要的方面之一就是信息获取的不足，这限制了人参与社会管理、实现社会权利的能力[①]。因此，全面提高农村流动人口在城市中社会融入的竞争力，提高其城市融入的可行能力，不仅需要农村流动人口和城市居民一样掌握现代化信息手段，而且需要他们具有更加全面和精细的信息收集和理解能力，才能实现自我在城市中发展的信息支撑和知识内容服务支持。

同时，文化认知的教育和技能方面对社会融入的影响尤为显著。首先，教育作为文化能力的组成部分对社会资本积累具有转化性，是社会融入的触发条件之一。教育的可转化性是指，教育作为人类历史长期以来生产生活经验的积累，通过个人的学习、内化，形成文化资本和个人在社会交往中彼此认可的行为模式和思维习惯，这也是布迪厄所认为的惯习特征。这种惯习所带来的影响也是阶层分化的标准，不同阶层之间和阶层之内同样存在社会网络。作为农村流动人口，通过不断的学习提升自己的阶层，打通向上流动的社会人际关系网络，同样需要个体教育的不断提升和技能的不断学习。其次，教育具有继承性，是在前人的经验基础上再学习的一个过程。在这个过程里，农村流动人口所处的教育场域本身就是一个社会关系网络。在这个网络里，老师、同学和后来受教育者之间的关系网络形成了个体在社会实践中的社会资源，这些资源在一定程度上比其他场域中形成的个人社会资源更有亲和力和可接近性，体现了一种"学缘"的社会关系网络特性。最后，教育和技能培训具有个体社会经验的自省性，从这个角度来看，教育承担着个体在社会生活实践过程中自我总结

---

① 夏芳. 农村进城务工人员人力资源能力研究［D］. 哈尔滨：哈尔滨工业大学，2009.

的角色，是个体在社会交际中自我提升和自我反省的重要手段。教育并不仅仅是提升个人技能，还承担了对个体社会生活中价值目标的统一和规范作用，这种作用确立了社会融入中公共话语空间的不断创立和消减，也确立了个体在社会空间参与中的角色分配过程，就像哈贝马斯所说的那样，"社会话语体系和公共话语空间的建立从来不是全部人类共同参与的集合体，而是部分价值认可、观念统一和兴趣一致的群体，通过对社会的实践洞察和教育传导，深刻地结合在某一个主题下，并形成信任和理解的社会关系，一旦这一话题消解，他们又各自分散，潜伏在社会中呼唤另一个话题的潜伏人群并与之形成社会关系互动"①。

总的来看，文化能力对社会融入的影响是不容忽视的，很多学者在研究过程中，主要考察的是社会融入对个体文化能力形成的影响，忽略了个体文化认知对其社会融入的影响作用。从个体研究出发的研究方法目前在国内研究中并不多见，未来这方面的研究还有深入挖掘的空间。

（三）文化能力对心理融入的影响机制

文化能力对农村流动人口心理融入的影响主要是指农村流动人口心理层面上对城市生活的认同，对城市生活的被接纳感，以及对城市文化和价值取向的接受过程。在心理融入方面，不同的文化资本内容对心理融入的影响侧重不同，这些侧重包括稳定且积极的人格特质，即心理融入包含了难以改变的长期持续的人格要素，一般和五大人格因素模型进行同期效验，主要涵盖积极归因、个性品格和认知能力②等；从特定心理状态出发，个体在具体社会情境中所展现的心理状态和行动应对过程，具有动态持续性、可发掘性和可测量性，主要包括忍耐性、希望和自我效能提升③；从综合视角出发，个体的心理融入既包括稳定的个性特征又包括面对特定情境的情绪反应。

目前，国内文化资本对心理融入的研究缺失，针对这一方面的假设，

---

① Burkart R. On Jürgen Habermas and Public Relations [J]. Public Relations Review, 2007, 33(3): 249-254.

② Hosen R., Soloveyhosen D., Stern L. Education and Capital Development: Capital Asdurable Personal, Social, Economic and Political Influenceson the Happiness of Individuals [J]. Education, 2003, 123(3): 496-513.

③ Luthans F., Youssef C. M., Avolio B. J. Psy-Chological Capital: Investing and Developing Positive Organiza-Tional Behavior [J]. Positive Organizational Behavior, 2007, 2(2): 9.

主要依据弗雷德·鲁萨斯（Fred Luthans）[①] 提出的特定心理状态概念，认为文化资本对心理融入主要是针对个体社会生活感受度进行影响的，健康的文化个体在文化认知方面的优势无疑有助于提高这一感受度。农村流动人口进入城市以后，对城市外部社会系统的敏感性大大高于对农村流出地外部系统的敏感性，这是因为城市生活带来的新感官体验让农村流动人口在心理认知上更加趋于接受型心理认知，因此对外界社会系统的敏感性促使个体对城市生活的安全感和接纳感认知体系不断自我优化。农村流动人口进入城市后，由于自身的文化认知受到教育水平、审美水平和信息获取能力的影响，在社会系统中容易出现被排斥感并产生负向的社会接纳后果期待，低效能感和低水平发展欲望让此部分人口在城市融入过程中容易遭受挫败感并对城市生活感到灰心，极易产生放弃城市生活的消极悲观情绪。反之，文化能力较强的健康群体，在城市融入过程中，由于在经济、社会活动中的高效能感和城市融入希望的正面作用，他们在心理上对城市融入有积极应对的态度，并在实践过程中得到实践结果对期望预期的不断强化，从这个意义上来说文化资本对城市融入的效应具有良性互动意义。

美国社会心理学家杰克·布洛克（Jack Block）[②] 将挫折复原能力作为城市融入过程中心理融入的重要评估手段，并在美国移民的社会排斥现象研究中对此进行了验证。他认为，乐观的情绪和强忍耐力是城市融入过程中心理融入的关键。刘雅婷、黄健[③]在实证研究中也发现，农村流动人口进入城市后，面对挫折和暂时的不顺利，个体的身心健康对于挫折的复原、忍耐和乐观具有重要的影响作用，这种挫折复原能力越强，城市社会实践结果的正向导向愈明显，社会融入水平越高。

个体文化能力中，自主学习和教育培训对心理融入影响非常显著，主要通过学习提升成功预期，生活职业规划形成目标，心理安慰应对挫折和安全教育避免伤害来影响其心理融入（见图3-4）。

---

① Luthans F. The Need for and Meaning of Positive Organizational Behavior [J]. Journal of Organizational Behavior, 2002, 23(6): 695-706.

② Block J. Lives Through Time [M]. New York: Psychology Press, 2014: 32.

③ 刘雅婷，黄健. 心理资本对农民工城市融入的作用机制及教育规导路径 [J]. 现代远程教育研究，2018（3）：49-58.

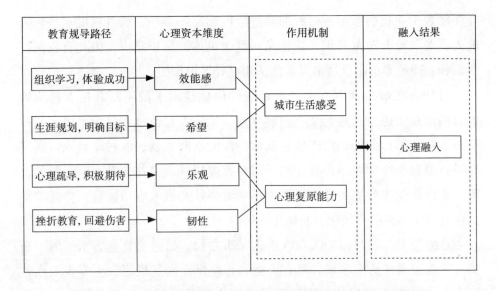

图3-4　文化能力对城市流动人口城市心理融入的影响作用机制

在自主学习方面，通过继续教育的学习，提高群体相处体验，这个过程也是体验预期成功的过程，很大程度上可以激发农村流动人口的亲社会心理反应，从而激发其在城市生活中的集体融入心理倾向。农村流动人口在组织化的学习中收获利他主义心理认同和积极乐观的心理情绪，让他们在社会生活实践中更加宽容和和谐地与城市居民共处，提升城市融入的成功心理预期。在职业目标规划方面，农村流动人口进入城市中，工业化的生产模式让他们需要职业技能的培养和提升，实现文化认知的增值，从而产生希望和目标。希望对于他们来说是自我文化能力的洞察和事业目标的设置过程，属于心理学范畴的概念。在获得职业培训后，农村流动人口同时也获取了心理层面的自我激励力量和现实能力基础，因此在目标的设定上也更加具有可操作性。此外，农村流动人口最初进入城市时，由于技能不足，过客心理和失落心理让该部分人群在社会融入过程中产生深刻的社会距离感，伴随而来的是情绪低落、个人意识模糊和个人成就获得感不足，这些情绪严重影响了个体的社会心理正常感知，个人社会心理融入的主动性也显得薄弱。但是，具有较高教育水平的流动人群可以通过良好的自我激励机制激发心理潜能，应对挫折。

农村流动人口在城市进入之初，所从事的工作通常比较繁重，很多行业伴随着工业化制造粗放过程的高危险性和高污染性，教育程度水平较高的人群对危险有防范意识，这也是对健康机体的保护意识，因此自我保护意识和心理预警机制反过来对文化认知也有保护作用。

另外，在信息获取方面，通过现代信息技术手段不断开拓农村流动人口的信息渠道，丰富其文化内容存量，能为农村流动人口带来极大的社会融入效能感。此外，由于信息获取手段的不断丰富，农村流动人口通过高科技信息手段学习的过程，也是对自我虚拟社会交往体系不断完善的过程。在以新媒体为主的社交生活中不断增强社会融入虚拟体验，势必带动其社会交往体验向真实化、实体化发展。

总的说来，农村流动人口在进入城市之初，通过文化能力水平的不断提升，在遭遇挫折的时候，具有更强的心理弹性恢复机制，主要表现在：健康的个体在面对逆境时有更强的忍耐力和承受能力，有良好的心理素质和积极乐观的心理态度；在遭遇挫折后，具有良好的心理恢复能力，也就是挫折恢复能力在心理层面的体现。这些能力最终决定了文化认知在心理融入层面的优势和先进性，也决定了农村流动人口在其城市融入水平的表现。

（四）文化能力对身份融入的影响机制

正如吉登斯所谈到的那样，"自我认同并不是个人所拥有的特质，或一种特质的组合。它是个人依据其个人经历所形成的，作为反思性理解的自我"[①]。在目前阶段，文化能力对农村流动人口身份融入的影响主要表现在自我城市身份认同方面，包括对目前自我身份的判断和对未来身份的设计两个方面。影响这两个方面的原因主要存在于文化能力对收入结构的影响、教育水平和社会信息获取能力等方面。

首先，前文已经探讨过文化能力对收入水平的影响非常显著，作为文化接受主体的身体文化能力在某种程度上决定了收入水平。同时，文化能力较低的农村流动人口由于收入限制，对城市融入结果预期不足，导致其社会资源和制度资源的掌握能力低下，加深了其对"农民工"身份的自我肯定和对未来城市融入结果的悲观预判。由于收入水平对应了消费水平的

---

① 董海军，代红娟. 城市群市民身份认同：影响因素、路径分析及反思性——基于长沙的实证调查 [J]. 中国名城，2014（6）：20.

高低，因此，一旦因为文化认知导致收入不足再产生消费不足的情况，在这个问题上，马克斯·韦伯早就指出，财富是决定个人在社会中身份的重要的标准，而财富支出的能力与社会声望密切相关，它联系着个人在社会生活中与其他资源交换的能力和对自我阶层的决定位置①。那么这由收入所决定的消费能力在农村流动人口身份建构的同时，自然也遵循着"生存理性"让位于"社会理性"的转变原则，这个过程必然伴随着农村流动人口从"农民"身份向"城市居民"身份的转换，因此在城市中对于潮流的消费和公共文化的购买彰显了其强化城市身份的自我身份构建过程，对未来的城市身份融入期望也同样要求农村流动人口不断购置文化象征符号产品以满足和城市居民的文化沟通及阶层匹配诉求。这些支出必然要求经济收入的支持，所以文化认知水平较高的农村流动人口相对来说在身份融入方面更加具备竞争优势。因此，农村流动人口的身份融入在某种程度上可以说是其在城市生活过程中受到城市环境所激发的一种身份确立暗示和目标希望过程，而收入正是这种身份认知的源泉所在。

其次，教育水平对城市身份融入依然非常重要，这主要体现在教育所带来的文化接收能力。教育水平的高低直接决定了农村流动人口的精神气质和行为习惯等外在表现，在进入城市生活后，按照布迪厄的惯习理论，这些外在的表现直接影响城市生活所在圈层的交往范围和人际关系，圈层和人际关系无疑又不断强化了城市生活中个体的身份构建。很多时候，有共同教育水平的人群在城市生活过程中寻找到共同话题的可能性更大，彼此身份认可的可能性也越大。同时，由于教育水平的差异，个体之间对城市文化认可的差异也较大，对城市文化的理解反映在身份认可层面，在齐美尔看来就是身份和文化理解的对应匹配关系，因此通过文化理解桥梁，教育和心理融入构建了一条通道，我们可以假设教育程度越高，文化理解能力越强，城市身份意识自然也越强烈。

综上所述，在文化能力对身份融入影响的研究中，需要从三个方面来思考。从本质主义身份认同角度，文化认知丰富的实践主体对自我肯定方面受到城市融入目标的激励和对融入结果的自信的影响，不断创建

---

① Gane N. Max Weber as Social Theorist "Class, Status, Party"〔J〕. European Journal of Social Theory, 2005, 8(2): 217.

"自我"和"他我"的融入身份区隔，并在时间维度上进行了区分，目前"我"是农村流出地身份，未来"我"是城市居民身份，这种融入过程相对来说和作为客观主体的文化认知能力密切相关。康德、尼采和黑格尔都在哲学意义上对这个问题予以肯定，认为本我有不断延展扩张的可能，自我的构建是一个变化且持续的过程，随着环境的不断适应，自我的调节能力在主观愿望和客观身体支持下，会让身份意识跟随个人意志进行积极调整。

在社会结构主义和社会建构主义的身份融入视角上，农村流动人口的身份融入同样是一个不断变化的过程，在这个过程中受到经济、政治、文化等社会结构的影响，新的身份标识随着教育水平和职业培训过程逐渐形成，且和社会阶层的卷入、流动、固化不断呼应。农村流动人口通过教育水平的存量和增量变化，通过职业培训的不断提升，实现自己在社会阶层中位置的攀升，最终实现身份融入的目标。

此外，目前农村流动人口身份融入研究有所忽略的是自我叙事建构角度进行的身份融合，斯蒂文·赛德曼（Seidman，1991）在《社会学理论的终结：后现代的希望》①一文中对身份构建进行了阐释，从社会学理论的庞大社会结构中对身份认同予以单独审视，并批评了社会学理论在身份构建中的政治意图干涉，将身份认同标识为个体叙事中的自我表述。这种表述最常见的形式就是大众传播行为，电影、电视、网络影像目前成为主流的传播渠道，大众传媒也深深影响了农村流动人口对自我身份的认知过程。手机互联网时代的今天，多媒体工具（手机、电脑）也成为影响其身份融入的主要工具，对这些工具的掌握和熟练程度自然也就成为文化能力的重要组成部分。

二、文化观念对农村流动人口城市融入的影响机制

文化观念是文化资本的最重要组成部分，也是文化资本在思想意识、价值观念和文化素养方面的具体表现。就农村流动人口而言，文化观念主要分为健康意识、现代价值观念、乡土联结和民间文化信仰四个方面。

---

① Seidman S. Are We All In the Closet? Notes Towards a Sociological and Cultural Turn in Queer Theory［J］. European Journal of Cultural Studies, 1998, 1(2): 177−192.

（一）文化观念对经济融入的影响机制

农村流动人口的文化观念上对其经济融入的影响是通过文化资本对经济资本的转化完成的，在转化过程中，需要农村流动人口在现代价值意识形态上具备四个方面的主要意识，即竞争意识、效率意识、开放意识和创新意识。这四个意识是农村流动人口实现城市经济融入的现代价值观念要素。

首先，健康意识是文化观念中对经济融入影响较显著的部分。健康意识直接影响农村流动人口主体对文化资本客观积累载体的重视程度，具有良好健康意识的个体在自我身体保护和素质提升方面总是具有更大的竞争优势。正如马克思所说的那样，个体的素质提升首先应该是身体的素质提升[①]。在工作雇佣领域中，农村流动人口的身体一旦处于健康状态，经济活动就有了劳动主体的支持，也就是获得了劳动力来源；主体具有文化资源的要素，就使其区别于机器和动物，使劳动具有创新性和开放性，主体对环境的适应和改造直接指向经济生产效率的提高和个体经济收入的增加。但是一旦拥有文化能力的主体身体健康能力不足，个体文化资本对经济融入的影响就会降低甚至变为负向，目前在城市中，部分农村流动人口健康能力不足就是导致其城市经济融入能力不足的重要原因。一旦身体健康能力受损，个体文化资本发展预期自然也不足，其在城市就业的可能性自然会受到企业雇主的阻碍和悲观的预判，直接导致其经济融入的不足。

因此本书提出A2假设：农村流动人口健康的身体条件对文化资本积累有正向影响作用，进而对城市融入有正向影响作用。

流动人口中的男性由于在职业分工和生理方面的劳动力优势，可能在文化能力方面强于女性；同时，年轻人口在就业选择和生理方面的劳动力优势也较大。因此提出A3假设：农村流动人口中男性文化资本和女性文化资本相比，男性文化资本具有更强的积累优势。A4假设：农村流动人口群体中，年轻人口在文化资本积累上相对于中老年人口更加具有优势。

其次，在现代价值观念方面，权利意识是农村流动人口进入城市以

---

① 吴向东. 论马克思人的全面发展理论 [J]. 马克思主义研究，2005（1）：32.

后，对城市竞争环境的良好认同度和对城市竞争中所获得的成就感的维护。对于农村流动人口来说，在城市中竞争不仅需要具备良好的文化能力，也需要思想上具备风险防范意识、良好的心理素质与权利自我保护意识。尤其是农村流动人口在权利意识方面的高度需求，是其经济融入在思想认识上的直接反映。农村流动人口的权利意识随着社会环境的改变被不断激发，在经济层面具体表现在就业的不断突破、社会阶层位置的不断提升和自我收入的不断增加。权利意识在维护自我权利不受到损害的同时，按照阿玛蒂亚·森的理解，还应该在具有可行性能力的情况下充分参与社会竞争，从而具备竞争意识。竞争意识分为自我竞争和群体竞争两个方面，群体竞争引发自我竞争，自我竞争在文化意识的表现上就是不断吸收各种先进文化理念，不断提升个体文化内涵。在城市生活及工作中，经济融入的本质就是要求参与者具有持久的竞争性意识。在经济发展过程中，农村流动人口进入城市后，面临着城市中新的社会竞争场域和优势规则，因此其意识观念也会随着发生较大的转变，这个转变的过程对于农村流动人口群体来说具有过程公平的特点。他们进入城市后，面临的城市竞争规则具有统一性，因此如何在群体竞争中脱颖而出、取得竞争优势，并进一步面对未来和城市居民的竞争？在经济融入层面的社会裁定标准就是收入的提升、就业的稳定、工作环境和未来发展的优势。因此，在经济融入过程中，除了竞争意识以外，还应有协同合作意识，要求农村流动人口在竞争之外，还需要在工作生活中与本群体和城市居民协同合作，在经济活动中互动，促进和完善经济生产流程，实现自我经济地位的提高。

此外，现代价值观念还表现在农村流动人口对待消费和工作的理性实践态度上。在物质消费方面，农村流动人口是否有计划地进行消费活动，直接决定了其收入和支出的比例是否合理，是否对农村流动人口经济改善具有良好的长期影响效能；在工作方面，较高的工作效率是这些观念在经济融入方面的优势影响体现。农村流动人口进入城市后，城市生活和工作中对效率的追求，认可效率对公平的合理损害以及与自己的能力匹配程度，反映在思想意识层面就是在适应城市经济发展速度过程中，个人思想价值意识观念是否能以效率为先导，并指导自我行为实践。从这个角度来说，农村流动人口在追求经济融入的过程中，必须要把效率工资的经济目标作为自我发展的优先效能考虑，而根据效率工资提出者、凯恩斯经济学派代表人物艾尔弗雷德·马歇尔的建议，效率工资最重要的筛选标准就是道德标准。一旦农村流动人口获得效率工作，个人的价值观念和认识基础就需要建立在自律、道德和无私利他的原则之上，因此这种筛选机制在本质上就是对于农村流动人口的主观文化资本的认可和识别，其根本目的是为了保证企业在经济发展过程中的监管道德识别和企业员工互信。

开放意识是指农村流动人口对新事物新观念的接受程度，在农村向城市转移过程中，实现自我封闭破除，开阔视野，实现对新生事物和新观念的理解和认可过程。在这一过程中，农村流动人口扬弃以往农村生活工作中的故步自封，产生对现代城市社会中现代观念和生活态度的包容理解，是其经济融入的重要参考指标。进入城市后，农村流动人口面临诸多观念上的转变，城市健康生活观念、城市集体生活观念和利他行为价值判断等都对农村流动人口的主观认识形成较大的冲击，在保留传统文化精华的同时，快速将城市主流意识内化为自己的行动指引并在经济活动中加以实践，必然对其经济融入起到决定作用。尤其在改革开放以后，邓小平提出的"解放思想，实事求是"的改革目标，是对城市发展的决定性纲领指引，对于接受这一观念较晚的农村群体，更是需要在思想认识上对开放意识有深刻的理解并转化为行动实践的指引，缩小"文化堕距"，真正实现和城市现代价值观念的契合和一致。

创新意识指农村流动人口基于对城市社会的深刻了解，通过求新求变来实现自己在城市中的不断突破，努力求新的精神状态。在这个过程中，历史性和差异性是农村流动人口进入城市后创新意识的显著特点。从历史发展来看，开放创新是围绕着提高物质生活水平和精神需求开展的，具有显著的时代特点。农村流动人口进入城市社会以后，物质水平需求的不断提高需要他们同步提高精神价值观念，并在一定的社会结构中形成稳定的支撑关系，因此精神水平的提高必然体现在文化资本的观念认知上，开放创新意识导致的结果必然体现在经济水平的发展和个人收入的提升上，为经济融入创造客观现实条件。此外，由于开放意识和个体兴趣、价值观念及行为习惯密切相关，这些因素构成了个体文化认知中的主观意识，对个体开放创新意识起到较强的影响作用，布迪厄在惯习中对这些问题做了深入的解释，并指出主观意识中惯习的养成决定了个人在经济社会中的阶层和未来发展的动力。

总的来说，农村流动人口在城市融入中对经济融入的实现，在主观文化认识上有三个层面的表现：基础层面、目标层面和提升层面。基础层面是以个体在流入地的文化资本为依据，包含了以往个人对社会的判断、价值逻辑和文化观念。这些观念和农村流出地的社会结构密切相关，并具有强烈的持续性和继承性，在经济层面随着农村小农经济和基础农业经济发展而固化，表现为谨慎的投资、土地为主的产业依托、人情价值观念和墨守成规的生活方式等。在目标层面，随着农村流动人口进入城市，为了实现城市融入，必须按照城市现代化理念进行自我文化资本改造，以适应城市经济发展的要求。因此，农村流动人口在这个方面，必须具备现代价值观念，确保在城市经济发展中的公平竞争机会。在提升层面，农村流动人口一旦融入城市，在经济层面，他们的经济地位发生改变，不仅在城市经济发展中需要竞争平等，更需要取得竞争优势；在思想观念上自然需要以现代化的价值理念对自我观念进行改造，按照马斯洛的自我满足理论方面，需要在权利体系维护、自我实现方面进行更有成效的努力，实现自我在城市社会中的全面融入，并不断提升相关文化理念，建立文明、科学和健康的文化观念和价值体系。

（二）文化观念对社会融入的影响机制

文化观念作为文化资本的重要组成部分，对农村流动人口社会融入的影响作用非常显著。和经济融入影响不同的是，其对社会融入影响是直接而且显性的。按照文化适应视角分析其对社会融入的影响机理，主要是要厘清农村流动人口自身文化中的乡土性和城市现代性文化观念的差异。西方移民融合研究者很早就将社会融合研究的目光从社会结构的影响作用转向个体认知的差异方向，中国学者进一步对农村流动人口和城市居民的文化差异进行了比较研究，并持续研究这种文化观念差异对城市融入尤其是社会网络结构形成的影响作用。

农村流动人口在农村生活期间，其文化观念主要依托以农村耕作生产关系为主要形式的血缘、地缘和亲缘人际关系网络，乡土性是其重要表现特征。费孝通对这种以乡土性为代表的人际关系进行了归纳，认为差序格局是中国乡土社会人际关系的精髓，即在乡村生活中，人们按照个体私人关系网络进行构建，整个社会是由以个体关系为核心的圈层逐渐建立起来的[①]。因此，按照这个差序格局，由己至家，由家至国，由国至天下的社会关系搭建正应对了中国文人关于文化修身的名言"修身齐家治国平天下"的处世哲学。在这个认识中，家的概念边界可以伸缩，既可以包括血缘、亲缘，又可以包括地缘甚至友缘，在个人权力鼎盛时期，"四海一家"的家庭认知结构其实就是把社会关系网络纳入家庭关系网络的无限边界范围内。因此家庭作为差序格局下的最小社会网格概念，婚姻在文化传统观念里对个体观念和人格的影响不言而喻，本书提出A5假设为：农村流动人口中已婚人群文化资本积累量可能高于未婚人群。

城市居民主要受到西方社会关系结构的影响，社会网络结构以社会学家涂尔干的"机械团结"[②]为主。机械团结基于社会分工的差异和有序，让社会生产过程的每个人都在社会中确定自己的地位，彼此形成网络式的社会关系。费孝通经过深入考察，将城市中的这种社会关系称为"团体格局"。在团体格局中，"国家"取代了差序格局中的"家"成为社会结构中最重要的组织概念，在国家边界清晰的概念下，个人利益对国家利益的服从和个人对国家道德、法律、规章制度的遵守成为个人最重要的行为规范和准则。卢梭在《社会契约论》中提出，国家中的个人在法律面前一律平等且团体对个人利益有保护的义务，奠定了现代国家政体的概念[③]。因此我们可以这么认为，城市居民以"团体格局"为主的社会关系是以"公"为代表的整体利益，超越了乡村差序格局中以"私"为代表的个体利益。

既然乡村和城市的社会网络结构有如此大的差异，那么个体在两种社会网络中的文化特性也必然有着巨大的差异。在城市社会中，个人文化观念反映在社会网络关系上主要是：文化认知上对社会规则具有更加强烈的认同感，以国家法律代替乡村村约，以基于城市社会的正式约束机制替代乡村社会的立场判断机制；社会现代竞争意识取代乡村社会中与世无争的

① 翟学伟. 再论"差序格局"的贡献、局限与理论遗产 [J]. 中国社会科学, 2009（3）：152-158.
② 汪玲萍. 从两对范畴看滕尼斯与涂尔干的学术旨趣——浅析"共同体""社会"和"机械团结""有机团结" [J]. 社会科学论坛, 2006（12）：8-11.
③ 黄克剑. "社会契约论"辨正 [J]. 哲学研究, 1997（3）：28-39.

散淡处事情怀；城市社会的人际交往特点受到西方功利主义的影响，呈现出情感交流的浅表性和交际利益承兑最优化的功利原则；城市生活的价值判断原则趋于多元化，多价值取向。

因此，从农村流出地进入城市后，农村流动人口在遭遇文化观念的不同时，伴随着紧张和局促感，会产生一种"文化震撼"①，这种文化震撼被国内学者理解为文化资本观念上的碰撞所带来的文化自觉意识，这种文化自觉意识需要在审视自身文化资本内容的同时，在文化观念上予以调整和更新，以更快地适应城市文化观念中所对应的社会结构关系融入部分。此外进入城市后，农村流动人口所面临的社会关系网络相对于农村社会来说，更加复杂和综合，和以往农村单纯、均质和稳定的社会关系网络相比体现出明显的差异，由传统的"亲情"和"交情"价值维系转换为"体制上下级关系"和"社交需求"交友观念。这种明显的转化让农村流动人口把以往社会关系交际观念下的人脉关系网络都留在农村流出地范围内和城市老乡群中，与城市居民交往时则以迥然的社会规范和交往伦理作为行为指导。再次，在和城市居民沟通交往的过程中，价值观念下的符号适应性也是需要关注的重点。在城市社会交往中，语言作为符号的一种，背后有一套文化逻辑，这套文化逻辑和农村生活中的有很大差别。索绪尔在语言文化符号学中提到，传统社会的城市语言体系中能指和所指与过去相比有了很大的区别，在这个过程中，赞美、贬低、中性评论的真实含义都进行了拓宽，过去生活中的语言描述在城市生活中都有了更加宽广的所指意蕴。农村流动人口在城市背景下，对语言的运用除了语言文化客观能力外，文化价值观念的驱动尤为重要。

一旦农村流动人口进入城市后，面对城市社会空间的弹性人际结构，需要不断适应这种持续变动性空间。美国社会学家格兰诺·维特（Mark Granovetter）认为移民的城市融入就是"劳动力市场镶嵌于城市社会结构之中"②。在城市生活中形成的强弱社会关系与农村社会结构相比，在亲密程度、互动频率、互惠交换和情感强弱方面均有较大差异，这种差异的弥

---

① 张继焦. 差序格局：从"乡村版"到"城市版"——以迁移者的城市就业为例［J］. 民族研究，2004（6）：50—59+108—109.

② Granovetter M. The Strength of Weak Ties［J］. American Journal of Sociology, 1973, 78(6): 1362.

合需要农村流动人口用文化观念的自我更新和弹性调整进行适应，最终形成农村流动人口社会融入的独特方式，既区别于农村以往的差序格局，相较城市团体差序又有自我特点，主要体现在继承了乡土社会中的亲缘、血缘人际关系网络，又在城市中发展出以业缘和友缘为主的新型社会关系网络，实现一种兼容并包、汇通融贯的乡土—城市综合社会关系网络。这一观点在20世纪30年代中国近代乡村建设派主张中已经出现雏形，以梁漱溟与晏阳初为主的乡村建设学者认为[①]，农村人口进入城市中，成功的融入就是有所选择，这种选择不仅是自由意志的结果，也是社会经济发展程度的必然结果，体现了高度个体自由发展和"伦理本位""职业分立"及精神上"调和持中"的理想社会的完美结合。

（三）文化观念对心理融合的影响机制

目前国外国内主流学术界，对于移民城市心理融入的影响研究，很多都从文化观念的角度进行讨论。对国外文献研究的过程中发现，心理融入（psychological acculturation）的英文单词释义直接等于文化适应；中国在心理融入方面的研究比较混散，很多学科从不同角度和学理上进行流动人口的心理融入影响研究，一直未能形成统一认识，因此借用布迪厄的文化资本理论，从文化观念的角度进行心理融合研究是有学理依据的。

美国人类学家罗伯特·雷德菲尔德（Robert Redfield）[②]认为文化观念对移民的心理融入影响主要是指个体和群体在遭遇环境改变时，进行的自我文化反应和更新并折射在心理认知层面的过程和结果。"地方性"的概念和"都市性"的概念被雷德菲尔德在空间上进行了悬置，并采取文化分层的方式予以区分。具体到中国，地方性的概念如果进一步被划分为农村地方性的空间分布概念后，农村流动人口进入城市后，其文化特征既带有城市的"大传统文化认知观念"又带有农村乡土社会中的"小传统文化认知观念"。中国学者钟敬文[③]认为，中国乡村社会的底层文化观念和都市精英文化观念一样，构成了中国传统社会的文化主干；中国文化的包容和庞大也让每个中国人在该文化体系内的迁徙和流动具有精神皈依和心灵

---

① 赵世怀. 简论乡村建设派的政治主张［J］. 广西民族学院学报（哲学社会科学版），1986（1）：111-116.

② Redfield R. The Folk Society［J］. American Journal of Sociology, 1947, 52(4): 293-308.

③ 关溪莹. 钟敬文的民俗教育观［J］. 中山大学学报（社会科学版），2002（4）：91-97.

依赖，也就是说个体在流动过程中，不可能全盘接受流入地的文化观念影响，在流入地也没有和流出地截然不同、完全没有继承基础的文化体系。

因此，部分中国学者在讨论流动人口的文化认知对心理融入的影响时，主要沿着西奥多·格雷夫斯（Theodore D. Graves，1967）[①]的心理融入影响路径进行。格雷夫斯致力于研究个体移民在文化接触过程中的心理调节和认知折射，以此来评估其社会融入的水平。和雷德菲尔德不同的是，他一直强调自己研究的不确定性在于如何评估既有文化认知体系对城市融入的正面或者负面影响作用，为回避这一问题，他将研究方向确定为文化的单向融入路径，回避了流出地文化观念和体系的直接影响作用。池子华、田晓明、吴铁钧（2008）[②]继承了格雷夫斯的观念，并认为其观念对研究中国农村流动人口的心理融入有巨大的借鉴意义；文化的交流和观念的碰撞对农村流动人口的影响至深至远，是研究其心理融入的主要手段；进一步提出农村礼俗文化和城市的法理文化观念的碰撞是影响农村流动人口融入水平的主要因素。杨菊华（2009）[③]认为农村流动人口的文化适应性可以直接和心理融入进行对应；胡艳辉、王立娜（2012）[④]认为文化认同和心理认同依然有一定的区别，对城市价值观的接受在心理认同层面的影响较少，是一种被动接受的过程；考虑到农村流出地文化体系的全面影响，才能清晰地辨析出心理融合层面上农村流动人口的真正态度，创造性地发现在文化观念碰撞过程中的新文化观念差异和自我创造过程。

沿着文化接触逻辑，对农村流动人口的心理融入影响机理进行分析，更需要借用心理学的学科背景。美国诺贝尔奖得主、经济学家和心理学家赫伯特·西蒙（Herbert A. Simon，1971）[⑤]提出了心理融入的7条普适标准，分别是：统一性，自我成熟，接受现实，具备表达情感和控制情绪的

① Graves, Theodore D. Psychological Acculturation in a Tri-Ethnic Community [J]. Southwestern Journal of Anthropology, 1967, 23(4): 337-350.

② 池子华，田晓明，吴铁钧. 苏州市劳动密集型企业民工的心理融入调查 [J]. 心理科学，2008（1）：210-213.

③ 杨菊华. 从隔离、选择融入到融合：流动人口社会融入问题的理论思考 [J]. 人口研究，2009，33（01）：17-29.

④ 胡艳辉，王立娜. 农民工城市文化心理融入的代际差异研究 [J]. 湘潮（下半月），2012（11）：6-9.

⑤ Simon H A, Newell A. Human Problem Solving: The State of The Theory in 1970 [J]. American Psychologist, 1971, 26(2): 145-159.

能力，具有相互信任的社会关系和人际关系，对自我负责和有自我控制能力，身心健康。以雷华（2013）[①]为代表的中国学者结合中国农村流动人口发展现状，对西蒙的心理融入评价标准进行了具体分析，认为西蒙评价标准也适用于中国农村流动人口城市融入过程中心理融入的影响评估。

城市生活中，现代价值所带来的文化品格提升是农村流动人口提升心理融入的重要手段。"美美与共"曾经是费孝通提出的农村文化品格和城市文化品格和谐共生的美好蓝图，在这里不仅是指农村流动人口在人际关系自我圈层中进行交流，还需要通过文化沟通和城市居民形成文化接触、交流和互动，从而提升自我心理体验。在这个过程中，农村流动人口的乡土气息、灵活性和文化的原生经验是其实现交流的有力文化内涵砝码，在与城市文化的互动过程中形成对城市文化的功利性、急迫性和焦虑性的良性补充；同时，摒弃农村文化亚种中的三俗——恶俗、庸俗和鄙俗气息，正视长期存在在农村社会生活中的迷信传播、是非传播、攀比心理、婚嫁陋俗和低劣文化演艺等文化的不良影响，在城市生活中，传承和创新一种积极、务实、祥和与兼容的文化心理状态，形成良性心理体验和健康的心理态度。

（四）文化观念对身份认同的影响机制

农村流动人口进入城市以后，在文化观念上遭遇了精神价值的冲突，还产生了与以往农村文化观念相冲突的裂变和游离。这种初入城市的文化经验感受在中国学者晏阳初看来是一种游离性、即兴性和消解性的文化观念，和城市主流文化价值的对接机制并不完备，具有较大的差异性。农村流动人口进入城市后，在观念上既有农村乡土社会中的传统文化保守特征，又在城市中遭遇城市文化的"去中心化"价值影响（即多元文化主义、去中心文化倾向和大众娱乐化价值判断标准），因此在很大程度上对自我身份有一种"孤岛"认同，甚至产生一种"伪城市化"的身份错觉。从农村平面化的生活空间图景进入城市立体生活空间图景后，农村流动人口在工业秩序、社会规则、科技理解和大众文化的影响下，对自我身份的构建和判断很难按照城市主流身份模式进行，进而产生对自我乡土身份的

[①]　雷华. 农民工居住现状及其对心理融入的影响研究［D］. 武汉：华中农业大学，2013.

排斥和对城市居民身份的怀疑，成为一个"中间身份人群"，并在城市消费文化和后工业文化的影响下变得不知所措和莫衷一是，"我是谁"成为对自我身份的长久拷问。

因此，文化观念对个人主体意识的介入就成为农村流动人口身份融入界定的必要手段，并通过"文化转型理论"和"多元文化理论"予以解释和支撑。在城市生活中，农村流动人口对于城市和农村社会中的身份归属认识在很多时候依然存在对立的认识观念，除了中国户籍二元制度以外，城市和农村文化截然不同的文化观念是导致这一认识的基础，"城里人"和"农村人"的语境称谓在很大程度上已经在脱离了文化符号能指的地域观念，而是以一种文化观念来对两种文化意识和价值观念群体进行区分。在这样的情况下，农村流动人口虽然进入了城市，但是文化观念和城市接轨的不充分让自我身份意识在无意识中产生社会身份排斥和文化堕距。因此，多元文化的认识观念在今天已经远远超越了单一文化对立观念的局限，烛照自我文化身份认知的模糊界限。多元文化观念提倡多种文化意识和价值认识并存，在文化先进性上并无高低之分，乡土文化中的高尚文化情操一样可以和城市现代文化观念分庭抗礼、融合发展，社会健全人格的实现是自我文化身份不断净化的过程，而非单向流动的文化传递。乡土文化在自我发展过程中并不是"被同化"的线性发展，城市主流文化一统社会的局面必然会被乡土文化中优秀、自觉、合理的传统部分分流，那么农村流动人口身份的自我建构也应该是多元的，身在城市中，依然可以骄傲地在乡土文化和城市文化中的精华区域自由行走，伴随着城市中自我身份确立的多元文化生存权利实现也是中国文化价值包容并蓄、和谐发展的主流方面。

其次，农村流动人口在文化认知过程中，需要文化转型的帮助，这种非线性、非被动同化的文化转型是一个复杂的自我调整过程，需要现代化工具的帮助。在这个过程中，大众媒介起到关键的作用。大众媒介的海量信息和开放性的讨论模式一直以来都是农村流动人口观察城市社会和理解城市生活的重要手段，深受追捧。同时，大众媒介的负面作用也是显而易见的，快餐式的文化碎片和娱乐式的媒介信息让农村流动人口对其自我身份的认知和建构受到干扰，常常在信息不对称、不一致影响下处于摇摆状态。因此，在文化转型的过程中，依赖自我文化观念的辨识和鉴别，对海量大众媒介信息进行编码识别成为对其文化资本中文化符号认识能力的严峻考验。拥有较强文化资本的农村流动人口在甄选海量信息为我所用的时候，自我文化观念的表达成为信息甄别的重要依据，哪些媒介信息和自我文化表达一致，自然成为重点关注的部分；哪些不一致，自然也成为舍弃或批判的部分。从这个角度上来说，大众媒介的文化传播和自我观念的表达达成一致后，自我身份也就逐渐建立并形成，大众媒介也不断通过信息的累积实现城市生活自我身份认同的强化。

最后，消费理性也是文化价值观念的关键组成部分，让·鲍德里亚（Jean Baudrillard）在其《消费社会》（La Société de Consommation, 1970）一书中明确谈到，文化意识的主体在消费社会中受到客观社会影响的时代已经慢慢过去，自我身份的建立和消亡与对文化消费的理解成为当今世界的最大谜团，我们看待自我的过程就是我们对待消费的过程，这个过程中文化消费是我们文化意识的直接投射①。农村流动人口在城市通过文化类消费来夯实自我城市生活身份，为了身份的彰显，他们购买时髦的衣物、手机，消费产品和餐饮，体会城市居民的生活经验，努力寻找获得城市认可的消费模式和路径，这种表象的城市大众文化消费在一定程度上损害了其城市融入的经济基础，在文化消费观念上步入了一个"现代大众文化冷漠和虚无的陷阱"，"抹杀了其作为诚实劳动者所获得的真实回报和理性身份体验"②。转向以教育型文化素质体现文化消费提升的正向理念，成为城市知识技能型人群是农村流动人口实现社会融入的必经之路，也是其身份构建的正确道路。通过新时代城市知识人身份的确认，其城市身份的主体性才能良性、持续而稳定地构建和发展。

（五）文化观念中乡土联结对城市融入的反向影响机制

乡土联结是伴随着乡土文化观念给农村流动人口的心理记忆而形成的心理影响过程。进入城市后，农村流动人口记忆中乡土情结依然不断指

---

① Gautier A., Pache A. Research on Corporate Philanthropy: A Review and Assessment [J]. Journal of Business Ethics, 2015, 126(3): 343-369.

② Norris M. Varieties of Home Ownership: Ireland's Transition from a Socialised to a Marketised Policy Regime [J]. Housing Studies, 2016, 31(1): 87.

引着他们的行为并和城市文化不断产生碰撞。奥尔波特（G. W. Allport, 1954）[1]在群际接触理论中谈到，国家中乡村文化和城市文化的对立是偏见产生的根源，这种偏见让两个群体在深刻的隔阂之间在思想上出现了巨大的认识鸿沟，并互相以各自体系化的文化矩阵进行战斗，视对方为亚文化，一旦群体间互相流动、交融，这种偏见存在基础就可能消融和退化。中国的乡土文化记忆更多地体现出农村农业社会特有的"寻根"意识，具体表现为对乡土的深深依恋和对农村朴素价值观的笃信。进入城市后，发现城市与乡土文化观念的差异，城市文化是对商业文明的追求，对个体经济利益实现的渴望，农村流动人口在心理认识上自然会产生抵触和反思。

农村流动人口进入城市后，所面临的高楼林立和快节奏的生活与以往农村中"田园牧歌式的山水闲适写意生活"出现对抗，人生价值的终极目标可能被反复改写。在初期进入城市生活时，对自我的反思和衡量成功的价值多元认识让农村流动人口在短时间内可能出现惶恐和彷徨，对自然社会的敬畏、对人情世故的自信和对乡愁的守望情怀都在城市商业文化和工业文化的催逼下显得苍白。因此，乡土联结随着城市融入步伐的加快显得越来越淡化，乡土文化观念的自信对于农村流动人口来说虽然重要，但是随着城市主流文化价值观念的紧逼，这部分人群的心理融入要求既要让自己契合城市主流文化，又要对原有乡土文化观念的"根"进行改造，非常困难。因此在进入城市后，农村流动人口需要淡化乡土联结以适应城市融入后的生活方式。在以往的诸多文献中，多位学者对这一问题均有明确的分析。汪华、孙中伟（2015）认为，随着城市融入的不断加深和城市化能力的加强，乡土联结会出现逐步衰减的情况[2]；张龙（2018）认为随着农民工"流动的生活"在城市中的缓慢展开，乡土关联会相应减弱，城市融入的过程也是从乡土走向城市的流动过程[3]；李志娟（2018）[4]认为，乡土人情的淡漠有利于农民工家庭整体融入现代城市生活。

---

① Allport G. W. The Nature of Prejudice [J]. The Journal of Negro History, 1954, 6(3).
② 汪华，孙中伟. 乡土性、现代性与群体互动：农民工老乡认同及其影响因素 [J]. 山东社会科学, 2015（2）：21-27.
③ 张龙. 风险传播视角下的新生代农民工城市适应研究 [D]. 南京：南京大学, 2018.
④ 李志娟. 农村进城家庭城镇融入问题研究 [D]. 临汾：山西师范大学, 2018.

同时，农村流动人口乡土联结的减弱，更加有利于农村流动人口的城市融入，其在乡土的社会关系和依赖情感的减弱，更加适合该人群在城市中的自我发展和自我适应。刘二鹏、高中建、乐章（2015）[1]就谈到过，乡土倚重不断被城市融入理性所取代，社会理性兼具实践性与主体间性，并将自我认知、关系协调、社会评估、策略优化等涵括其中。因此，农村流动人口在城市融入过程中需要不断调整和弱化自我乡土联结的文化资本部分积累，从而加强个体在城市中被主流价值观念所影响和改造的程度，从而实现更好的城市融入。

此外，城市融入越好的农村流动人口在比照城市生活和乡村生活时，从城市和乡村目前发展的不均衡现实条件考虑，对乡村生活落后的生活方式、基础设施配备、教育医疗系统的滞后和自我发展机会的缺乏感到不满意，从而更加坚定了全面融入城市社会的决心。同时，由于农村流动人口文化素质相对普遍偏低，对于乡土文化和乡愁的理解和感悟停留在诸多感性水平上，对于城市现代观念的接受让自我乡土联结认知产生了模板性的二元对立，落后和封闭让他们对乡村情况的总结形成一致性的认识，导致对乡土联结方面的抵制。此外，由于目前中国大城市中的农村流动人口多数来自周边农村，相对跨省和跨市的长距离流动而言，近距离的流动让他们随时可以在家乡和城市中穿梭流动，因此他们对于乡愁的感受可能并不强烈。

基于以上原因，本书需要对乡土联结对农村流动人口的反向影响机理进行验证，因此设定假设A6为：农村流动人口的乡土联结程度越高，其社会融入程度越低；反之亦然。

（六）文化观念中民间文化信仰对社会融入的反向影响机制

民间文化信仰又称为民俗文化信仰，是指一个民族或一个社会群体在长期的生产实践和社会生活中逐渐形成并世代相传、较为稳定的文化事项，可以简单概括为民众对民间流行的风尚、习俗的信仰习惯[2]。民间文化信仰是一个笼统的概念，之所以将民间文化信仰单独作为一个影响因素，

---

① 社会理性兼具实践性与主体间性，并将自我认知、关系协调、社会评估、策略优化等涵括其中。
② 刘铁梁. 村落——民俗传承的生活空间［J］. 北京师范大学学报（社会科学版），1996（6）：42-48.

是考虑到它对应于主流文化（如学历教育、科学等）而存在，而且与制度化的乡村宗族观念彼此串联。民间文化信仰继承了中国社会基础结构中的不同文化信仰观念，通过对人基于乡村社会文化结构、乡村自然文化观念所确定的符号偶像反复筛选，确定了以"自然、祖先、文化图腾象征"等为目标的文化信仰关系。这种关系往往伴随着功利色彩，且具有多元性的特点。

民间文化信仰从文化观念上看，具有乡土社会结构的文化特征，且和社会官方认可的宗教崇拜有极大的差异；在文化形态方面，它较少以文字记录而较多的以口口相授的方式传播；在文化实践方面，它不同程度地指引着民间文化信众的行为逻辑和行动规范。因此，从文化社会学上来看，民间文化信仰所包含的是一套民间基层的文化体系，也在很大程度上反映了中国社会基础的文化全貌。

农村流动人口的民间文化信仰对城市融入的影响主要体现在四个方面，即"祖先和自然崇拜""民间文化体验""文化信仰肯定"和"文化开放推荐"。祖先和自然崇拜是通过民间文化信仰的文化制度和信仰约束实现对个体行动目的的激发，祖先崇拜到文化图腾祭祀行为不仅能缅怀先人，祖先和自然崇拜还能唤起对与宗族独特历史相关的记忆，表达出族系传承与延续的重要性以及人不忘根本的人文情怀，甚至还能培养和强化宗族成员的道德操守，促进和维护家族与亲属关系，实现"光宗耀祖"的功利目的。

在民间文化体验方面，民间文化信仰要求信众和文化主体之间保持一种心有灵犀的文化联系，这种文化联系一方面需要农村流动人口在意念和行为上对于民间文化有感性的信仰态度，一方面需要农村流动人口作为观众在文化传播过程中具备仪式感和参与感。心理态度和仪式感的结合就产生了文化美学意义，这种文化美学意义的建构又恰好立足于心理认知和自我身份认知，因此农村流动人口有了心理依靠和自我身份的"他者"归属，城市生活对于他们来说仅仅是发生了"容器置换效应"，即在城市生活中，心理上有了独立的存在意识，身份上依然有乡村社会文化信仰的位置归属。虽然更容易以一种平和与从容的心态看待自我在城市中的角色和地位，但是由于这种观念和城市中拼搏、奋斗、实现自我人生价值的文化观念有冲突，所以他们很难平稳地实现从乡村到城市的心理和身份过渡①。

文化信仰肯定方面，民间文化信仰对农村流动人口具有较强的社会规范引导性，这种引导性不仅是一种行为道德规范，还在于引导农村流动人口不断获取新的知识，增加其文化认知的积累。通过民间文化信仰的了解，农村流动人口不断地在亲人口口相传的教导、寓言、传说中吸取文化养分，实现自身文化判断的提升和文化审美的积累。很多时候，民间文化信仰往往总结了前人的文化精髓部分，信仰的内容简练而富有哲理，发人深思。这些内容引导了农村流动人口的求知欲望，也同时激发了其对传统文化的兴趣和传承意识，并促进其参与乡村文化活动和体验民俗风情，实现了文化认识部分的内部转化和最终向城市融入的终极转化过程。但是这种文化信仰肯定同时也会让农村流动人口在乡土联结方面产生更大的依赖性，不利于农村流动人口的城市融入。

此外，农村流动人口的民间文化信仰对农村流动人口城市融入方面的阻碍可能原因还有：第一，近年来国家大力在农村推行反迷信反封建宣传，导致许多农村流动人口把民间文化信仰归结为封建迷信，反感和排斥民间文化信仰成为目前不同城市融入水平的农村流动人口的一致倾向。尤其是在农村社会中，反对封建迷信宣传深入人心，导致了农村流动人口进入城市接触科学知识后，在民间文化信仰问题上的回避和反感②。第二，由于民间文化具有民俗特色，因此民间文化信仰也具有较强的生活化和社会交往的特征③，因此大多数农村流动人口在对待这一问题时，很难具有清晰和确定的自我判断，对民间文化信仰停留在浅层次的理解阶段，在进入社会后将其记忆和理解为农村生活模式，阻碍了其城市融入的实质性自我适应过程。第三，进入城市生活后，由于脱离了农村社会环境，农村文化脉络中的民间文化信仰在城市社会中无法寻找到承载的主体，如祠堂、遗址和信仰象征等，因此脱离了民间文化信仰发生环境的农村流动人口，很难在城市中对结构松散的民间文化信仰形成较大的信念和依赖，也无法在城

① Richards D. The Culture of Displacement and Its Effects: Frazer, Freud and Others [M]. London: Palgrave Macmillan UK, 1999.
② 马佑红. 农村迷信与农村社会发展 [D]. 桂林：广西师范大学，2001.
③ 朱希祥，李晓华. 文艺民俗与日常生活审美化 [J]. 文艺理论研究，2007（6）：54-60.

市环境中形成民间文化信仰的交流群体和传播机制。

最后，在文化开放推荐方面，以共同生活文化区域为边界的民间文化信仰为农村流动人口提供了精神生活平台和社交公共领域，这个平台下的信仰关系超越了血缘、地缘和亲缘为主的农村人际关系交往模式，更加偏向于多元的和多维的文化人际网络。在这个以信仰纽带或信仰话题为主要结构组织的社会网络中，农村流动人口对城市身份的认可更多的是基于劳动生产者的朴素的、自然崇拜的和受文化道德约束的信念，这种信念往往具有文化观念的同根性。但是开放性推荐对城市融入的后果也是显著的，往往开放性推荐的过程中会形成更加紧密的农村流出地社会关系圈层，对这个圈层的依赖往往让农村流动人口在城市社会交往圈层中显得自我排斥和不被接纳。

因此，农村流动人口文化资本的组成部分中，民间文化信仰对城市融入可能起到反作用，即民间文化信仰积累程度越高，其城市融入的可能越低。基于以上原因，本书需要对乡土联结对农村流动人口的反向影响机理进行验证，因此设定假设A7为：农村流动人口的民间文化信仰程度越高，其社会融入程度越低；反之亦然。

三、文化实践对农村流动人口城市融入的影响机制

在布迪厄看来，文化实践是一种社会实践活动的文化表现形式，是物质创造和精神创造的广泛统一，在他的著作《实践理论大纲》①中，布迪厄明确提出，个体文化实践所带来的成果必然影响文化资本的积累效果，国家文化实践的结果就是国家文化综合实力的体现，文化对社会发展有着至关重要的中介影响（medium effect），在个体文化消费和文化生产过程中，不断进行着自我文化资本的交流和积累。文化实践活动中的文化生产更具有代表性和研究价值②。文化生产的自身过程也是文化资本象征性构建的中轴，在这个中轴里，文化资本的出现让文化实践从一般性的社会实践具有

---

① 布尔迪厄. 实践理论大纲［M］. 高振华，李思宇，译. 北京：中国人民大学出版社，2017.
② 杨德爱. 试谈人类学理论中的实践理论——以布迪厄《实践理论大纲》和萨林斯《历史之岛》为例［J］. 重庆文理学院学报（社会科学版），2011，30（5）：23-26.

了阶层分层的实践逻辑和实践意义①。

　　文化资本中文化实践主要包括个人文化实践和公共文化实践两个部分。

（一）文化实践对经济融入的影响机制

　　文化产业作为公共文化实践活动的载体，马克思和法兰克福学派曾从人文精神的价值终极追求层面对其进行了批判②，但是不可否认的是，文化产业作为代表先进文化价值精神和生产力的场域，对参与该场域实践的人群的经济有较大的提升作用。对于农村流动人口来说，主要表现在文化经济的带动能力和文化技术的提升能力上。

　　在文化经济的带动能力上看，文化产业生产场域中，文化生产活动不仅以其文化价值、文化理念和文化素养支撑和培养着个人的软性竞争实力，还通过文化资本对经济资本的转换提升个体经济的硬性竞争能力。阿玛蒂亚·森对个体的社会能力有着深刻的洞察，他认为个体能力的实现有两种方式：第一是实践能力，即个体在社会实践中具有行动能力和与之匹配的社会资源支持；第二是能力认知能力，即通过自我洞察，发现自己有通过社会实践改善自我处境的能力。目前中国大力推进文化产业发展，在文化相关产业工作中，就业机会、自我提升和福利待遇均达到或超过其他行业，因此进入文化产业生产中，在工资待遇方面相对优于其他行业；在未来个体发展中，具有更多选择机会，借助中国目前文化产业在全行业中的"微笑曲线"带动优势，实现自我经济能力的提升和经济融入的可能。

　　其次，文化产业中新兴技术的不断创新是伴随着文化产业逐步发展起来的，在文化产业活动中，新媒体、新技术和新传播手段层出不穷，为文化产业生产参与人群提供了更多了解社会的技术手段和个体技能提升的现实基础。新兴技术不仅为中国文化产业整体发展提供了机遇和竞争优势，也为个体的发展提供了更加广阔的技术支持平台。中国进入后工业信息时代，个体在通识教育后接受的社会教育主要就是通过技术力量的辅助完成的，对信息技术的识别和掌握也可以协助个体通过网络学习、互联网信

---

① 布尔迪厄. 实践理论大纲［M］. 高振华，李思宇译. 北京：中国人民大学出版社，2017.
② 姚文放. "文化工业"与"文化产业"之辨——法兰克福学派一个关键词的"症候解读"［J］. 天津社会科学，2016（2）：121-125.

145

息查找和远程培训实现自我技能提升，原本需要付费的课堂提升教育有了替代方案，在一定程度上节约了个人竞技开支，也为经济融入起到了消费"节流"的作用。

最后，个体文化实践是自我文化能力和文化观念积累的实践方式，通过个体文化活动的实施，吸取文化艺术展览和文化服务中的精华部分，一方面可以实现自我生产技能的储备，另外一方面在个体文化修养方面获得改进。同时，适当的个体文化活动对农村流动人口进入城市后面临的紧张工作节奏也是一种较好的调节和放松方式，便于通过个体文化实践的调剂，达到较好的身心状态，继续城市中的生活和工作。

（二）文化实践对社会融入的影响机制

在文化实践对社会融入的影响方面，农村流动人口主要是通过公共文化实践活动的参与实现城市交往网络的扩大和自我交往圈层的提升。

公共文化实践对农村流动社会关系网络的塑造主要体现在社会功能性上，有互动性、集体性和自我娱乐三个方面。互动性方面，一旦个体参与到公共文化实践中，和参与的其他个体必然发生互动，公共服务场域在城市空间中更加广阔和分散，包括展览、影视播放、广场舞、社区活动等，个体在其中不仅和同为流动人口的群体交流互动，而且很大程度上有了和城市居民沟通交流的平台。在集体性方面，公共文化实践遵从哈贝马斯的社会公共议题原则和空间进行组织，因此个体必然遵照一定的行为规则和规范进行文化实践活动，这种实践活动也必然具备集体意志和集体行动的特征。公共议题的设置一旦完成，个体在其中按照共同兴趣和共同文化目标的沟通交流，体现了个体在集体主义原则下的社会交往原则，实现了自我在集体中的融入过程。在自我娱乐性方面，公共文化实践的参与可以帮助个体提升自我文化感知能力，更好地通过文化娱乐获得自我在城市中的存在感和获得感，为城市社会融入提供信心和自我激励。

对于城市融入来说，农村流动人口的文化实践活动依然可以从swot模型的五个层面来思考：合作、竞争、冲突、顺应和平等协商。

在合作方面，农村流动人口通过公共文化实践可以进行认知重评策略，实现对自我社会融入的认知改变。这种改变建立在现代心理学的实证基础上，通过文化实践中的合作，流动人口发现自己在城市社会中的生活工作和公共活动参与一样，也可以通过合作的方式来进行构建和发展，对自我肯定起到了良性推动作用。在竞争方面，文化实践的目标在于参与和认知，并没有绝对的零和博弈结果，因此文化认知接受的多元评估可以让农村流动人口在社会相处中以一种更加平和、宽容的心态来看待竞争，并在城市人际关系网络构建中排除完全功利的社交模式，将以往乡土社会的朴素交友观念移植到真诚的交友理念中，从而搭建更优化的自我社会交往圈层。冲突方面，在公共文化实践中，竞争导致的部分结果必然伴随着冲突，这种冲突是一种过程性的冲突，并不具有长期性和持续性，但是该冲突也是城市生活中社会冲突的缩影和预演，且通过团体协作和个体努力可以解决。因此，公共文化实践的冲突为农村流动人口理解社会个体关系冲突提供了平台和解决路径的推演，为更加适应新构建的个体良性社会关系提供了试验田，个体社会矛盾依靠个体能力和经验积累不断得到解决为其社会融入提供了方案储备。顺应和平等协商方面，从社会交往的向度、广度、深度和频次来说，公共文化实践通过群体顺应合作、彼此平等协商，加固了个体社会关系网络的结构，吸纳了更多的城市个体参与自我社会关系的搭建。尤其是在建立了一定信任的情况下，公共议题可以不再囿于社会文化主体，可以发展成对个人工作、生活中其他双方感兴趣的问题交流。在交流的过程中，完成社会关系的人际再识别和友人筛选，一方面扩大了自我的社会网络交往范围，加固了已有的社交圈层，另外一方面新结交朋友的带动为阶层上升和圈层质量提升提供了基础。

（三）文化实践对心理融入的影响机制

社会心理学家米哈里·契克森米哈（Mihaly Csikszentmihalyi，1990）[1]认为，主体是社会活动的实践者也是社会心理的经验总结者，二者的结合形成了主体心理认知，对主体心理认知的改善和构建需要在社会关系中寻找良性实践的可能。文化实践活动主要通过三个方面对农村流动人口的心理融入产生影响：主体自我心理满足和心理融入激励；接受社会融入心理挑战；城市心理融入目标作为自我心理构建的符号中介。

在自我心理满足和心理激励方面，按照马斯洛的自我需求层次理论，

---

　　[1]　Csikszentmihalyi M. The Art of Seeing: An Interpretation of the Aesthetic Encounter [J]. Journal of Aesthetic Education, 1990, 27(1): 224.

农村流动人口在城市生活中的自我实现是自我满足的最高目标，在这个目标下公共文化实践通过互动、交流、合作等方式为其心理满足提供了必要的基础，在内心中农村流动人口感受到城市的接纳，自己在文化交流活动中有充分的话语权力和自主意识表达，反映在心理层面就是感觉自己可以像一个真正的城市居民那样享受到城市文化公共服务所带来的显性和隐形福利。很多时候，农村流动人口进入城市后，心理融入会滞后于经济融入的时间，国内学者将这一现象描述为"时间性心理融入滞后现象"②，那么个体和公共文化实践的非经济性属性决定了农村流动人口在活动过程中排除了经济因素的考虑，而仅仅以一种文化参与的态度进行交流并就文化认知目标进行追求。因此这一过程的实现也决定了农村流动人口在个体和公共文化实践中的心理融入可能同步于甚至超前于经济融入的阶段，实现了心理融入的优先发展目标。

在文化生产实践活动中，农村流动人口所从事的工作和文化密切相关，其文化自信在文化生产中的不断巩固让该部分人口在城市融入中相较非文化生产从业人口具有更大的心理优势。这种优势一方面基于自我文化自信，另外一方面基于在生产过程中对文化技能的掌握产生的心理优势，文化技能的掌握让其在城市生存中具有较大的竞争基础和提升可能，具有"文化从业精英人群"③的心理优势，这种心理优势让其在流动人口整体群体中具有优势生产力和榜样作用，为其心理融入同样提供了广泛基础。

（四）文化实践对身份融入的影响机制

美国社会学者埃德加·莫兰提出的复杂互动理论（Edgar Morin，1994）①，在身份认同方面主要解释了个体在社会生活中的主体身份构建。他认为个体在复杂的社会组织中生活主要是依靠个体的经验和社会结构之间的互动而逐步形成个体的自我身份。这个复杂的互动过程在很大程度上依赖着个体的社会实践和总结而初步形成。按照莫兰的解释，农村流动人口在城市中依靠文化实践活动对自我城市身份的融入是一个反复的、逐渐

---

① 张海波，童星. 被动城市化群体城市适应性与现代性获得中的自我认同——基于南京市561位失地农民的实证研究［J］. 社会学研究，2006（2）：86-106.

② 吴成鹏. 精英人群在城市空间塑造中的主导作用［J］. 建设科技，2010（16）：77.

③ Cruz B. L., Pedrozo E., Estivalete F. B. Towards Sustainable Development Strategies: A Complex View Following the Contribution of Edgar Morin［J］. Management Decision, 2006, 44(07): 871-891.

的适应过程。在这个过程中，农村流动人口作为身份融入方，城市居民作为身份接纳方，必然有一个互动的场域，这个场域遍及社会不同行业。按照周建国的观念，这些行业内存在"紧缩圈层"[②]，即权利、资源和人际关系在不同行业内部相对紧缩，因为资源的稀缺和权利分配的固化，这些行业对于低级雇工有基于业缘身份的排斥性，因此农村流动人口进入城市之初在不同行业中很难处于一个高阶层的就业地位，并且往往成为身份排斥的对象。在生活中，紧缩圈层内的城市居民在享受高福利的同时，也对非户籍人口产生权利和资源分配稀缺导致的排斥性，进而产生身份的不认可。在文化从业行业，这种排斥往往较弱，因为文化作为资源，文化资本作为权利，按照复杂互动理论的解释，是一个不断建构和变化的过程，个体通过自我学习和与业内人士交流，自我提高效果相较其他行业更为显著，文化资本的存量和提升在文化产业尚不发达的国内，依然处于起步阶段，而资本的规模对于轻资产、高版权附加值的文化行业来说，并不具备竞争优势。因此，农村流动人口一旦进入文化生产行业中，自我身份的融入相对于其他行业来说显得更加容易。

其次，因为户籍制度的限制，对于农村流动人口来说公共文化实践主要是参与到社区组织服务层面的文化活动中。平时，由于农村流动人口的社会网络与交际圈层和城市居民有很大的不同，因此两个群体在很大程度上出现了物理隔离，即虽然生活在一起，但是互不往来，较少沟通，缺乏彼此信任。基于这个原因，农村流动人口在社区中并没有感到社会情感的交流，缺乏对于城市的归属感导致了其身份融入的缺失。社区提供的公开文化活动不仅可以拉近两个群体的距离，还能给流动人口带来有社会价值和情感价值的交流，增加个体在城市生活工作中的"效能感"，摒弃其"寄人篱下"和"外来暂时住户"的身份疏离感。

最后，在公共文化实践和个体生产实践活动中，农村流动人口在身份融入方面最重要的是通过不断的文化学习、积累和文化交流，实现作为城市建设的参与者的自我身份目标，作为公平社会、和谐社会建设的一分子，和城市居民一道为城市发展的美好明天添砖加瓦，树立个人和城市同

① 周建国. 紧缩圈层结构论——一项中国人际关系的结构与功能分析 [J]. 社会科学研究，2002（2）：56.

步发展的信念，以完成身份融入的自我坚定认知过程。

四、文化资本代际传递对农村流动人口城市融入的影响机制

在文献综述中，较多学者将文化资本的代际传递置于学校教育体系下，认为文化资本的再生产基于学校是社会认可的文化资本再生产场域，学校的教育为文化资本的传递提供了良好的知识生产载体和社会制度认可的文化符号生产模式场域。也有部分研究把目光放在家庭教育中，认为家庭文化资本同时也是文化资本的再生产场域，但是这种文化资本的再生产仅仅是学校教育的延伸场域，很少具有独立自主性。同时，除个体本身积累之外，代际传递积累也是农村流动人口文化资本积累的重要方式。基于以上分析，本书将家庭作为独立的文化资本传递场域进行再思考：父母的文化实践行为是否为子代文化资本的积累提供了代际传递可能？父母的文化实践行为是否能够独立于学校之外，在知识传授和行为示范与引导方面对子代文化资本积累具有影响作用，这些传递对子代城市融入有何影响？因此，本书进一步将考察视角放在父代文化资本传递方式对子代未来城市融入的可能性影响问题上，并由此将父代对子代的文化代际传递和子代文化资本积累的影响关系分析作为研究的目标。

对于文化资本代际传递对城市融入的影响问题方面，文化资本代际传递对文化资本积累的影响机理需要进一步清晰并提出假设依据和可能。因此，在中国国情和传统文化背景下讨论农村流动人口的文化资本代际传递问题，除了考虑制度性差距和资源分配不平衡以外，农村社会中的文化发展情况和农村家庭对于文化资本的认识程度也必然作为研究的重要落脚点。20世纪90年代以来，随着大批农村流动人口进入城市打工和生活，他们的子女已经逐渐成为第二代农村流动人口。研究两代农村流动人口在经济水平、职业关系和文化资本之间的代际传递关系，对新生代农村流动人口更好地融入城市有积极的研究意义，并在指导新生代农村流动人口的就业、社会关系搭建和自我教育的提升等方面对社会关系的构建起到推动作用。因此，本书需要针对文化资本的代际传递影响搭建理论框架并提出假设，用以验证文化资本与农村流动人口城市融入的关系，并分析文化资本代际传递背后的传播路径。

　　首先，父代文化资本对子代的代际传递作用于城市融入的影响，以家庭中父母的工作与文化相关性影响最为直接，这也是父代文化实践过程中形成的文化资本的代际传递结果。父代在从事与文化相关的工作过程中，文化资本的积累相对来说更加快速，在文化资本积累过程中，文化惯习、文化能力、文化观念和文化实践方面较其他农村居民更具有竞争优势，未来城市融入能力更强。

　　其次，父代文化资本的文化观念对子代城市融入的影响，主要取决于父代是否能通过文化资本的交流将较高水平的文化知识和较高层次的文化理念传递给子代。20世纪90年代以来，第一代农村流动人口进入城市后，返乡给子代传递的外界知识、对子代的文化教育和传授，是学校以外的文化资本经验场域的有力补充。相对于学校，父母带回来的外界趣闻、知识、风俗习惯和价值理念对子代来说更容易形成直观经验和亲切感，也更加能促发子代对未来进入城市的早期能力储备和自我规划，为其成年进入城市生活工作提供文化资本交流所形成的经验储备和文化习惯积累。在外出打工过程中，由于父母在文化资本交流方面实现了自我积累，很有可能看重外出旅游和体验对子女文化资本的早期积累，并通过口传心授实现文化资本的代际传递。与此同时，父母在城市中打工时间较长的家庭，子女和父母相聚在城市中的可能性也会相应高于父母较少在城市中打工的家庭，父母携子女在城市中和外出旅游的机会也会相应增加，这种文化交流所带来的文化资本积累的代际传递也对子女的文化资本积累带来正面影响。

　　再次，文化资本中客观文化产品对子代城市融入的影响方面，主要是通过父代对子代的读书习惯养成和传统文化实践引领来实现的。在农村家庭中，子女在学校之外接触到更多的书籍对其文化资本的形成有着决定性的影响，因此书籍购买和书房的设置对于农村子代来说尤为重要，充足的家庭阅读机会不仅为儿童提供了丰富的知识，更对其阅读习惯养成有促进作用。阅读不仅巩固了学校之中建立的学习体系，还弥补了应试教育之外的常识性知识和感性情感培养的不足。经常参与农村传统习俗和文化活动，对子代的文化习惯和文化底蕴也有重要的帮助作用。这些文化记忆的留存不仅让子代对生长环境的文化体系有直观的理解，同时也让其成年后进入城市生活具有深刻的"传统文化"情怀，更能让其在城市生活中具有弹性的适应能力，面对挫折和困难时有传统文化中坚忍不拔和忍耐奋斗的意志品德。因此本书提出B5假设：父代每年为子代提供的传统文化观摩机会次数越多，子代成年后文化资本积累程度越高，城市融入能力越强；反之亦然。此外，父辈也会通过讲授故事将传统文化、风土人情和地理山川的文化知识传授给子女，在子女脑海中形成深刻的文化印记，进而有可能转换为子女的文化资本积累。同样，如果父代具有文化象征物（如传家宝）等，子代对于这类物品的学习和理解也有可能为其未来文化资本积累提供较好的先天基础。

最后，在文化资本的制度资本方面，学历水平较高但并未融入城市、长期生活在农村的父代，就目前农村现实情况来看，这部分人群因为并未通过学历提升获得进入城市的机会，因此可能导致对学历重视度不足，对子女教育所寄予的希望更多是培养吃苦耐劳的精神和立足于本土的机会实现个人的发展。因此，他们多依赖学校的管理，对子女的未来教育发展采取放任自流的态度。他们更多地希望自己的子女通过单一技能或婚嫁实现个人稳定的发展，并以一种中庸的态度对待子女的未来规划和考虑。这部分人群大多在城市中有打工的经历，但是城市融入程度不高，对城市生活具有抗拒感和排斥感。相反，农村中较低学历的父代由于自身学历的不高，反而对子女的教育高度关注，依然期待通过教育改变子代的命运，因此对于子女的教育和未来发展做了缜密而细致的期望和规划，为子代进入城市生活的文化能力提供了保障条件，进而帮助子代通过文化能力的提升，实现文化资本的整体提升。

第四节　本章小结

一旦我们对农村流动人口文化资本的内涵予以确认，其对城市融入影响的理论框架构建的可能就成为本章主要讨论的目标。因此，本章立足于文化资本问题，讨论其对农村流动人口在城市融入过程中的影响作用，农村流动人口文化资本如何与经济资本、社会资本进行转换，文化资本的积累形式是如何进行的，等等。这些问题的解决需要在理论上进行归纳，形成本书就文化资本对农村流动人口影响的理论构建和机制阐释。

在理论构建方面，主要是通过对农村流动人口资本视角下经济资本、社会资本和文化资本的积累转化关系进行考察，确定在文化资本和社会资本对经济资本有效转化下，通过文化资本的自身积累、流动和再生产，突破城市融入过程的障碍阻隔，实现农村流动人口对城市融入的正向显著影响，达到在经济融入、社会融入、心理融入和身份融入方面的融入质量提升结果，最终实现城市融入的全面达成。同时，从文化资本的代际传递着眼对农村流动人口城市融入问题的影响进行分析，立足于文化习惯和文化教育角度驱动下文化资本的代际传递对经济资本、社会资本和文化资本的综合影响，并进行该部分的理论建构。

同时，文化资本对农村流动人口城市融入的影响机制阐释可以从文化资本的三个构成部分——文化认知、文化观念和文化实践的影响作用来思考。文化认知是城市融入的基础，文化观念是城市融入的核心，文化实践是城市融入的有力手段。这三个方面作为文化资本的三个构成部分，共同作用于农村流动人口的城市融入过程，并对其产生直接的影响。

文化能力是人们获得知识或应用知识的评价过程，或信息加工的衡量结果，它包括感觉、知觉、记忆、思维、想象和审美能力等。因此文化能力可以被看成人类主体对文化的认识和运用评价，是内化于个体身体层面的文化实践能力。文化能力作为个体文化资本的身体承载基础，对于农村流动人口城市融入具有关键的影响作用。从这个角度来说，文化能力的结果直接决定了城市融入的可能性和融入程度；文化观念是文化资本的最重要组成部分，也是文化资本在思想意识、价值观念和文化素养方面的具体表现，具体到农村流动人口层面，主要分为健康意识、现代价值观念、乡土联结和民间文化信仰四个方面。文化实践在布迪厄看来，是一种社会实践的文化表现形式，是物质创造和精神创造的广泛统一，在他的著作《实践理论大纲》中，布迪厄明确提出，个体文化实践所带来的成果必然导致文化资本的增长，国家文化实践的结果就是国家文化综合实力的体现，文化对社会发展有着至关重要的中介影响（medium effect），在个体文化消费和文化生产过程中，不断进行着自我文化资本的交流和积累。文化实践活动中的文化生产活动更具有代表性和研究价值。文化生产的自身过程也是文化资本象征性构建的中轴，在这个中轴里，文化资本的出现让文化实践从一般性的社会实践具有了阶层分层的实践逻辑和实践意义，对社会生活具有较大的影响作用。文化资本中文化实践活动主要包括文化生产活动和公共文化实践两个部分。

与此同时，通过分析农村流动人口父代对子代的文化资本代际传递影响机理，寻找父代的文化行为特征对子代文化资本积累的显著影响可能，回应了上章中文化资本代际传递的理论构建，将农村流动人口子代文化资本早期积累的可能状况进行了假设和解释。

因此，在文化资本对农村流动人口城市融入机制解释部分，本章以文化资本的三个一级指标组成部分，分别对应城市融入的四个一级指标组成部分，就其影响关联机理进行解释。一方面对文化资本影响农村流动人口的理论框架进行阐释，另外一方面对文化资本影响城市融入的机理进行推导，提出文化资本对城市融入具有积极影响这一主要A类命题假设和若干A类重要子假设。同时，通过本章对文化资本代际传递的机理影响分析，形成关于文化资本代际传递对城市融入影响的主要方向判断，以便于实证部分有针对性地予以结果验证。

| 第四章 |

农村流动人口文化资本和城市融入的
指标体系的构建

农村流动人口文化资本和城市融入之间的影响关系在进行理论构建和阐释后，为了理论框架的完整和实证研究需要，必然伴随着对其文化资本和城市融入指标的分析和建构过程，因此，农村流动人口的文化资本指标体系和城市融入指标体系的分析和构建成为在本书需要分析的重要环节，对这两个指标体系整理的科学与否，也关系到本书中理论框架与实证的验证中逻辑是否合理，结果是否准确和方法是否严谨等一系列问题。

第一节　农村流动人口文化资本指标体系的构建

按照上文对文化资本影响机制的研究，结合中国农村流动人口的实践情况，本书需要对农村流动人口文化资本组成部分进行具体分析，并进一步对这些组成部分的逻辑关系进行梳理。因此本书提出，文化资本主要组成部分中，三者的逻辑关系应该是：文化能力是文化资本评价的基础，文化能力的具备情况决定了文化资本积累的快慢效率；文化观念内化于农村流动人口个体的意识形态和观念认知，是文化能力在个体内部的深刻映射和社会实践精神指导；文化实践是文化资本下个体的文化行为进行社会实践的过程，也是个体在文化资本引领下付诸社会行为实践的过程，这个过程中个体的文化资本不仅得到了衡量，还不断实现着自我积累和再生产。依照文化资本的三个主要构成部分的逻辑，本书需要对农村流动人口文化资本进行更加细致的指标体系分析和构建。

一、对农村流动人口文化资本指标构成的具体解释

（一）对文化能力部分的解释

皮埃尔·布迪厄创见性地提出，文化资本的文化能力实现过程体现在文化资本的主体对社会的发展判断和行为实践逻辑中，他认为内化于主体的文化思考和运用能力具有强烈的社会功能性，主要体现在：物质环境在阶级意识形态的引导下，参与了对个体文化资本文化理解能力的塑造；人们参与社会实践活动中对待文化产品的态度反映了个体在社会活动过程中受到的特殊文化惯习影响；文化个体的品味态度也不断体现在身体作为社会实践中介和结果的过程中；文化资本的认知能力结果直接决定了制度型符号资本（社会认可的学位、学历、技能等）的赋予程度[①]。在文化能力的积累过程中，惯习起到了非常重要的辅助和催化作用。基于以上思考，本书文化资本中的文化能力部分主要可以被分为自主学习、教育水平、信息接收等三个部分。

其中自主学习能力是文化能力中最重要的部分，它与传统的被动型学习能力是相对的，它认为学习受到社会个体自主的兴趣驱动，通过阅读、听讲、研究、观察、实践等手段，个体可以得到持续文化积累的改善（知识与技能、方法与过程、情感与价值的改善和升华）。程晓堂（1999）[②]认为自主学习有以下三方面的含义。第一，自主学习是由学习者的态度、能力和学习策略等因素综合而成的一种主导学习的内在机制；第二，自主学习指学习者对自己的学习目标、学习内容、学习方法以及使用的学习材料的控制权；第三，自主学习是一种学习模式，要求学习者根据自身条件和需要制订并完成具体学习目标。当然这种学习模式有两个必要前提，即学习者具备自主学习的能力、教育机制提供自主学习的空间。郭文娟和刘洁玲（2017）[③]认为自主学习对个人核心素质的养成具有重要的作用，提出自主学习的评价标准主要分为动机层面和策略层面，进而根据这两个层面提

---

① Tzanakis M. Bourdieu's Social Reproduction Thesis and the Role of Cultural Capital in Educational Attainment: A Critical Review of Key Empirical Studies [J]. Educate, 2011, 11(1): 76-90.

② 程晓堂. 论自主学习 [J]. 学科教育, 1999（9）: 32-35+39.

③ 郭文娟, 刘洁玲. 核心素养框架构建: 自主学习能力的视角 [J]. 全球教育展望, 2017, 46（3）: 16-28.

出了自主学习的评价标准。根据以上学者的理解，自主学习可以分解为自我动机、目标设置、自我调整和自我评价四个评价部分。

教育水平是文化能力的结果阶段，是文化内容内化于个体对世界理解的高级形式，也是个体在不断吸收相应文化内容后，和社会、自然达成的一种超功利的、具象的和情感上的充分联系状态。受教育状态是以主动的姿态去调动身体方面的主观和客观感受，在理智和情感充分参与的情况下，认识、解释和判断世界存在的过程。另外一方面，教育水平是长期以来文化态度、文化积累在个体层面形成的符号资本占有程度，受到社会体制化评价标准的认可，具有社会通行认可的特性。在教育水平的测量方面，柴定红（2009）[①]通过比较分析英美和中国职场竞争情况，提出教育水平和职业地位获得密切相关，其中学历水平、职称能力、培训频率和专业技术认证等方面显得尤为重要。王威海和顾源（2012）[②]研究发现较好的教育水平和职业技术能力可以为就业的学生赢得更好的工作机会。根据以上学者的研究，本书把教育水平分为学历水平、职称水平和培训水平三个部分。

信息接受是个人在接受文化内容时所采取的方法，随着科技的进步和社会发展的不断完善，海量的信息和碎片化的呈现方式让社会个体在自我文化内容积累的过程中需要更多的借助信息工具来获取和甄别对自己有利的信息来源和信息内容，这也是一种工具化的文化技术能力。王兴周（2008）[③]认为，信息化能力对农村流动人口城市融入的主要贡献在于其掌握了现代传播手段，信息甄别具有组织性、效率性和可靠性等特征。马红玉（2016）[④]在研究农民工创业影响因素问题时提出，信息化能力对中国农民工就业具有较大的帮助，其中渠道、工具、内容和自我激励是衡量信息化能力的关键因素。本书根据以上学者研究内容将信息接受分为获取途径、获取工具和获取内容三部分。

---

① 柴定红. 英美社会工作专业化模式及其对中国的启示 [D]. 天津：南开大学，2009.
② 王威海，顾源. 中国城乡居民的中学教育分流与职业地位获得 [J]. 社会学研究，2012, 27（4）：48-66+242-243.
③ 王兴周. 农民工城市性及其影响因素研究 [D]. 上海：上海大学，2009.
④ 马红玉. 社会资本、心理资本与新生代农民工创业绩效研究 [D]. 长春：东北师范大学，2016.

（二）对文化观念部分的解释

健康意识是文化观念的最重要组成部分之一，是现代文化生活观念的组成部分，健康意识不仅仅是一个包括行为和态度的广义概念，还是关乎生活见解和生活哲学的概念。最初，在涉及健康的行为研究中，学者们普遍倾向于将健康意识与生活方式等同，将二者作为总称来表示与健康相关的行为及模式，这与日常语境下的"生活方式"不同。因为生活方式是一个内涵丰富、结构复杂的概念，涉及诸多领域的社会生活问题，所以，我们可以将具体的健康意识作为健康领域的生活态度（Health Lifestyle）的外在体现。同时，按照布迪厄对于文化资本中身体化文化资本的理解，健康的身体是文化资本的载体。斯坦费·菲斯曼等（Fismen A. S，Samdal O，Torsheim T，2012）[1] 提出健康理性的习惯和知识积累是文化资本的重要组成部分，王甫勤（2017）[2] 也提出保持健康的生理和心理状况是文化积累过程中的必要条件和阶层跨动的有利决定因素。在文献整理中发现，健康意识的测量量表的研究结果相对比较成熟，这里主要采用戴志利（2010）[3]，张会涛（2017）[4] 和赵小仕、于大川（2017）[5] 等学者的成果，对健康意识评价的组成部分进行综合筛选后，得到的健康意识的五个组成部分，即健康知识积累习惯、睡眠习惯、医疗习惯、运动习惯和饮食习惯。

现代价值直接反映了文化资本的主观状态，现代价值的形成是文化资本在社会个体观念中的积累结果，是基于人的一定的思维感官之上而做出的认知、理解、判断或抉择，也就是人认定事物和辨别是非的一种思维或取向，体现出人、事、物一定的价值或作用。现代价值的形成不仅和布迪厄所认为的惯习有密切的关系，反映了人在社会中因为长期以来文化的培养和沉淀形成的特定思考和行为模式，也和场域密切相关，总是体现了不同的社会文化下的时代烙印和身份特征。因此不同的个体在不同的生活环

① Fismen A. S., Samdal O., Torsheim T. Family Affluence and Cultural Capital as Indicators of Social Inequalities in Adolescent's Eating Behaviours: A Population-Based Survey [J]. Bmc Public Health, 2012, 12(1): 1036.

② 王甫勤. 地位束缚与生活方式转型——中国各社会阶层健康生活方式潜在类别研究 [J]. 社会学研究, 2017 (6): 117-140.

③ 戴志利. 农村居民生态意识和健康意识与生态消费关系的实证研究 [D]. 长沙: 湖南大学, 2010.

④ 张会涛. 我国农民工职业健康教育路径探索 [J]. 中国健康教育, 2017, 33 (3): 279-281.

⑤ 赵小仕, 于大川. 健康对新生代农民工劳动力市场表现的影响——基于广东省335份调查问卷的实证分析 [J]. 当代经济管理, 2017, 39 (7): 69-74.

境下必定具有不同的文化、阶层和社会惯习，也决定了其一致或者有差异的现代价值观念。

吴春梅和吕英喆（2015）[①]根据现代社会理性学说和公民—国家互动理论，将农村流动人口现代价值观念进行了分析和测量。以此为基础，结合中国农村流动人口实际情况，本书将现代价值的组成部分进行了归纳，分为利他主义、环保意识、权利意识、消费理性、自我尊重和开放意识六个部分。

在乡土联结方面，乡土情怀体现了农民工个体在城市生活中对家乡的综合感受和联系动机。乡土社会是中国文化的发源地，中国传统文化的精髓很大程度上来自乡土社会，对乡土文化的继承、传播和改造的力度映射出个体对文化中传统方面的认识程度。对故乡的眷恋，对乡土文化的整理和记忆，对乡村民俗活动的体验，都直接反映了在乡土文化场域内的文化接受水平。按照泰然·优素和威廉·史密斯等人（Tara Yosso, William Smith, Miguel Ceja, Daniel Solórzano, 2009）[②]的研究，那些从小根植于内心的山水情怀、历史遗迹都成为文化资本中的客观文化形态，深深影响着社会个体的文化资本积累程度。中国有句古话"一方水土养育一方人"，也反映了这一深刻而朴素的文化哲学观念。按照以上分析，本书将乡土联结部分分为乡愁情愫、乡土记忆和民俗体验三个部分。

民间文化信仰体现了一种以信仰为核心的文化内容积累，是人类历史文明进程中的特殊文化现象，它不仅对人们的文化思想意识、生活习惯有所总结，还在一定程度上对个体的行为方式和行动规范进行了约束。民间文化信仰和人类文化的诞生相辅相成，不断和各种文化形式及文化习俗融合发展，形成了既独立又包容的特色信仰文化体系，也涵盖了人类发展历史中的珍贵文化记忆和文化精髓。它在文化理解上是一种特殊的文化逻辑模式，既属于人类社会的主观价值范畴，又是人们对于现实生活的价值取向模式，文化信仰包括认知、感情、态度、价值观等心理诸要素，理想、信念、理论、评价标准等信仰意识是其表现形式，与物质的政治系统是互

---

① 吴春梅，吕英喆. 村庄治理中的农民公共价值观念分析［J］. 理论探讨，2015（2）：136-140+2.

② Yosso T., Smith W., Ceja M., et al. Critical Race Theory, Racial Microaggressions, and Campus Racial Climate for Latina/o Undergraduates［J］. Harvard Educational Review, 2009, 79(4): 659-691.

动平衡的关系。在中国传统社会中，很多时候民众的思考和行为都受到民间文化信仰的影响，"举头三尺有神明""人在做，天在看""不做亏心事，不怕鬼敲门"等俗语也都反映了中国朴素的民间文化信仰价值观念。陶思炎和铃木岩弓（1999）[①] 对民间文化信仰体系进行了深入的研究，总结出民间文化信仰体系的特点的主要方面，分为信念层次、体验层次和行动层次。王守恩（2008）[②] 继而总结了民间文化信仰和农村人口生活经验的关系，并总结分析出农村居民对民间文化信仰吸纳的路径和民间文化信仰对乡村社会的影响效果。根据上述研究的结果，本书将民间文化信仰分为祖先和自然崇拜、民间文化体验、文化信仰肯定和文化开放推荐四个部分。

（三）对文化实践部分的解释

文化实践是布迪厄社会实践理论（Social practice theory）[③] 的重要组成部分，个体在社会中的文化资本展现和对社会行为的指导，需要重新进入社会活动中，才能充分显示文化资本的价值和积累的实践效果。农村流动人口文化实践又可以分为个体文化活动和公共文化活动两个部分。

个体文化活动主要是基于布迪厄文化资本理论中文化产品的占有属性角度考虑，布迪厄认为，个体对文化产品的掌握能力体现了个体文化资本的积累水平。个体文化活动的参与主要是个人精神实践中对于文化资本的吸收过程，将文化中的审美能力内化于个体的认识观念和行动实践中。个体文化活动的目标是创造一种人与社会和自然的无功利的、形象的和情感的关系状态，逐步达成个体在理智与情感、主观与客观上认识、理解、感知和评判世界上的存在。因此，个体文化活动对于文化资本的积累更多的是建立在主观感性和理性分析的认知基础上，是个体在社会实践中的文化资本内部积累过程。按照布迪厄的观念，个体文化活动也是个体对产品化文化资本积累能力的体现，按照周红云（2003）[④] 对该部分的梳理，本书将个体文化活动按照中国社会下大众文化普遍参与式活动分为电影体验、艺

---

① 陶思炎，铃木岩弓. 论民间信仰的研究体系 [J]. 世界宗教研究，1999（1）：107-113.

② 王守恩. 民间信仰研究的价值、成就与未来趋向 [J]. 山西大学学报（哲学社会科学版），2008（5）：40-46.

③ Jamali D., Mirshak R. Corporate Social Responsibility(CSR): Theory and Practice in a Developing Country Context [J]. Journal of Business Ethics, 2007, 72(3): 243-262.

④ 周红云. 社会资本：布迪厄、科尔曼和帕特南的比较 [J]. 经济社会体制比较，2003（4）：46-53.

术观摩和文化阅读三个方面。

公共文化活动主要是基于布迪厄文化资本中的社会文化制度参与角度考虑的，布迪厄认为文化资本的制度性积累除了社会制度认可的文凭以外，还应该包括个体在社会文化活动中的参与程度和被接纳的程度，这体现了其文化资本被社会实践认可的过程，是衡量其对社会现有的和正式的文化体系和规则的了解和参与程度。这种文化活动的参与也受到了社会文化场域、文化惯习和文化资本的综合影响。因此公共文化实践的程度可以被描述为在社会文化场域内，在个体惯习和文化资本的综合作用下，个体社会文化实践的介入过程和被社会文化制度系统接纳的水平。尤其是农村流动人口在城市社会中参与文化相关工作的过程中，对文化工作的参与，对其文化资本的提高具有重要的意义。按照布迪厄的解释，本书把公共文化活动分为文化场景互动、文化政策了解和文化工作参与三个方面。

二、农村流动人口文化资本指标体系的构建

根据文献研究中以往学者对文化资本指标的初步构建，经过综合对比，结合中国城市农村流动人口发展的实际情况，本书将农村流动人口文化资本划分为文化能力、文化观念和文化实践三个一级指标，其对应的二级指标和三级指标见表4-1。

表4-1　本书构建的农村流动人口文化资本指标评价体系表

	二级指标	三级指标
文化能力	自主学习	自我动机
		目标设置
		自我调整
		自我评价
	教育水平	学历水平
		职称水平
		培训水平
	信息接受	获取途径
		获取工具
		获取内容

	二级指标	三级指标
文化观念	健康意识	健康知识积累习惯
		睡眠习惯
		医疗习惯
		运动习惯
		饮食习惯
	现代价值	利他主义
		环保意识
		权利意识
		消费理性
		自我尊重
		开放意识
	乡土联结	乡愁情愫
		乡土记忆
		民俗体验
	民间文化信仰	祖先和自然崇拜
		民间文化体验
		文化信仰肯定
		文化开放推荐
文化实践	个体文化实践	电影体验
		艺术观摩
		文化阅读
	公共文化实践	文化场景互动
		文化政策了解
		文化工作参与

（一）文化能力下的二级指标描述

文化能力作为一级指标，主要分解为自主学习、教育水平和信息接受三个二级指标。其中自主学习下的三级指标为自我动机、目标设置、自我调整、自我评价四个部分，自主学习下的三级指标为学历水平、职称水平、培训水平，信息接受下的三级指标为获取途径、获取工具、获取内容。

（二）文化观念下的二级指标描述

文化观念作为一级指标，其下二级指标分别为：健康意识，现代价值，乡土联结，民间文化信仰。其中健康意识指标分为健康知识积累习惯、睡眠习惯、医疗习惯、运动习惯、饮食习惯等六个三级指标，现代价值分为利他主义、环保意识、权利意识、消费理性、自我尊重、开放意识等六个三级指标，乡土联结分为乡愁情愫、乡土记忆、民俗体验等三个三级指标；民间文化信仰分为祖先和自然崇拜、民间文化体验、文化信仰肯定、文化开放推荐等四个三级指标。

（三）文化实践下的二级指标描述

文化实践作为一级指标，其下二级指标分别为：个体文化实践和公共文化实践。其中个体文化实践分为电影体验、艺术观摩、文化阅读等三个三级指标，公共文化实践分为文化场景互动、文化政策了解、文化工作参与等三个三级指标。

第二节　农村流动人口城市融入的指标体系构建

本书对于农村流动人口城市融入指标评价体系一级指标构建主要参考了张文宏、雷开春（2008）和卓玛草（2016）的城市融入指标体系进行构建，因为以上两位学者分别从城市新移民和城市资本对农民工的城市融入影响角度进行讨论，和本书讨论的城市融入问题有相似性。因此，本书所构建的融入维度主要是四个方面：经济融入、社会融入、心理融入和身份融入。

一、对农村流动人口城市融入指标构成的具体解释

（一）对经济融入部分的解释

这四个维度中，经济融入是农村流动人口城市融入的基础，同时也是决定其是否能够完成城市最终融入的关键指标。经济融入对于农村流动人口来说是一个持续和长期的过程，在这个过程中，他们需要不断提升自己的社会阶层，打破社会区隔，实现对进入城市之初自身城市弱势群体地位

的提升。

2003年出版的《中国城市发展报告》[①]中，学者牛文元最早提出农村转移劳动力城市融入成本问题，后继研究者范红忠（2006）[②]、张国胜（2009）[③]等相继对农村流动人口城市融入的相关成本进行了大量定性和定量分析，目前农村流动人口城市融入的最低成本约为3万元人民币到8万元人民币，较之其进入城市之初，收入相对不稳定和低下的状况，这部分费用给农村流动人口带来了沉重的生活负担。农村流动人口城市融入的成本可以分为两个部分：私人成本和公共成本。其中私人成本完全由个人承担，公共成本由政府和个人按比例分摊。私人成本部分主要有：社会生存成本，主要包括该部分人口进入城市后日常生活的必需开销，如自来水费、燃气费、电费、食物开支、交通出行费用，等等；继续教育成本，包括为了适应城市工作所进行的社会培训费用；社会保障成本，进入城市后为了避免疾病、失业或者其他风险所支付的保险费用；居住成本，进入城市后，为了获得国家所规定的人均不少于20平方米居住基本条件所支付的租房费用，以及相应的不动产价格贴水支出，农村集体相关收益沉没和城市进入的机会成本，等等。

城市公共成本是指政府为了保障城市和谐、健康和可持续发展在公共服务建设方面所投入的成本，主要包括基础设施建设、生态环境绿化和公共管理服务等。对于农村流动人口来说，这部分公共成本分为两部分，即排他性公共成本和非排他性公共成本。排他性公共成本主要和户籍制度相关联，具体来说是指农村流动人口通过户籍变更获得城市公民资格后所支付的公共成本摊付费用，例如教育、医疗、养老、社会保障等。一般来说，农村流动人口户籍的更改主要通过在城市中购买商品房的行为来实现。但是，在城市购房的背后，农村流动人口所花费的费用不仅仅体现在商品房的实际价格上，往往还承担了政府土地出让金和城市相关税费收取的寻租成本费用。政府管理部门在寻租成本回收的同时，也相应完成了城

---

① 牛文元. 从点状拉动到组团式发展：未来20年中国经济增长的战略思考 [J]. 中国科学院院刊，2003（4）：2-6.

② 范红忠. 我国农村劳动力转移过程中的成本分析 [J]. 农村经济，2006（3）：107-109.

③ 张国胜. 基于社会成本考虑的农民工市民化：一个转轨中发展大国的视角与政策选择 [J]. 中国软科学，2009（4）：61-74+84.

市公共开支服务的对价行为，并以此继续维系其对城市发展的持续投入和建设。非排他性公共成本和户籍制度无关，主要是指政府为了城市发展和提升对道路交通、城市景观和其他公共文化服务设施（图书馆、公园、美术馆）的投入，该部分投入对城市和农村流动人口并无差异化的免费或收费区别。

因此，农村流动人口从农村流入城市，在经济方面存在更高的收入预期，但是遭遇户籍制度的阻碍，无法享受与城市市民平等的社会福利和公民权利，除非付出更加高昂的成本。加上进入城市之初，学历和就业经验不足造成就业机会缺乏、工资收入低下，很容易陷入美国经济学家罗格纳·纳克斯（Ragnar Nurkse）提出的"恶性经济循环"[1] 中，即低收入—低储蓄—低经济资本存量—低产出—低收入的相对或者绝对贫困。一旦陷入这种恶性经济循环中，农村流动人口很容易成为城市社会的弱势群体。因此，按照阿玛蒂亚·森的权利贫困理论解释，农村流动人口的权利和能力不足所导致的贫困足以让其在城市生存竞争中处于劣势，在城市融入过程中缺乏动力和决心。尽管目前中国社会对弱势群体予以关注和扶持，但是由于农村流动人口在统计过程中的不完善和群体的庞大，很难形成一对一的帮扶，因此其城市融入的过程更加漫长和孤独。

同时，由于农村流动人口进入城市之初的经济资本劣势导致其对自我教育和职业培养不足，这种不足一方面让其在就业机会上不具备竞争能力，另外一方面造成工作中的维权意识和自我保护意识不足，导致其在社会分工中处于较低的层次，工作环境和工作强度相比城市人口更加恶劣。按照埃米尔·涂尔干的阶层理论，他们将逐步成为城市社会生活中的下层，在这个阶层中，他们缺乏上升机会和奋斗路径，往往在很长时间内以一种阶层固化的姿态进行城市就业和生活，并很有可能传递阶层位置给自己的子女，进一步固化整个家庭的阶层地位[2]。进而，在这种可能固化的阶层生活中，按照马克斯·韦伯的看法，在恶劣的生活和工作环境中，在缺

①　Yang M. F. Research on Difficult Problem of Upward Mobility for Bottom Class In China——An inspiration of Nurkse's "Vicious Cycle of Poverty Theory"［J］. Journal of Yueyang Vocational and Technical College, 2011, 5.

②　Hendry J. Cultural Theory and Contemporary Management Organization［J］. Human Relations, 1999, 52(5): 557—577.

乏阶层上升机会的同时，相关的社会主流礼仪、习惯和价值观念导致其身份归属更加明确为下层阶层并形成相应的亚主流文化。按照奥斯卡·刘易斯的贫困文化理论，这种亚文化的价值观念逐步形成，和主流文化观念分庭抗礼，并不断再次固化，最终形成贫困文化所涵盖的体系特征，这种体系特征进一步指导这部分人群不断地工作、生活和实践并形成该部分人群的整体的、固定的和对抗性的文化体系[①]。

无论传统经济学理论下的刘易斯动因（Lewis Motivation），托达罗动因（Todaro Motivation），舒尔茨动因（Schultz Motivation）还是依斯特林和斯塔克动因（Esterling and Stark Motivation）[②]，都把农村人口进入城市后的收入提升预期和就业质量提升预期作为农村流动人口进入城市工作生活的主要动机，但是一旦收入和消费的失衡让农村流动人口出现经济资本存量不足，就业环境和就业质量低下，让农村流动人口在城市对经济资本符合的预期失效，这部分人口的城市融入就会存在较大的障碍，很有可能导致其在城市中最终"无家可归"。

（二）对社会融入部分的解释

社会融入是农村流动人口作为"社会人"的一员，内嵌于社会关系的整体结构中，在社会场域的竞争发展中，和其他竞争参与者的关系保持、交往距离、合作程度和交流范围，都体现了社会融入的作用效果。随着其在组织层面和制度层面不断介入实践活动，农村流动人口的社会融入将呈现不同的结果状态。

在资本类型中，和作为元资本的经济资本一样，社会资本在农村流动人口城市融入中发挥着巨大的作用。社会资本主要是指内嵌在社会结构、社会制度和社会网络中的一种潜在社会资源，主要是指人际网络，组织资源和个人对社会制度的适应能力等。对于农村流动人口而言，进入城市之初，面临较低的收入水平、较少的就业机会和较高的社会成本支出，需要在不断提高经济资本的同时，提高社会资本以对抗相对贫困压力，增加就

---

① Roth G., Weber M. History and Sociology in the Work of Max Weber [J]. The British Journal of Sociology, 1976, 27(3): 306–318.

② Neblo M. A., Esterling K. M., Kennedy R. P., et al. Who Wants to Deliberate—and Why? [J]. American Political Science Review, 2010, 104(3): 566–583.

业机会，提高工作劳动附加值，抵御城市社会相关风险，逐步实现收入和消费的平滑持久性。对于农村流动人口而言，其社会资本在机制上主要发挥的作用为提供就业机会，提供信息化沟通交流的渠道，提供人际关系的信任机制和实现城市生活中的人情关照互惠机制。而根据以往的研究（卓玛草，2017）[①] 表明，农民工进入城市之初，其社会资本存在数量匮乏和质量低下的特征，主要表现在其劳动就业分工、城市社会交往和文化政治生活的内卷化特点上。

1. 劳动就业分工的内卷化

农村流动人口在社会资本结构上和城市人口具有较大的差异，前者的社会资本网络关系中以血缘联系、亲缘联系和地缘联系为主，并以此为纽带寻求信息、情感和经济方面的支持和帮助，以提升城市生存能力，寻找就业机会，扩展信息收集和甄别能力。与城市以业缘联系和趣缘联系为主不同，由于农村流动人口的这一社会资本网络结构特征，在就业机会和就业模式方面，相对于政府提供的就业帮助，他们更加相信老乡和家庭成员所提供的私人就业机会和信息，并认为其更加高效和及时。这种情况下，通过同乡或者家庭成员的传帮带就业辅助，在同一行业或者同一地区往往集聚了大量农村流动人口，直接造成劳动力资源配置失衡的同时，进一步压缩了该部分人口的就业质量和劳动力流动通道。目前很多行业，如集中在各大城市的复印店经营行业、地方特色小吃行业（沙县小吃、云南米线等）从业人员流出地非常集中，在深圳、上海、成都等特大城市中均有农村流动人员集中居住区域，这些区域一般分散在城乡接合部周边，以地缘为纽带的同乡会是这些居住区域的非正式自发重要管理组织形式。此外，由于中国目前劳务中介的管理不规范，运作过程不透明，失去了部分农村流动人口的信任，因此这一社会劳动服务机构的缺位也让该部分人口更加相信以血缘、地缘和亲缘为主的小型私人社会资本，也增加了在业农村流动人口工作的代际传递可能和模式复制倾向。按照涂尔干的社会分层理论，这部分固化的社会分工和工作性质也逐步将农村流动人口在阶层划分上进行了固定，他们很难实现阶层流动，也很难依靠社会工作实现自我发

[①] 卓玛草，孔祥利. 农民工收入与社会关系网络——基于关系强度与资源的因果效应分析 [J]. 经济经纬，2016（6）：53.

167

展和城市融入。

2. 城市社会交往的内卷化

受到户籍制度二元结构的影响，农村流动人口进入城市的初期，和城市居民的互动模式及亲密程度受到以往流出地的影响，有一个逐渐适应的过程。按照社会距离理论的解释，这个适应过程也是一个重建身份认知和心理认识的过程，在社会距离的保持和融入上，需要不断地调整，让自己更快地适应城市生活。但是由于城市居民长期以来在社会资源配置中的优势和存量，他们很难在开始就建立起和城市主流社会资本同质化的人际关系，尤其是在生活习惯和城市发展目标设定上，快递摆脱农村流出地的模式，适应现代城市发展相应模式，对于他们尤其困难。在自我身份建构上，农村流动人口对自我身份认同依然显示出和城市人口截然不同的认知，城里人和打工者的"我者"和"他者"的社会距离让农村人口在社会接纳和社会认同理论下的城市身份建构和心理认同显得极为脆弱，这种不被认同和不被接纳的心理感受直接导致其被社会排斥感，从而很难建立起对身边城市居民的信任和亲密关系，阻碍了其城市社会次级关系网络的构建。按照亨利·塔菲尔（Henry Tajfel）和约翰·特纳（John C. Turner）等学者关于社会认同的理论[①]，随着农村流动人口对于打工相似人群的顺利融入，越发和城市居民产生疏离感，也同时增加对城市社会生活介入的积极性缺乏，社会结构性变化在该群体的反映较城市居民更加不明显，对其影响也相应显得迟缓，因此导致其城市融入的步伐缓慢，社会排斥的效应在其身上被动性体现。

3. 城市文化生活和政治生活的内卷化

在城市社会生活中，由于经济资本的不足和户籍制度造成的城市公共权利的不足，农村流动人口在文化生活中的消费特征和理念主要偏向于低文化消费，主要是通过网吧、手机和通俗纸本读物进行文化娱乐。他们的文化生活倾向于内部封闭，很少与城市居民共同进行文化消费，由于组织性社会资本的缺失，他们无法享受到街道、社区组织的文化活动和文化交流，与城市居民的文化沟通交流渠道的阻塞使其社会融入的渠道更加狭

---

① 白亮，金露. 近十年来我国社会认同研究评析［J］. 当代教育与文化，2012，4（1）：25-29.

窄。按照美国学者卡伦的多元文化理论，城市化过程中多元文化的尊重建立在互相沟通和交流的基础上，哈贝马斯也认为在文化沟通交流过程中的公共议程和话题为公民社会的建立提供了理性和现实基础。因此，多元文化的发生基础一旦丧失，文化认识的对立必然产生，很大程度上也导致了社会排斥上的文化价值观念的对立问题。

在政治生活方面，由于户籍二元制度的影响，在农村流动人口的户籍未能进入城市以前，他们在很多城市公共政治生活中未能受到尊重，其作为国家公民参与城市管理和运营的政治权利未能体现，在政治选举、城市公共政策听证和其他相关政治生活方面参与程度不高；同时很多农村流动人口聚集的行业并未成立工会组织，其工作权利和相关政治保障得不到体现，很大程度上也消减了其对城市公共事务和政治生活的参与热情，很难真正实现政治意义上的社会融入。

（三）对心理融入部分的解释

在心理融入方面，随着农村流动人口在城市的发展不断进行，其对城市文化价值观的接受，对城市社会的满意度、认可度和熟悉度也在不断增加，主观感受上的包括社会行为规则、自我发展和社会文化价值引导方面的种种认知构成了其心理融入的基础。钱文荣、卢海阳（2012）[1]就谈到心理融入包括了农村流动人口对于自我城市生活的感受程度，这种感受程度不仅建立在文化价值观念的基础上，还有城市综合生活体验的深刻影响印记。

卓玛草（2016）将心理融入主要归纳为农民工自我城市融入时的困难感受程度，她认为这一程度需借助心理量表来衡量，并详细对这一量表进行了说明。另外杨菊华（2009）[2]认为参保意愿在很大程度上可以综合反映农民工在心理融入方面的意愿，城市心理融入程度越高的农民工对自我城市工作和生活的长期关切程度越高，参与保险的意愿越迫切。也有较多学者从城市中工作满意度出发，对农村流动人口心理融入进行分析和探讨：

---

① 钱文荣，卢海阳. 农民工人力资本与工资关系的性别差异及户籍地差异 [J]. 中国农村经济，2012（8）：16-27.

② 杨菊华. 从隔离、选择融入到融合：流动人口社会融入问题的理论思考 [J]. 人口研究，2009，33（1）：17-29.

卢海阳、梁海兵和钱文荣（2015）[①]提出工作满意度决定了其心理融入的程度；杨春江等（2014）[②]认为工作满意度和农民工城市工作安全感紧密相关，进一步影响了其心理融入。对子女教育抱有期望是农村流动人口在城市生活工作过程中心理融入的显著表现，对子代的教育期望是确保核心家庭在未来城市竞争中能够具备竞争优势的长期家庭发展战略，也是未来核心家庭有信心在城市立足和发展的关键手段和目标[③]。张学英（2011）[④]从人力资本和人才发展战略上提出，对子女的教育规划是农民工能否在城市长期实现心理融入的重要衡量标志，需要全社会引起关注和重视。

（四）对身份融入部分的解释

身份融入主要是农村流动人口对自我城市融入过程中身份归属的解释和归纳，在从农村流出地到城市流入地过程中，自我身份的感知也会随着迁入地的社会、经济和文化环境发生深刻的改变。按照社会认同和社会接纳理论，一旦农村流动人口渐渐熟悉了城市生活，其对自我城市身份的确立和对流出地乡村身份的记忆将使其在身份认同方面产生博弈和平衡，自我身份的归属并不是非左即右的，而是随着其城市发展的不断深入而产生的综合判断，是一个复杂的文化解释体系，因此身份融入在包括杨菊华（2009）[⑤]在内的很多学者看来是城市融入的最高阶段，也是最后阶段。

学者卓玛草（2016）[⑥]在研究中认为，农村流动人口身份融入可以分为自我发展规划、身份认同和留城意愿等三个方面，本书对卓玛草的三个方面比较认可，但是结合韩俊强（2014）[⑦]的研究结果，同时考虑到代际传递的影响问题，将对下一代的城市发展期待也加入身份融入的解释中。

① 卢海阳，梁海兵，钱文荣. 农民工的城市融入：现状与政策启示［J］. 农业经济问题，2015，36（7）：26-36+110.
② 杨春江，李雯，逯野. 农民工收入与工作时间对生活满意度的影响——城市融入与社会安全感的作用［J］. 农业技术经济，2014（2）：36-46.
③ 张宏如，吴叶青，蔡亚敏. 心理资本影响新生代农民工城市融入研究［J］. 江西社会科学，2015，35（9）：61-66.
④ 张学英. 关于提升新生代农民工城市融入能力的研究［J］. 贵州社会科学，2011（7）：79-82.
⑤ 杨菊华. 中国流动人口的社会融入研究［J］. 中国社会科学，2015（2）：61-79.
⑥ 卓玛草. 城市资本积累视角下的农民工融入城市能力问题研究［D］. 西安：陕西师范大学，2017.
⑦ 韩俊强. 农民工城市融合影响因素研究［D］. 武汉：武汉大学，2014.

二、农村流动人口城市融入指标体系的构建

（一）在经济融入下的二级指标描述

经济融入方面，主要从经济收入、行业分布、工资情况、消费水平、购房情况等方面对经济融入指标体系进行构建。这些指标主要参考城市居民的经济融入情况进行设置，因此经济收入和就业情况成为衡量经济融入的主要指标。经济收入直接反映了农村流动人口进入城市后的经济状况，比如其收入水平是否足以支撑其在城市中的生存目标，是否有足够的支付能力来偿还其在城市中发展的预付部分。农村流动人口进入城市后，其所处的行业往往决定了其在社会阶层中的位置，行业整体发展的前景和具体工作环境对其个体生存发展往往具有决定意义。城市次级劳动市场中的工作总是伴随着社会隔离，造成农村流动人口工作不稳定和收入落后的状况。一旦农村流动人口在城市工作中获得的报酬解决了温饱的需求，那么未来的发展往往是其进行下一步工作选择时候的重要参考依据。居住情况直接反映了农村流动人口的经济水平，居住开支在农村流动人口支付构成中所占的比重越来越大，也从一定程度上反映了其对生活品质的追求和重视。

因此，结合前文对经济融入影响的解释，经济融入一级指标下面分为经济收入、职业属性、居住条件、城市社会保障等四个二级指标。

（二）在社会融入下的二级指标描述

在社会融入方面，主要是从社会交往、亲友联系和居住环境方面来思考。在涉及这些指标的时候，和经济融入一样，也是以城市居民为参考对象进行考虑的。农村流动人口在城市发展中，接触的城市或家乡人群对象、和人群对象交往的范围、和社会对象交往的频率都深刻地影响着其社会融入的效果，因此社会交往在很多时候也被称为人际关系网络，这一关系网络的质量很大程度上决定了其社会融入的深度和广度。从居住环境方面来看，农村流动人口的居住环境体现了他们和城市居民在城市居住中的分散程度，反映了农村流动人口在社会空间的距离疏离结果，一般来说在区位距离上和城市居民结合较紧密，其社会参与和社会交流所带来的融入优势会更加显著。因此，结合前文对社会融入影响的解释，社会融入一级

指标下，可以分为社会交往、社会参与、居住区位、迁移模式等四个二级指标。

（三）在心理融入下的二级指标描述

在心理融入方面，主要从城市生活工作中的效率感、目标感、适应感和抗挫折自愈体验出发，以这些城市发展中的主观感受构建相应的指标评价体系。效率感和目标感是农村流动人口在城市生活中受到文化观念、经济收入和社会交往影响综合形成的感受，其中现代观念价值对效率感的形成影响极大，目标感在城市融入中体现了其自我价值实现的方向和高度。按照马斯洛的需求层次理论（Maslow's hierarchy of needs theory），自我实现是人生发展的终极目标，因此在城市融入过程中，人生短期和长期目标的设立对于农村流动人口的城市融入来说尤其重要。适应感和抗挫折自愈体验与农村流动人口自身的文化修养和教育文化程度等文化资本的积累有较强的关联性。在城市发展中，农村流动人口不断对自己的文化理念和价值判断进行调整，形成有利于自己城市生存的文化逻辑价值体系并反映在其对实践社会的综合理解上，因此这套价值体系对指导其城市发展具有积极意义。因此，结合前文对心理融入影响的解释，心理融入作为一级指标，可以分为融入城市难易度、工作满意度、参保意愿、子女教育重视程度等四个二级指标。

（四）在身份融入下的二级指标描述

最后在身份融入方面，主要是从自我身份认同、城市定居意愿、子代留城意愿等方面构建指标体系，并以城市居民作为参照标准。在自我身份认同上，农村流动人口在"我群"还是"他群"的角度思考的隔离性是判断该问题的关键性标准[①]。城市生活中的自我隔离和城市化的疏远，让农村流动人口无法形成和城市居民一样的自我身份判断，并产生对城市居民身份的陌生和对流出地身份的坚持。在布迪厄看来，身份作为文化资本的符号象征就是其文化理念的直接反映，是一种综合的文化观念在心理和行动实践方面的体现。自我身份在居住环境中的游离不仅让农村流动人口出现候鸟式的迁移流动，从更深层次来说，固化了其农村居民的身份意识和文

---

① 杨菊华. 城乡差分与内外之别：流动人口社会保障研究［J］. 人口研究，2011，35（5）：8-25.

化依附牵挂，导致在身份隔离的语境下他们很难在城市文化脉络里找到自我实现的切实途径和可能。农村流动人口自身和对子代的城市居住意愿直接反映了其自我归属感知的外在需求，传统文化中的"寻根"思想让传统的中国人具有"身土不二"的家庭归属意识，这种归属不仅体现在核心家庭的内部建构上，也反映在家庭区位发展环境的选择上。因此，一旦在城市中无法找到身份融入的可能，这种城市寻根和筑根的意愿就很难推动其城市居住意愿的达成。因此，结合前文对身份融入影响的解释，身份融入作为一级指标，可以分为自我身份认同、留城意愿、未来发展规划、对下一代城市化期望等四个二级指标。

综上所述，本书构建的农村流动人口城市融入效果指标评价体系框架为表4-2所示内容。

表4-2　农村流动人口城市融入效果的指标评价体系表

一级指标	二级指标
经济融入	经济收入
	职业属性
	居住条件
	城市社会保障
社会融入	社会交往
	社会参与
	居住区位
	迁移模式
心理融入	融入城市难易度
	工作满意度
	参保意愿
	子女教育重视程度

一级指标	二级指标
	自我身份认同
身份融入	留城意愿
	未来发展规划
	对下一代城市化期望

第三节　本章小结

在本书涉及农村流动人口文化资本对城市融入的具体影响方面，有必要形成可供测量的量表，尤其是在涉及文化资本对中国农村流动人口的城市融入方面，必须结合中国的实际社会发展情况予以思考。

本书中文化资本被分为三种主要构成部分：文化能力、文化观念和文化实践。结合中国农村流动人口在社会历史发展过程中的实际情况，提出文化能力是文化资本评价的基础，文化能力的具备情况决定了文化资本积累的快慢效率；文化观念是内化于农村流动人口个体的意识形态和观念认知，是文化能力在个体内部的深刻映射和对社会实践精神的指引；文化实践是文化资本指导个体社会行为进行场域文化竞争的过程，也是个体在文化资本引领下付诸社会行为实践的过程，这个过程中个体的文化资本不仅得到了衡量，还不断地实现着积累和再生产。基于以上分析，本书建构了农村流动人口的文化资本指标评价体系，其中共有三级指标，涉及一级指标3个，二级指标9个，三级指标34个。

同时，农村流动人口城市融入方面的影响归因研究在提出之初，在理论研究方面就提出诸多可能的范式，这些范式为城市融入提供了很好的参考视角。同时，这些理论归因到具体农村流动人口行动实践层面，可以认为是社会和个体的综合原因导致了农村流动人口城市融入能力的差异。

对照城市融入的资本影响归因研究的结论，并结合中国农村流动人口在城市融入应该具备的三个基本能力（普遍能力）进行深入分析，城市融人的评价体系可以通过农村流动人口对三种资本形式下的城市融入适应情况来验证农村流动人口城市融入的效果。通过进一步的文献比较研究,目前的中国学者大多数时候的确也是围绕着与经济、社会和文化资本对应的经济融入、结构融入和文化融入来进行评价指标体系的构建的。本书对于农村流动人口城市融入指标评价体系的构建依然按照布迪厄资本的划分理论,通过前文中资本类型对城市融入影响作用的归因分析,分为经济资本积累下的融入层面,社会资本积累下的融入层面和文化资本积累下的融入层面,其中文化资本积累下的融入层面比较抽象,可以按照实际融入效果和表现分为心理融入和身份融入两个方面。因此,本书所构建的融入维度主要是四个方面:经济融入、社会融入、心理融入和身份融入。

这城市融入四个维度中,经济融入是农村流动人口城市融入的基础,同时也是决定其能否完成城市最终融入的关键指标,经济融入对于农村流动人口来说是一个持续和长期的过程,在这个过程中,他们需要不断提升自己的社会阶层地位,打破社会区隔,实现进入城市之初自我城市弱势群体地位的提升。社会融入是农村流动人口作为"社会人"的一员,内嵌于社会关系的整体结构中,在社会场域的竞争发展中,和其他竞争参与者的关系保持,距离、合作和交流沟通,都体现了社会融入的作用效果。随着其在组织层面和制度层面不断的实践活动介入,农村流动人口的社会融入将呈现不同的结果状态。在心理融入方面,随着农村流动人口在城市的发展不断进行,其对城市文化价值观的接受,对城市社会的满意度、认可度和熟悉度也在不断增加,主观感受上的包括社会行为规则、自我发展认知和社会文化价值引导方面的种种认知构成了其心理融入的基础。因此,心理融入包括了农村流动人口对于自我城市生活的感受程度,这种感受程度不仅建立在文化价值观念的基础上,还有城市综合生活体验的深刻影响印记。身份融入主要是农村流动人口对自我城市融入过程中身份归属的解释和归纳,从农村流出地到城市流入地,自我身份感知也会随着迁入地的社会、经济和文化环境发生深刻的改变,按照社会认同和社会接纳理论,一旦农村流动人口渐渐熟悉了城市生活,其对自我城市身份的确立和对流出地乡村身份的记忆将让其在身份认同方面产生博弈和平衡,自我身份的归属并不是非左即右,而是随着其城市发展时间的不断增加而产生的综合判断，是一个复杂的文化解释体系，因此身份的融入在很多学者看来是城市融入的最高阶段，也是最后阶段。

基于以上分析，本书构建了农村流动人口城市融入的综合指标评价体系，其中一级指标4个，二级指标16个。

｜第五章｜

成都市农村流动人口城市融入情况
现状分析

成都市是四川省省会，行政级别为国家副省级城市，是四川省政治、经济、通信、交通、文化中心，人口有一千多万，为全国第四大、副省级城市中第一大人口城市，是我国西部一个流动人口集中的特大型城市，同时也是一个城市人口和流动人口融合居住的典型城市。根据成都市统计局公告显示，2017年成都市常住人口为1604.47万人，其中，城镇常住人口为1152.81万人；2017年成都市户籍人口为1435.33万人，2017年成都市流动人口为619.29万人[①]。

同时，成都市作为四川省省会城市，具有丰富的自然和人文底蕴，它作为中国第一批历史文化名城，具有悠久的历史沿革和深厚的文化脉络。成都自古被誉为"天府之国"，是中国开发最早、持续繁荣时间最长的城市之一。自建城伊始到现代3000多年的历史中，成都从"古蜀文明"的中心发展到今天中国西南地区的政治、经济、文化、军事中心，除白莲教时期几十年外，均保持着高度繁荣和发达，是全国生活最富庶的地区之一。成都自古为西南重镇，历朝历代都是中国西南地区的政治、经济、文化中心和长江流域的重要城市。它曾是成家、蜀汉、成汉、前蜀、后蜀五个政权的都城，文化遗存丰富；自秦汉起就因农业、手工业兴盛和文化发达闻名遐迩；在汉代，成都与洛阳等并列为五大都会；在唐代，成都商贸繁荣，与扬州齐名，称为"扬一益二"。如今，成都所在的成渝经济区是

---

① 成都市统计局. 成都市统计局关于2017年成都市主要人口数据的公告［R/OL］.（2018-02-12）. http://www.cdstats.chengdu.gov.cn/htm/detail_95445.html.

中国西部经济领先的区域，成都也作为今天中国新一线城市排名第一的城市，在中国城市综合发展排行榜上居于优势竞争地位。

因此，成都自古以来一直是流动人口比较集中的城市，也因为其宽容的城市性格、绵延的文化源流以及蓬勃的经济发展生命力不断吸引祖国各地的人口，尤其是农村人群到成都创业、发展和定居。因此成都流动人口尤其是成都农村流动人口的城市融入状况对综合思考文化资本对其影响具有代表意义和标本作用。

第一节　成都市对吸引农村流动人口城市融入的拉动作用分析

按照现代人口学对流动人口进入城市的动因分析，人口学家巴格内（D. J. Bagne）的"推拉理论"最具有代表性。他研究认为，影响城市流入的关键性因素在于个体的生存处境，城市中对自我发展有利的因素归结为拉力，流出地对生存发展不利的因素归结为推力，这两种因素的综合作用是流动人口实现迁移的根本动力和归因。在研究成都农村流动人口城市融入现状过程中，对成都市相关流动人口政策、经济文化发展环境、文化创意产业发展和公共文化服务内容等进行分析，可以很好地总结成都市对农村流动人口拉动方面的作用和影响。

一、成都市政府对农村流动人口城市融入相关政策

2014年3月，成都市政府颁布了《成都市流动人口卫生和计划生育基本公共服务均等化试点工作方案》。该方案的出台，意味着成都广大流动人口将享有与成都户籍人口相同的卫生计生基本公共服务：在成都居住6个月以上的流动人口，即享有健康档案跟踪服务；居住3个月以上的0—6岁流动儿童将建立专门的预防接种档案。

2016年1月，《成都市居住证管理实施办法》开始实施，暂住证办理全面停止，持居住证可在居住地依法享受劳动就业，参加社保，缴存、提取和使用住房公积金的权利，另外还包括义务教育、基本公共就业服务、基

本公共卫生服务和计划生育服务、公共文化体育服务、法律援助和其他法律服务、国家规定的其他基本公共服务等；按照国家有关规定办理出入境证件；按照国家有关规定换领、补领居民身份证；机动车登记；申领机动车驾驶证；报名参加职业资格考试、申请授予职业资格；办理生育服务登记和其他计划生育证明材料；国家规定的其他便利。

2017年，成都市政府发布《成都市卫生和计划生育委员会关于加强流动人口健康档案建档工作的通知》，为加强流动人口健康档案建档工作，促进流动人口公平享有国家基本公共卫生服务，通知中要求以成都市全员流动人口数据库个案人数为基础，为辖区流入人口建立居民电子健康档案，并加强其分类管理和使用，为流动人口卫生健康服务提供可供操作的监控和服务档案平台。

此外，2018年成都市相继制定了《流动人口服务管理办法》和《关于加强流动人口服务管理和服务保障，建设高品质和谐宜居公园城市的工作方案》，一方面保障了城市流动人口在管理上的规范化、细致化、法制化，另一方面大力推动了基本公共服务均等化和普惠化，超过650万流动人口在深度融入城市社会、共享城市发展结果中的进步成果。

2019年成都市政府通过《成都市人民政府关于流动人口服务和管理工作的指导意见》，意见中对加强流动人口就业指导服务、公共卫生服务和其他相关社会服务进行了进一步的安排部署，要求将成都市流动人口综合服务提升到一个更高的管理和目标水平。

此外，2014年到2019年间，全市农村劳动力转移就业保持稳定，每年保持在200万人以上，农村富余劳动力向非农产业新增转移累计44.5万人，劳务收入占农村家庭总收入的一半以上。同时，为290余万省内市州来蓉务工的农村流动人口提供公共就业服务。

成都市就业局和成都市农委每年开展"春风行动"专场招聘会300场以上，帮助劳动者转移就业20余万人；实施省级劳务品牌培训及补贴流程监管改革，保质保量完成省上下达的目标任务；每年开展劳务品牌培训、农劳转移培训等涉农培训2万人以上；通过《成都市全民免费技术技能培训实施办法》，利用成都职业培训网络学院开发技能培训公开课，农村流动人口免费接受技能培训；推动人力资源与产业协同，做优人力资源服务，对所有来蓉务工人员实施同城化的公共就业服务。

2015年11月，国务院农民工工作领导小组来蓉督查，对成都市农村流动人口工作给予高度肯定，认为成都市在积极促进农民工就业创业、加强农民工职业技能培训、维护农民工劳动权益、扩大农民工社会保险、推动农民工享受公平就业等方面，都取得了明显的成效。2019年4月，成都市就业局（市农劳办）牵头组织的"去冬今春"农民工服务保障工作，在交通出行、权益维护等项目中获得省委办公厅通报表扬。

二、成都在城市文化竞争力方面对农村流动人口城市融入的拉动作用

布迪厄的文化实践场域理论认为，实践个体通过社会提供的文化实践活动场所、条件和氛围，实现个体文化资本的全面发展，这些场所、条件和氛围共同形成了文化实践场域，文化实践场域之间的竞争会直接影响文化个体的文化实践性和文化资本积累的效率。同时按照推拉理论来看，文化竞争力较强的城市因为自身经济、文化和政治的优势发展地位对流动人口的吸引力较强，通过城市综合发展的拉动作用，流动人口不仅能够获得这些城市高速发展的就业红利，还能够在这些城市中实现自己的文化资本快速积累，为其社会融入创造更优势的竞争条件。

文化社会学学者范周（2018）在其公开发表的调研报告《中国城市文化竞争力研究报告（2017）》[①]中，选取了全国36个主要城市，从城市文化竞争力的多个维度进行了指标评测与分析。报告认为成都目前在中国城市中文化竞争力综合指数为41.53，在36座城市中居第九位（图5-1）。

根据该报告，成都市文化管理要素排名全国第六，一级指标分数为45.24，属于优质文化管理城市，和杭州等城市并列全国文化管理服务示范城市。在文化产业引领方面，成都市政府出台了较多政策，吸引了大量文化产业企业入驻，同时提供了大量文化生产活动相关的就业机会；在文化公共服务活动组织方面，政府也倾注了较多精力，提升了成都市人口对文化服务活动的参与热情和文化修养。2018年，成都市政府公布了"关于

---

① 范周. 中国城市文化竞争力研究报告（2017）［M］. 北京：知识产权出版社，2018.

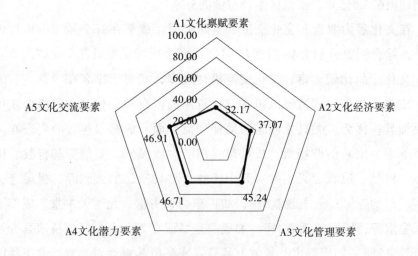

图5-1　成都城市文化竞争力一级指标表现图[①]

认定首批成都市文创产业园区评审结果公示表"[②]，其中成都认定首批文创产业园区共31个，涵盖了成都14个区县，总体数量排名全国城市第一。2016年，成都市财政安排专项资金2.3亿元，共支持文化产业项目103个，并积极组织申报中央文产资金，共获得支持项目11个；加快建设各类文化设施，成都博物馆建成开馆、城市音乐厅开工建设[③]等。

在文化经济要素方面，成都综合排名全国第七，和广州、南京、杭州并列第二梯队，综合指标分数为37.07。这个成绩主要是因为成都市作为西部经济中心，经济产业的繁荣带动了文化消费的旺盛。此外，成都文化企业众多，高校云集，在很大程度上带动了文化产业经济的整体发展水平，为文化相关的生产消费活动提供了更多的便利。2008年成都确立"以文化创意立城"的举措，到2016年，成都市从事文化创意产业活动的法人单位共有15444个，从业人员46.4万人，文创产业实现营业收入2614.2亿元，创

---

① 范周. 中国城市文化竞争力研究报告（2017）［M］. 北京：知识产权出版社，2018：331.

② 程怡欣. 31家首批成都市文创产业园区出炉［EB/OL］.（2018-09-26）. http://scnews.newssc.org/system/20180926/000910284.html.

③ 母涛，曾登地，梅春艳. 成都市文化创意产业发展对策与建议［J］. 新闻研究导刊，2017，8（9）：289.

造增加值633.6亿元，占地区生产总值的5.2%[①]。

在文化潜力要素和文化交流要素两方面，成都在36个城市中均排名第八位，综合指数分别为46.71和46.91，这两个指标说明成都文化资源本底较好，文化产品比较丰富，文化交流机会较多，相对于排名在成都之后的城市，成都常住人口和流动人口在文化资源的占有和文化交流的机会获得方面更加具备优势。尤其是在宗教信仰交流方面，成都以包容的姿态在历史上留下不少宗教信仰场所，成都市目前的少数民族主要信仰基督教、伊斯兰教、佛教、道教、天主教。其中佛教寺庙42座，如大悲寺、祖灵寺、文殊院、昭觉寺等；天主教堂9座，如正东街天主堂、元通天主堂、成都平安桥天主堂等；伊斯兰教堂4座，如成都皇城清真寺、金牛区土桥清真寺等；基督教堂7座，如成都市基督教上翔堂、成都市基督教恩光堂、龙泉驿区的洛带基督教堂等，道教宫观30座。

由于成都地处西部地区，历史上和中原文化形成了一定的区位排斥效应，因此成都在文化资源禀赋方面相比西安、杭州、北京等古都城市仍有一定差距，在全国36个城市中排名未进入前十名，综合指标分数为32.17。但是成都依然靠西部悠久的文化特色和历史文化遗存形成自身独特的文化风貌，巴蜀文化已经成为一种文化象征在全国地域文化中展现独特的风姿。

布迪厄认为，城市文化资本和个体文化资本存在对应关系，因此一旦文化场域内城市主体和个体居民的文化资本密切度增高，那么城市居民的城市认同感也会随之提升。在流动人口接纳过程中，城市的文化资本包容和拉动起到关键性的作用。成都城市文化竞争力的不断提升为流动人口文化资本的积累提供了更强大的场域背景，具有更高水平的文化资本能力的流动人口在城市融合中将具有更强的竞争优势。

基于以上分析，成都市农村流动人口中最具有典型性的农民工群体流动现状，对考察文化资本对农村流动人口城市融入的影响具有典型性代表意义。一方面成都市作为文化氛围浓厚、城市文化创意指数较高的城市，其城市文化竞争力对个体文化资本具有更高的包容性和需求空间，在很大

---

① 母涛，曾登地，梅春艳. 成都市文化创意产业发展对策与建议［J］. 新闻研究导刊，2017，8（9）：288.

程度上促进了具有较高文化资本的农村流动人口的城市融入，对农村流动人口城市融入的研究具有重要的城市样本意义；另外一方面，农民工在成都市流动人口中的占比最高，职业分布最广，人口特征覆盖均匀，对研究成都市农村流动人口城市融入影响具有典型样本代表意义。

第二节　成都市农村流动人口流动现状分析

成都作为流动人口迁移的重要目的地，本身也是中国城镇化的城市代表，依据成都市统计局公布的2017年成都市人口基本情况和国家卫计委的全国流动人口卫生计生动态监测调查数据CMDS（2013—2017年）对成都农村流动人口数据进行分析，可以为下一步实证研究提供基础。本部分通过对成都农村流动人口的人口数据进行分析，展示了成都市目前农村流动人口的融入基本情况；通过对全国流动人口卫生计生动态监测调查数据进行分析，得到成都市农村流动人口融入的变动情况，并由此进一步推导其变动的原因和未来变动的可能趋势。这部分内容的研究不仅可以为实证研究提供充分的城市样本选择靶向，还从描述性统计层面对成都市现有农村流动人口流动现状进行了分析，形成对成都市农村流动人口现有情况的较全面掌握。

一、成都市户籍农村流动人口流动现状

（一）成都市户籍农村流动人口务工情况

截至2019年10月，全市农村流动人口外出务工规模为246.63万人，同比减少0.71%（去年同期为248.38万人）。其中在本市内务工192.74万人，与去年同期相比减少3.8%（去年同期为200.35万人）；市外省内务工17.62万人，与去年同期相比增加7.53%（去年同期为16.38万）；境内跨省输出规模36.13万人，与去年同期相比增加14.16%（去年同期为31.65万人），输出到境外0.15万人。因此，成都市户籍农村流动人口务工主要以成都市内为主，省内跨市、跨省和跨境流动相对较少（图5-2）。

成都市户籍农村流动人口数（万人）

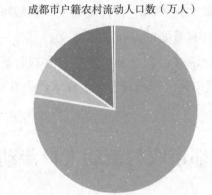

■ 本市务工　■ 市外省内　■ 境内跨省　■ 境外务工

图5-2　成都市户籍农村流动人口区域流动情况图（2018.11—2019.10）

（二）成都市户籍农村流动人口地域流动趋势总结和分析

随着新型城镇化步伐不断加快、现代农业提档升级等，务农的劳动力逐年减少，目前农村劳动力转移输出规模与农村富余劳动力向非农产业新增转移人数与往年持平。随着本地就业机会增多、待遇提高、各项就业创业政策的普惠、文化建设的提升和成都市整体城市融入良好氛围的吸引，越来越多的外出务工人员倾向本市内就业，在户籍所在乡镇外本市内就业是农村劳动力向非农产业转移就业的主要选择。从劳务转移输出地域分布看，在成都市内务工人数占78.15%，市外省内占7.14%，省外占14.71%（图5-3）。

劳务转移输出地域分布图（万人）

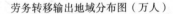

■ 成都市内　■ 市外省内　■ 省外

图5-3　成都市户籍农村流动人口流动地域分布图（2018.11—2019.10）

二、成都市农村流动人口样本选取情况

对全国流动人口卫生计生动态监测调查数据CMDS（2013—2017年）进

行样本选取的过程中，考虑到农民工在农村流动人口中占比最大，因此主要依据本书对农民工的概念定义，将选取条件限制为"现居住地为成都市内"，"户口性质为农业"，"本次流动原因为务工、工作或经商"三个方面。

三、成都市农村流动人口的人口特征分析

以2017年的样本选取情况为依据并与往年对比，分析成都农村流动人口基本情况，发现其人口构成特点如下。

（一）成都市农村流动人口的抽样数量与发展趋势

根据全国流动人口卫生计生动态监测调查数据CMDS（2013—2017年）显示，2013—2017年成都市农村流动人口样本抽样后数量为：2013年1701人，2014年1623人，2015年2221人，2016年1530人，2017年1510人。农村流动工人口在流动人口抽样中的占比逐渐小幅调整，趋于稳定的趋势（图5-4）。

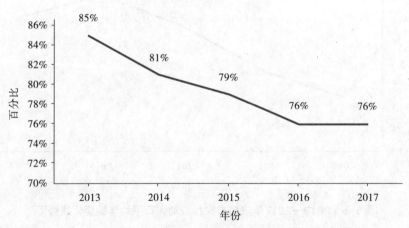

图5-4　2013—2017年CMDS成都市农村流动人口的抽样数量变化图

出现这个状况的原因可能有：首先四川省内多地农村经济发展快速，政府招商引资工作成效明显，为广大群众提供了大量本地就业机会；各级政府大力支持农村流动人口返乡，并相继出台了一系列优惠政策；着力开展"创业+技能"培训，吸引部分农村流动人口回流。其次，农村流动人口数量总体趋于稳定。受到全国总体人口出生率下降、老龄化等社会现象的

影响，农村可转移劳动力或将迎来历史拐点，加之目前建筑业、制造业等行业产能过剩、持续低迷，企业用工量明显减少，就业吸纳能力相对减弱等，在城市就业的农村流动人口总量趋于稳定甚至比重下降。

（二）成都市农村流动人口的年龄结构分析

从2013年的平均年龄34.75岁到2015年的平均年龄36.4岁，再到2017年的平均年龄36.6岁，这一系列数字反映了成都市农村流动人口就业年龄的结构性变化趋势。（见图5-5）邓垚（2012）[1]分析中国农民工年龄结构呈现缓慢增加的趋势，刘玉飞（2019）[2]认为中国老龄化的趋势，必然导致农民工群体受到这一变化的影响，年龄结构不断增大。同时由于这五年时间内，中国人口金字塔呈现整体加宽、局部增长不平衡的整体态势，其中15岁到49岁的流动人口规模增长较大，形成对其他年龄结构的挤压，提升了整体平均年龄。国家统计局2015—2017年连续发布的《农民工监测调查报告》[3]均证实了全国范围内农民工年龄小幅增加的趋势。

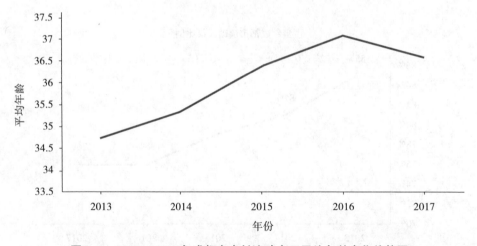

图5-5　2013—2017年成都市农村流动人口平均年龄变化趋势图

（三）成都市农村流动人口民族结构分析

2017年的CMDS统计数据显示，在抽样的1510名成都市农村流动人口

① 邓垚. 中国劳动力资源与经济发展研究［D］. 长春：吉林大学，2012.
② 刘玉飞. 人口老龄化背景下城市化对劳动力供给的影响效应分析［J］. 统计与决策，2019，35（18）：103-106.
③ 国家统计局. 2017年农民工监测调查报告［R/OL］.（2018-04-27）.http://www.stats.gov.cn/tjsj/zxfb/201804/t20180427_1596389.html.

中，汉族农村流动人口占比达到98.74%，和2013年到2016年的比例基本一致，其他少数民族农村流动人口历年来占比不到2%（图5-6）。

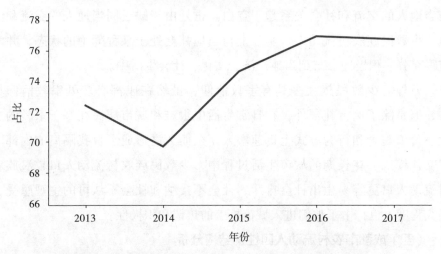

图5-6　2013—2017年成都市农村流动人口汉族比重图

张永梅等（2019）[①] 认为，少数民族农村流动人口的城市融入水平整体较汉族偏低，从而很难形成少数民族地区农村流动人口的群体性流动。何月华（2019）[②] 认为少数民族农村流动人口难以实现城市融入的主要原因是"农村流动人口"和"少数民族"造成的身份矛盾、混乱和多重性。因此在成都出现这样的结果主要原因可能是：汉族农村流动人口的语言和生活习惯在以汉族人口为主的成都市这样特大型城市中更加有融入优势，因此成都市对汉族农村流动人口更加有吸引力。少数民族农村流动人口由于大多接受教育程度有限，存在工作技能单一甚至缺乏现象，同时由于地域原因，外部消息传播流通不是十分及时，缺乏对市场信息的了解和把握，受限于种种客观、主观因素，少数民族农村流动人口在城市工作中普遍存在着工资待遇不高、工种单一且缺乏社会保障、居住环境恶劣以及对外沟通闭塞等现实问题，直接导致经济上的相对边缘化状态，学者马伟华（2018）就这一解释

---

① 张永梅，何晨晓，桂浩然. 农民工社会融合:基于地区、民族和历时性的比较［J］. 南方人口，2019，34（3）：25-33.

② 何月华. 少数民族农民工的身份认同与城市融入——基于广西南宁一个少数民族农民工聚居地的考察［J］. 广西民族研究，2019（2）：74-82.

进行了详细的论述^①。当少数民族农村流动人口进入城市后，大多数同本民族或同地域、同期进入城市的人保持较为亲密的接触、沟通，除此之外，与当地人的交流和社会关系趋于空白。正是由于缺乏同当地人的交流和沟通，少数民族农村流动人口实际上与当地社会处于某种隔绝的状态，并没有很充分、积极地参与到当地经济、文化、社会生活中。

另外，少数民族大多具有宗教信仰，虽然在成都有多处宗教信仰场所，但是除了例行礼拜外，在日常生活中很难和城市居民在基于宗教的文化、价值观念和行为方式上迅速融入，久而久之形成了自我隔离的内部圈层交往模式。在长期的城市生活过程中，少数民族农村流动人口较汉族农村流动人口更容易生出社会排斥、社会不接纳和社会不认可的主观感受，很大程度上也打击了他们进入城市打工的热情和积极性。

（四）成都市农村流动人口性别结构分析

从2013年到2017年的分析数据显示，男性农村流动人口的比例要略大于女性，2017年男性农村流动人口在成都市农村流动人口整体抽样占比为53.38%，比女性农村流动人口多出6.76个百分点。

按照孙旦（2012）^②的解释，务工中男性人数偏多主要是由于男性的婚恋的压力和子女养育所承担的主要责任。李树茁等（2006）^③认为农村流出地对男性子代的偏好直接导致了适龄就业农村流动人口群体中男性比例偏高的结果。

基于成都的具体情况，可能的原因有：在农村社会传统的家庭分工主要是女性负责料理家务和抚养子代，男性更多的是外出务农或务工，因此农村女性受到家庭照料义务的牵绊，外出进入城市寻找工作或经商创业的机会相对于男性农村居民来说要更少一些。同时，目前由于女性整体就业形势不容乐观的影响，雇主更愿意雇佣较少承担家庭抚养义务和不会因为生育哺乳而耽误工作的男性人群，这种职业排斥导致的社会排斥让女性群体在城市生活和融入过程中相对艰难，这种情况对于女性农村流动人口造

---

① 马伟华. 社会支持网构建：少数民族流动人口城市融入的实现路径分析 [J]. 西南民族大学学报（人文社科版），2018, 39（2）：55-61.

② 孙旦. 农村男女比例失衡对农民进城务工意愿的影响 [J]. 人口研究，2012, 36（6）：57-70.

③ 李树茁，伍海霞，靳小怡，费尔德曼. 中国农民工的社会网络与性别偏好——基于深圳调查的研究 [J]. 人口研究，2006（6）：5-14.

成的影响更加严重。学者李成（2015）[①]在其研究中对这一可能进行了详细的论述。再次，农村社会文化习俗对女性文化教育要求相对于男性更低，很多女性在读完初中或者高中后就选择回家结婚或者帮助家里务农，因此女性农村流动人口整体文化水平相对较低，这也是其进入城市生活工作遭遇困难的重要因素之一。

（五）成都市农村流动人口婚姻状况分析

2017年抽样统计数据显示，成都市农村流动人口初婚人口占比为76.75%，超过抽样总数的四分之三，未婚农村流动人口占比为16.95%（见图5-7）。以上数据说明成都市农村流动人口大多数为已婚且婚姻结构比较稳定，并没有达到和成都城市居民相似水平的离婚率。从2013年开始，这一婚姻状况的趋势比较平稳（图5-8）。

出现这种情况的原因可能是农村流动人口初婚时，按照农村习俗，彩礼和婚礼筹备压力较大，刘利鸽等（2019）认为结婚后小孩生育和养育的费用对很多农民家庭来说是一笔较大的开支[②]。在农村务农收入相对较低，

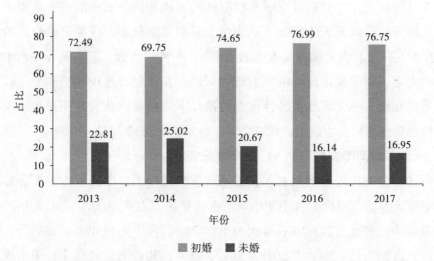

图5-7　2013—2017年成都市农村流动人口初婚、未婚占比分布情况图

---

① 李成. 社会融入：禁止职业歧视的价值基础重构［J］. 中外法学，2015，27（5）：1233-1248.
② 刘利鸽，刘红升，靳小怡. 外出务工如何影响农村流动人口的初婚年龄？［J］. 人口与经济，2019（3）：32-47.

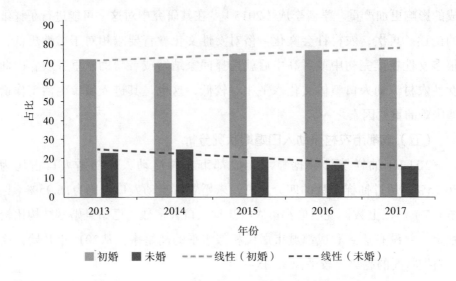

图5-8　2013—2017年成都市农村流动人口婚姻情况分布图

非农产业报酬相对于城市务工也相对较低，因此到城市打工谋求生活保障和改善是其较好的选择。到了城市后，由于经济压力和生存发展压力，很多农村流动人口主要通过反哺农村家庭的方式和留守农村的丈夫或妻子建立家庭分工。风笑天（2006）认为由于长期无法见面，这种家庭合作的方式反而在一定程度上维系了家庭的稳定[①]。另外一方面，双方都在城市中打工的夫妻，由于城市融入的压力较大，双方在家庭责任中承担和分工较为清晰，在经济并未实现扭转性改变的情况下，相濡以沫、共同患难让家庭结构得到了维护。古语说"患难夫妻"也是这个道理。

（六）成都市农村流动人口教育状况分析

2017年抽样统计数据显示，成都市农村流动人口学历程度主要分布在小学至大专的范围内，其中初中学历占比最高，占到43.18%；其次为高中/中专学历，占比为24.97%；再次为小学学历，占比为15.89%；最后为大专学历，占比为12.05%。从2013年开始，这一结构分布比较稳定，未出现较大的变化（图5-9）。

---

① 风笑天. 农村外出打工青年的婚姻与家庭：一个值得重视的研究领域［J］. 人口研究，2006（1）：57-60.

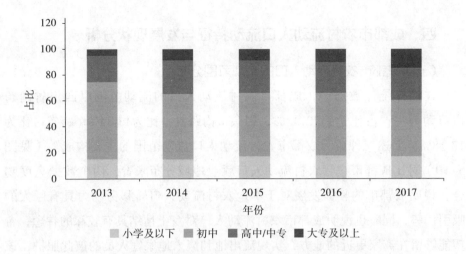

图5-9 2013—2017年成都市农村流动人口受教育水平分布图

产生这一状况的主要原因可能有：首先农村家庭对教育的注重程度相对于城市来说偏弱，很多农村家庭对于子女的教育仅仅满足基础教育部分，能够读书识字，满足农村社会基本务农文化条件即可。朱明芬（2009）谈到，农村对教育的重视程度不足，直接影响了农村流动人口的教育学历结构[①]。其次，农村教育资源相对于城市较弱，在师资配备和软硬件条件上相较于城市来说依然有较大提升空间，因此在国家选拔性考试的过程中，很难在分数上和城市考生达到同等教育应试水平，以及获得更高层次的教育机会。再次，在农村社会中，由于普遍经济的相对不发达，在九年义务教育后，面对自费教育阶段的繁杂学费，很多农村家庭出于家庭开支的考虑对教育投资显得更加谨慎[②]。最后，农村文化体系对于子女的教育（尤其是女孩）更加偏向中庸，让子女在社会中接受教育是很多农村家庭在子女教育问题上的态度，一方面基于对学历教育制度的漠视，另一方面基于社会教育对子女发展的自信，很多农村家庭在教育方面选择了一条更倾向于非刻意培养、尊重子女自由选择和提前让子女为家庭提供经济支持的道路。

---

① 朱明芬. 农民工职业转移特征与影响因素探讨 [J]. 中国农村经济, 2007（6）：9-20.
② 黄祖辉，许昆鹏. 农民工及其子女的教育问题与对策 [J]. 浙江大学学报（人文社会科学版），2006（4）：108-114.

四、成都市农村流动人口流动特征与发展现状分析

（一）成都市农村流动人口的流动范围分析

在抽样统计数据中，成都市农村流动人口的流动范围以四川省内跨市流动为主，占比达到72.98%，剩余市内跨县占比为13.84%，跨省占比为13.18%，上述三种成为成都市农村流动人口流动范围的主要构成。（见图5-10）对比成都市户籍农村流动人口就业地域分布来看，两个数据高度吻合，说明成都市的整体发展对于本地农村流动人口转移劳动力具有巨大的吸引优势，同时也说明成都市农村流动人口对乡土情结具有较深的眷念，希望能够留在离家更近的地方，实现流出地和流入地家庭人员的彼此照护，该情况也对应了前文中对于中国农村社会差序格局和距离理论的理论预置。

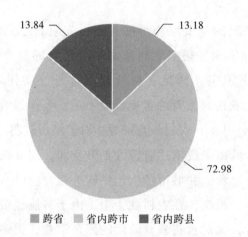

图5-10　2017年成都市农村流动人口流动范围的构成情况图

同时，具体分析这一情况形成的主要原因是：首先成都市作为二线城市的排头兵，经济形势逐年向好，二、三产业快速发展，基础设施建设市场不断扩大，劳动力需求量逐年增加，成都市就业环境不断改善；其次，根据李强教授"流动的距离"理论[①]，农村流动人口思乡心切，希望在家门口就业，既有可观的劳动收入，又能够满足照顾家庭的要求，体现了农村流动人口乡土观念对于其流动距离的真实影响；再次，随着我国劳动条件

---

①　学者李强认为，受教育程度或学历程度和农村流动人口流动的距离成正比，即学历越高，流动的距离越远，反之则越近。李强. 影响中国城乡流动人口的推力与拉力因素分析［J］. 中国社会科学，2003（1）：128.

的逐步改善，节假日的不断增多，农村流动人口对重大文化节庆参与的意识逐渐增强，更愿意选择回乡方便、经济收入相差不大的地域进行流动；最后，成都市整体文化氛围比较包容，更容易让本省农村流动人口在打工经商过程中有城市接纳感。

（二）成都市农村流动人口流动时间分析

根据2013年到2017年抽样调查结果，成都市农村流动人口从2010年开始，逐步加大向成都市城市进入的速度和规模。2017年成都市农村流动人口总数中，于2010年以前进入成都市的仅占25.63%（图5-11）；从2017年农村流动人口进入成都市的时间节点来看，2月是集中进入的时间，11月、12月时段进入较少（图5-12）。

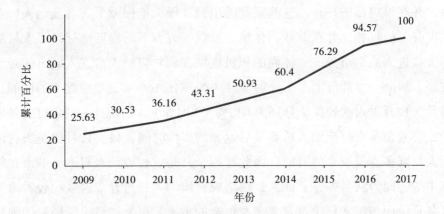

图5-11　2009—2017年成都市农村流动人口流入的累计百分比

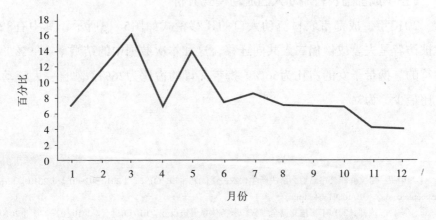

图5-12　2017年成都市农村流动人口流动月份分布图

出现这一情况的原因主要是，首先，2010年是目前区分第一代和第二代农村流动人口的主要时间节点，2010年进入成都市的农村流动人口现在已经成为成都市农村流动人口的主要组成部分。其次，2010年成都市开始进一步放宽农村流动人口政策。2010年2月中央发布一号文件《中共中央、国务院关于加大统筹城乡发展力度，进一步夯实农业农村发展基础的若干意见》，其中明确提出"新生代农民工"的概念，并要求"着力解决新生代农民工问题"[①]。根据文件精神，成都市政府于2010年相继出台了《健全维权和服务体系促进就业管理办法》《成都市建设领域防范拖欠农民工工资管理办法》[②]，并启动新一轮经济适用房预登记向农村流动人口有限度放开，符合条件的农村流动人口可向成都市申请购买中心城区经济适用房，并获得成都市户籍。这些制度的出台，极大地保障了农村流动人口在城市务工的权利，并在就业、住房、社保等方面不同程度地带动了农村流动人口进入成都市务工和经商的积极性。在农村流动人口进入城市的月份方面，2月份、3月份（占比分别为11.39%和16.16%）是集中进入的时间，11月、12月进入的较少（分别为4.11%和3.91%）。出现这一现象可能是由于2、3月份是农村流动人口春节后返城的高峰时间，11、12月份是农村流动人口准备春节返乡的时间，因此这四个月是农村流动人口进出城市比较集中的时间。从另外一方面也反映出农村流动人口对春节返乡比较看重，这既是中国传统文化中对家族亲友聚会的重视，也是"乡土情怀"的强烈行动表达。

（三）成都市农村流动人口流动模式分析

2017年，成都市农村流动人口的迁移模式如图5-13所示，其中有82%的被访者是夫妻或伴侣二人共同迁移，这和本次数据中的结婚率（89%）是相符的。携带子女的占比为66%，携带父母的占比为26%，独自一人流动的占比最少，为7%。

---

① 中央一号文件昨公布 着力解决新生代农民工问题［EB/OL］．（2010-02-01）［2010］.http://npc.people.com.cn/GB/10894304.html.

② 陈建．成都：2010年将建立健全维权和服务体系促进就业［EB/OL］．（2010-02-27）［2010］．http://www.gov.cn/jrzg/2010-02/27/content_1543214.htm.

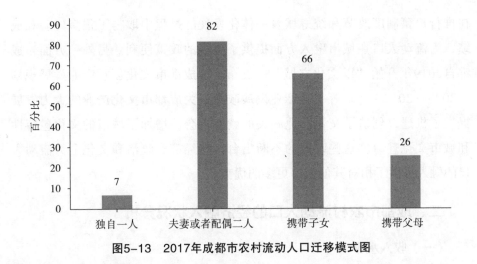

图5-13　2017年成都市农村流动人口迁移模式图

第三节　成都市农村流动人口的城市融入现状分析

一、成都市农村流动人口的城市融入整体现状

根据肖子华主编的《中国城市流动人口社会融合评估报告·2018版》[①]，成都流动人口社会融合情况在全国50个抽样城市中以综合分数57.71排名第三，总体情况较好。社会融合排名前五位的城市分别为厦门市、鄂尔多斯市、成都市、长沙市和合肥市。其中成都市在政治融合、经济融合、公共服务融合和心理文化融合的分项排名中，以64.48分在政治融合中排名第一，以49.38分在经济融合中排名第十九，以64.57分在公共服务融合中排名第四，以49.29分在心理文化融合中排名第九。

以上分数、排名说明成都市在流动人口的社会融入过程中取得了较好的融合示范效应，包括农村流动人口在内的流动人口在成都市城市生活中融入度较高，成都市一贯倡导的以融合为导向的新型城镇化战略已经初具成效。这一方面归功于成都市作为中国西部地区的中心省会城市的地缘优势。成都市在2009年被确定为"全国统筹城乡综合配套改革试验区"，

---

① 肖子华. 中国城市流动人口社会融合评估报告：2018 [M]．北京：社会科学文献出版社，2018：5-8．

在推行户籍制度改革和统筹城乡一体化发展的过程中取得了很多经验和成绩，为流动人口在城市融入方面提供了更多的政策便利。另外一方面，成都自2019年开始"以文化立城"，发布了《成都市文化创意产业发展规划（2009—2012）》[①]等文化产业发展政策，为成都市文化产业的大力发展提供了机遇，创造了文化产业相关的就业机会，增加了城市的文化包容性和城市文化魅力。这些政策的不断出台，在经济、政治和文化上为流动人口的融入提供了相对其他城市更多的优势。

二、成都市农村流动人口的经济融入状况分析

（一）收入水平

成都市2017年农村流动人口的平均月收入分布如图5-14所示。其中55%的人月收入在4000元以下，75%的人月收入在6000元以下。2017年成都市城镇全部单位就业人员平均工资为65098元（折合月平均工资5425元，四舍五入）[②]。所以和成都市2017年的平均月收入相比，超过半数的农村流动人口的收入低于成都市平均水平。这可能和教育有关，因为在笔者筛选出来的4522人中，小学和初中的占比近59%，小学、初中和高中的占比近

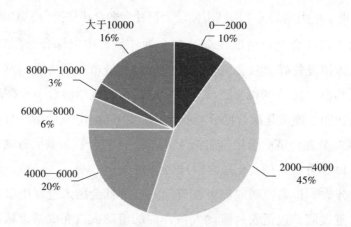

图5-14　成都市2017年农村流动人口平均月收入

---

① 周建新，胡鹏林. 中国文化产业研究2018年度学术报告［J］. 深圳大学学报（人文社科版），2019，36（1）：45-56.

② 成都市统计局. 成都市统计局关于2017年全市城镇全部单位就业人员平均工资报告［R/OL］.（2018-06-04）［2018］. http://www.cdstats.chengdu.gov.cn/htm/detail_99699.html.

84%。教育是重要的人力资本，教育水平的低下在很大程度上限制了农村流动人口的发展[①]。另一方面，可以从农村流动人口的职业行业分布中得到验证，在下文中笔者已经发现，农村流动人口所从事的多是低端制造业或劳动力密集型产业。

（二）在行业分布方面

根据2017年成都市农村流动人口的分析数据，其从事的行业主要是建筑（6.44%）、批发零售（19.1%）、住宿餐饮（14.14%）、居民服务（18.33%）、食品加工（4.83%）和制造业（6.58%）（图5-15）。这些行业总共在农村流动人口从事的行业中占比超过69.42%。因此可以看出，成都市农村流动人口就业分布依然主要处于底层、劳动力附加水平较低和劳动条件比较落后的行业中。

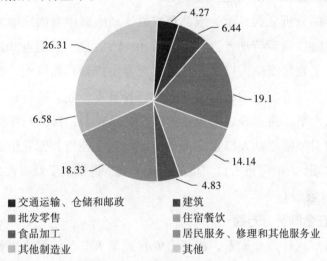

图例：
- ■ 交通运输、仓储和邮政
- ■ 批发零售
- ■ 食品加工
- 其他制造业
- ■ 建筑
- 住宿餐饮
- 居民服务、修理和其他服务业
- 其他

图5-15　2017年成都市农村流动人口所从事的行业分布比例图

（三）在单位性质方面

2017年的分析数据显示，成都市农村流动人口中个体工商户、私营企业员工和无单位人员占比最高，分别为39.54%、34.57%和10.64%（图5-16）。这些用人单位的管理规范和福利相比机关事业单位、国营企业或者股份制企业来说更差，劳动强度更高，工作条件可能更差。因此农村流动人口在这些单位可能经常出现薪水不能按时兑付或者正当权利被侵犯的状况。

---

① 姚先国，张海峰. 教育、人力资本与地区经济差异［J］. 经济研究，2008（5）：47-57.

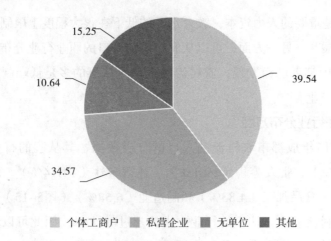

图5-16　2017年成都市农村流动人口所在的单位性质比例图

（四）农村流动人口就业身份方面

2017年的分析数据显示，成都市农村流动人口中有固定雇主的占比最高，为59.62%，自营劳动者占比其次为30.44%，这一数据自2013年开始变化不大，说明农村流动人口进入城市后对雇主依赖程度较大，部分具有经营头脑和一定经济实力的农村流动人口选择自主创业，通过自营行为提升自己的收入水平。这也和成都市相关政策联系较大，自2011年以来，成都市各级政府对外来流动人口在成都市范围内自主经商和创业给予了诸多优惠和便利政策①。成都市人口规模的不断扩大，也带来了城市人口绝对增长下的经济发展红利。

（五）在合同签订方面

从2017年统计数据来看，成都市农村流动人口统计样本里签订合同的样本占比为61.31%，未签订合同的样本占比为27.97%（图5-17）。这一数据说明成都市农村流动人口在劳动合同签订问题上，具有较高的维权意识；未签订合同的农村流动人口基数也比较大，这部分人群可能成为未来成都市农村流动人口维权群体里的主要构成。自从2011年以来，成都市政府对农村流动人口的雇佣合同管理要求进一步规范②，一方面倡导农村流动人口主动树立劳动合同维权意识，一方面对没有和农村流动人口签订合同

---

① 熊勇. 融入"一带一路"建设　国际合作平台建设［M］//熊勇. 成都年鉴. 成都：成都年鉴社，2018：296.

② 罗强. 成都市人民政府工作报告［M］//熊勇. 成都年鉴. 成都：成都年鉴社，2018：610-617.

的企业主予以督促和监管，这种双管齐下的手段大大提高了农村流动人口的雇佣合同签订效率。

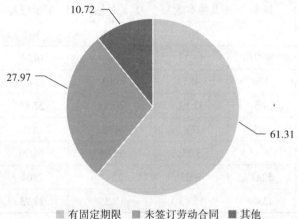

图5-17 2017年成都市农村流动人口签订的劳动合同类型分布图

三、成都市农村流动人口的社会融入状况分析

在2017年CMDS数据中，将成都市和北京市、上海市、深圳市、广州市（以下简称北上广深）这些中国经济、政治和文化较发达的一线城市进行比对，可以发现成都市农村流动人口在社会融入中具有优势，融入整体状况较好，具有较强的城市政治融入竞争力（见表5-1）。成都市农村流动人口与本地人交往的人数比例相对于其他城市最多，为485人，占比为全部抽样人数的32.12%；和在老家的同乡往来最少，为370人，占比为24.51%。这说明成都市农村流动人口在城市融入中对亲缘和地缘的依赖性相对于其他城市较弱，与城市居民交往的程度更强，社会融入情况更好一些。

表5-1 2017年5市农村流动人口社会交往对象情况统计

城市	您业余时间在本地和谁来往最多				
	同乡	其他本地人	其他外地人	很少与人	Total
上海市	2012	476	634	1044	3896
百分比	44.71	12.22	16.27	26.8	100
北京市	1701	664	728	908	4001
百分比	42.51	16.6	18.2	22.69	100

城市	同乡	其他本地人	其他外地人	很少与人	Total
			您业余时间在本地和谁来往最多		
广州市	783	205	243	307	1538
百分比	50.91	13.33	15.8	19.96	100
成都市	370	485	310	345	1510
百分比	24.51	32.12	20.53	22.85	100
深圳市	645	73	472	200	1390
百分比	46.41	5.25	33.96	14.39	100
Total	5241	1903	2387	2804	12335
百分比（%）	42.49	15.43	19.35	22.73	100

在城市相关活动参与方面，利用2017年CMDS统计对农村流动人口参与工会活动和志愿者活动进行分析发现，成都市农村流动人口整体参与水平不高，但是相对于北上广深城市依然处于中上水平。2017年CMDS统计数据显示成都市参与工会活动的人数为156人，占比为10.33%；志愿者活动参加人数为96人，占比为6.36%（表5-2）。

表5-2　2017年5市农村流动人口参与社会活动情况统计

城市	工会活动		志愿者活动		老乡会活动	
	活动类型					
	是	否	是	否	是	否
上海市	9.09	90.01	4.36	95.64	18.61	81.39
北京市	9.97	90.03	7.95	92.05	23.37	76.63
广州市	8.52	91.48	4.75	95.25	31.92	68.08
成都市	10.33	89.67	6.36	93.64	20.13	79.87
深圳市	10.58	89.42	9.71	90.29	32.73	67.27
数量（N）	1187	11148	792	11543	2910	12335
百分比（%）	9.62	90.38	6.42	93.58	23.59	76.41

四、成都市农村流动人口的心理融入情况分析

按照2017年CMDS数据统计，在回答"是否被本地人看不起"这一问题

的时候，成都市854份抽样问卷中，有747人（占比87.47%）认为没有出现过被看不起的情况，在北上广深城市中占比最高（表5-3）。

表5-3　2017年5市农村流动人口遭遇本地身份歧视的情况统计

目前在本地，您家有被本地人看不起吗			
现居住市（地区）%	有	没有	数量（N）
上海市	15.13	84.87	2128
北京市	16.87	83.13	1968
广州市	14.25	85.75	863
成都市	12.53	87.47	854
深圳市	11.45	88.55	821

在2017年CMDS统计中，被问到是否同意自己喜欢现在居住的城市时，成都市农村流动人口完全同意的占比在五个城市中最高，为49.07%，而选择完全同意和基本同意的占比也为五个城市最高，总占比为98.47%（表5-4）。

表5-4　2017年5市农村流动人口对流入地喜爱程度的情况统计

城市	是否同意"我喜欢我现在居住的地方"			
	完全不同意	不同意	基本同意	完全同意
上海市	1.03	1.67	55.03	42.27
北京市	0.72	1.90	46.69	47.69
广州市	0.78	2.34	62.09	34.79
成都市	0.53	0.99	49.40	49.07
深圳市	0.94	1.94	63.38	33.74
数量（N）	102	219	6714	5300
百分比（%）	0.83	1.78	54.43	42.97

在是否愿意融入城市成为本地人这一项中，2017年CMDS中成都市的数据为，完全同意643人，占比42.58%；基本同意和完全同意的占比93.24%，排名仅次于上海，位居五个城市中第二的位置，同样显示了相当高的心理融入竞争优势（表5-5）。

表5-5　2017年5市农村流动人口对是否愿意成为本地人的情况统计

| 城市 | 是否同意"我很愿意融入本地人当中，成为其中一员" | | | |
	完全不同意	不同意	基本同意	完全同意
上海市	1.13	5.44	55.65	37.87
北京市	0.72	4.40	46.91	47.96
广州市	1.11	9.10	56.83	32.96
成都市	0.86	5.89	50.66	42.58
深圳市	1.37	8.85	59.93	29.86
数量（N）	122	740	6517	4956
百分比（%）	0.99	6.00	52.83	40.18

在城市接纳心理认同方面，2017年CMDS统计数据显示，成都市的数据为，完全同意567人，占比37.55%；基本同意和完全同意总占比93.31%。两项指标均位于五个城市中的第一，显示了成都市农村流动人口在城市接纳心理上的比较优势（表5-6）。

表5-6　2017年5市农村流动人口认为本地人对自己的接纳情况统计

| 城市 | 是否同意"我觉得本地人愿意接受我成为其中一员" | | | |
	完全不同意	不同意	基本同意	完全同意
上海市	1.05	10.04	61.34	27.57
北京市	1.20	8.20	56.84	33.77
广州市	1.17	13.33	61.77	23.73
成都市	0.73	5.96	55.76	37.55
深圳市	1.94	14.17	65.18	18.71
数量（N）	145	1211	7362	3617
百分比（%）	1.18	9.82	59.68	29.32

五、成都市农村流动人口的身份融入情况分析

在2017年CMDS统计分析中，完全同意自己已经是本地人身份的成都市农村流动人口占比在五个城市中最多，为304人，占比为20.13%；基本同意

和完全同意总人数为1072人，占比为70.99%，也为五个城市中排名第一位（表5-7）。

表5-7　2017年5市农村流动人口城市身份认同情况统计

城市	是否同意"我觉得我已经是本地人"的说法			
	完全不同意	不同意	基本同意	完全同意
上海市	4.85	35.27	45.97	13.91
北京市	5.80	35.49	43.59	15.12
广州市	5.98	43.95	38.75	11.31
成都市	2.78	26.23	50.86	20.13
深圳市	8.56	46.12	37.84	4.48
数量（N）	674	4507	5425	1729
百分比（%）	5.46	36.54	43.98	14.02

在留城意愿中，根据2017年CSDM统计数据显示，成都市农村流动人口完全愿意融入本地、成为城市居民的人数为643人，占比为42.58%；基本同意和完全同意的总占比为93.24%。这两项指标都位于五个城市之首，显示出成都市农村流动人口城市身份融入的意愿非常强烈（表5-8）。

表5-8　2017年5市农村流动人口城市身份融入意愿情况统计

城市	是否同意"我很愿意融入本地人当中，成为其中一员"的说法			
	完全不同意	不同意	基本同意	完全同意
上海市	1.13	5.44	55.65	37.78
北京市	0.72	4.40	46.91	47.96
广州市	1.11	9.10	56.83	32.96
成都市	0.86	5.89	50.66	42.58
深圳市	1.37	8.85	59.93	29.86
数量（N）	122	740	6517	4956
百分比（%）	0.99	6.00	6517	4956

第四节　本章小结

在研究成都农村流动人口城市融入现状时，对成都市相关流动人口优惠政策、经济文化发展环境、文化产业发展状况和公共文化服务内容等分析，可以很好地总结成都市在农村流动人口拉动方面的作用和影响。成都市政府近年来对农村流动人口的典型人群——"农民工群体"制定了多个相关的扶持政策，促进其更好地融入城市生活和工作中。此外，由于成都市的文化经济地缘优势，以成都市农村流动人口融入现状为代表考察文化资本对其城市融入的影响具有典型意义。一方面成都市作为文化氛围浓厚、城市文化创意指数较高的城市，其城市文化竞争力对个体文化资本有更高的包容性和需求空间，很大程度上促进了具有较高文化资本的农村流动人口的城市融入可能。另外一方面，具有较高文化资本的农民工通过成都独特的文化优势和宽松的就业环境，在城市融入方面可能具备更大的竞争力。

成都作为流动人口迁移的重要目的地，本身也是中国城镇化的代表，研究其农村流动人口城市融入具有重要的样本意义，因此依据成都市统计局公布的2017年成都市人口基本情况和国家卫计委的全国流动人口卫生计生动态监测调查数据CMDS（2013—2017年）对成都农村流动人口数据进行分析，可以很好地为下一步实证研究提供基础。本部分一方面对成都农村流动人口的政府结论数据进行分析，展示成都市目前农村流动人口的城市融入基本情况；另外一方面通过CMDS（2013—2017年），得到成都市农村流动人口城市融入的发展情况并由此进一步推导其变动的原因和未来变动的可能趋势。

第六章

文化资本对农村流动人口城市融入影响的
实证分析

　　基于前文中文化资本对农村流动人口城市融入的四个维度提出的主要假设问题，即文化资本对农村流动入口经济融入有正向影响作用，文化资本对农村流动人口社会融入有正向影响作用，文化资本对农村流动人口心理融入有正向影响作用，文化资本对农村流动人口身份融入有正向影响作用，同时结合前文中提出的其他人口学相关假设问题和文化资本代际传递的相关性假设，现就设计问卷进行量化研究，通过分析问卷结果对上述假设进行统计显著性检验。

第一节　数据获取与描述性统计

一、抽样方案设计与质量控制

　　为了了解成都市农村流动人口的职业状况、流动特点以及城市融入现状等情况，计划在成都市开展抽样调查，根据配额抽样（定额抽样）原则制定抽样方案。配额抽样（定额抽样），即将调查总体样本按一定标志分类或分层，确定各类（层）单位的样本数额，在配额内再任意抽选样本。配额抽样和分层随机抽样既有相似之处，也有很大区别。配额抽样和分层随机抽样有相似的地方，都是事先对总体中所有单位按其属性、特征分类，这些属性、特征我们称之为"控制特性"，例如市场调查中消费者的性别、年龄、收入、职业、文化程度等等。然后，按各个控制特性，分配

205

样本数额。但它与分层抽样又有区别，分层抽样是按随机原则在层内抽选样本，而配额抽样则是由调查人员在配额内主观判断选定样本（陈卫，刘金菊，2015）。

（一）目标人群和范围

目标总体为成都市中心城区（锦江区、青羊区、金牛区、武侯区、成华区、新都区、郫都区、温江区、双流区、龙泉驿区、青白江区等11个行政区和高新区、天府新区2个功能区）的持有非本区（县、市）农村户口且迁移意愿为"务工/就业/创业"的人群。目标总体为在调查开始前一个月来本地居住且截至2019年12月年龄在18周岁及以上的农村流动人口。

（二）问卷质量控制

此次调查主要采用个人纸质问卷形式，辅以电子问卷作为补充。个人问卷主要包括个人情况、文化资本情况、城市融入情况、父辈的相关情况等。在保证有代表性的基础上，本次调查拟收集600份问卷。其中锦江区、青羊区、金牛区、武侯区、成华区、温江区、双流区、龙泉驿区各45份（45×8 = 360）；郫都区60份；青白江区、新都区各30份；天府新区和高新区各50份，其中每个街道不多于5份（百度/Apple地图等均可实现）。

调查中应尽量控制性别比，即尽量使男性∶女性=1∶1，考虑到调研中实际的困难，可以做适当调整，但是不应使女性占比低于40%。被访对象的行业主要包括建筑业、批发零售、交通运输、仓储和邮政、居民服务、修理和其他服务业、食品加工以及其他制造业。

科学设计问卷，根据调查目的制定相应的指标体系，并对指标体系进行稳健性检验，在指标体系的指导下设置相应的题目，参考以往的大型调查（如CMDS，CGSS，CSS等）以及相关专家和学者的研究设计完善问卷。在试调查以后根据发现的问题进一步完善问卷，并对问卷提供相关定义、解释和说明附件，确保在访谈过程中被访者能清晰知晓问题并能无障碍作答，保证访谈过程的流畅性。

访谈员培训方面，集中所有的访谈员并在社会学专业老师的协助下完成对访谈员的培训、考核和分组等。培训内容包括访谈中包括熟悉问卷、知晓调查的背景和意义、操练提问方式、知晓访谈员职责以及安全注意事项等，旨在让每一位访谈员清楚每一个问题及问题背后想要了解的信息，在保证访谈员人身安全的前提下并合理运用访谈技巧提高问卷的质量。问卷质量抽查和访谈员督导方面，每天对访谈员上报的数据采取逻辑校验和电话回访等方式进行质量抽查与核对，安排约3名专业调查督导人员对于实际访谈过程中可能出现的相关问题进行技术等方面的指导。3名督导员需要随时保持电话的畅通，随时解答访谈员在访谈过程中可能遇到的问题。

二、调查员分组安排和问卷回收

访谈员一共57人，将访谈员分为9组，其中1—6组每组6人，7—9组每组7人，负责成都市锦江区、青羊区、金牛区、武侯区、成华区、温江区、双流区、龙泉驿区、天府新区和高新区的调查；尽量给每一组分配1—2名会四川方言的访谈员，减小可能在实际访谈过程中遇到的语言沟通障碍。

实际调研的时间为2019年9月25日到2019年11月23日，所有的线上和线下问卷的发放，访谈和回收都需要在此期间完成。62名（包括访谈员、督导和后背人员）来自四川大学和西南财经大学的本科生和研究生经过培训，承担了本次问卷的调查工作。调查问卷一共发放了640份左右，回收了620份左右，删除无效问卷，剩余问卷数为579份，有效问卷回收率为93.39%，达到本次问卷回收有效性设计要求。

三、受访对象的描述性统计

在性别比方面，本次问卷涉及的男性农村流动人口数量为287人，女性农村流动人口数量为292人，分别在问卷总量占比为49%和51%，基本达到性别数量的平均分配。在年龄分布方面，16岁到45岁农村流动人口人数最多，为389人，占比为67%。在婚姻状况方面，未婚农村流动人口为143人，占比为25%，已婚农村流动人口为394人，占比为68%，其他婚姻情况（离婚、丧偶等）为41人，占比为7%。在月收入方面，低收入农村流动人口为201人，占比为35%，中等收入农村流动人口为306人，占比为53%，高收入农村流动人口为72人，占比为12%。在受教育方面，初中及以下为305人，占比为53%，高中为170人，占比为29%；大专及以上为97人，占比为17%。在等级证书获取方面，无专业等级证书人数为360人，占比为62%，初级等级证书持有人数为184人，占比为32%，高级等级证书持有人数为30

人，占比5%。在工作单位性质方面，私营企业为223人，占比为40%，个体经商者人数为257人，占比为44%，其他非固定工作人数为86人，占比为15%。购买保险方面，目前已经购买保险的为220人，占比为38%。在受访者父亲（或母亲）文化程度方面，初中及以下为499人，占比为86%；高中为62人，占比为11%；大专及以上为15人，占比为3%（表6-1）。

综上所述，结合以下表格可以看出，本调查受访对象性别基本平衡，年龄分布较为均衡，婚姻状况已婚居多，受教育程度和社会培训水平整体偏低，收入状况整体偏低，工作单位性质以个体和私营为主，保险实际购买率较低，父母教育程度整体低下。

表6-1　问卷数据统计基本情况

	数量（N）	百分比（%）	均值
性别	579		
男	287	49	
女	292	51	
年龄（均值）			41
16—45	389	67	
婚姻			
未婚	143	25	
已婚	394	68	
其他（离异、丧偶等）	41	7	
月均收入（均值）			4143
低	201	35	
中	306	53	
高	72	12	
受教育水平			
初中及以下	305	53	
高中	170	29	
大专及以上	97	17	
等级证书			
无	360	62	

	数量（N）	百分比（%）	均值
初级	184	32	
高级	30	5	
单位性质			
私营	223	40	
个体	257	44	
其他	86	15	
购买保险			
是	220	38	
父亲（或母亲）的文化程度			
初中及以下	499	86	
高中	62	11	
大专及以上	15	3	

　　对比国家卫计委的全国流动人口卫生计生动态监测调查数据CMDS（2013—2017年）对成都市农村流动人口抽样调查统计分析（见第五章）发现，本次问卷抽样调查中，由于控制了性别比例抽样条件，因此在性别比方面样本分布比较均匀。在年龄段方面，本次调查样本和CMDS抽样样本年龄分布比较一致，大部分农村流动人口处于16岁到45岁的就业适龄阶段，这部分年龄阶段农村流动人口由于就业机会成熟，也是进入城市打工的主要群体。在婚姻情况方面，初婚的农民工人群占比较大，和CMDS抽样数据比例较吻合，说明进入城市的农村流动人口群体婚姻状况较稳定，这一方面由于目前成都市农民工初婚时间相对较短，婚姻相对比较稳定，另外一方面由于进入城市后生活工作压力相对较大，融入城市任务相对艰巨，因此在婚姻方面更多地需要彼此依靠和扶持，共同实现在城市的扎根和立足，这方面也维护了农村流动人口婚姻的稳定状态。此外，由于部分农村流动人口单独前往城市打工，夫妻生活聚少离多，留守方在农村流出地多单独抚养子女和赡养老人，因此这种离散结构在很大程度上也让夫妻之间的感情实现了"情感眷顾维系"的模式，在缺少日常生活琐碎的同时，稳定了婚姻结构。在教育水平和职业技术等级证书获取方面，本次问

卷调查和CMDS数据抽样比较吻合，低学历农村流动人口和较少获得职业等级证书的农村流动人口占比较高，按照布迪厄的符号资本理论分析，无法获得社会承认的文化符号资本，很难在社会竞争中获得优势地位。从这个意义上，根据阿玛蒂亚·森的可行性能力理论，农村流动人口的可行性能力在社会制度的认可标准下，很难得到认可和发挥，其能力展现的场域自然受到极大的限制。在单位性质和保险购买方面，农村流动人口的就业单位多为私营和个体单位，保险购买不足一半人数，说明成都市农村流动人口的就业平台和就业环境依然有很大的改进空间，整体情况依然不容乐观，由此可以推测其经济融入和社会融入具有较大的挑战性。在受访者父母学习情况统计方面，绝大多数农村流动人口受访者的父母仅具备初中及以下文化，这主要是以往农村教育资源分布不均匀和农村居民对教育问题认识不足造成的。因此在文化资本的传递问题上，不能仅仅将受访者父母的教育程度作为文化资本传递的关键性考虑因素，而应该着眼于受访者父母的综合文化资本积累和传递能力。

（一）在月收入方面

在月收入分布方面，成都市农村流动人口月收入普遍较低，76.6%的农村流动人口月收入低于5000（表6-2）。

表6-2　成都市农村流动人口月平均收入

		频率	百分比	有效百分比	累积百分比
有效	低于1000	13	2.2	2.3	2.3
	1000—2000	51	8.8	8.9	11.1
	2000—3000	137	23.7	23.8	34.9
	3000—4000	151	26.1	26.2	61.1
	4000—5000	89	15.4	15.5	76.6
	5000—6000	45	7.8	7.8	84.4
	6000—7000	18	3.1	3.1	87.5
	7000—8000	21	3.6	3.6	91.1
	高于8000	51	8.8	8.9	100.0
	合计	576	99.5	100.0	
缺失	系统	3	0.5		
合计		579	100.0		

（二）在年龄段方面

问卷涵盖的年龄段比较全，95.5%的成都市农村流动人口抽样对象在60岁以下，体现了问卷的抽样调查设计年龄控制设想（表6-3）。

表6-3　成都市农村流动人口年龄分布情况

		频率	百分比	有效百分比	累积百分比
有效	16—24	99	17.1	17.1	17.1
	25—30	103	17.8	17.8	34.9
	31—35	66	11.4	11.4	46.3
	36—40	48	8.3	8.3	54.6
	41—45	73	12.6	12.6	67.2
	46—50	79	13.6	13.6	80.8
	51—55	58	10.0	10.0	90.8
	56—60	27	4.7	4.7	95.5
	61岁以上	26	4.5	4.5	100.0
	合计	579	100.0	100.0	

（三）在健康抽样调查方面

在成都市农村流动人口健康抽样调查方面，健康状况的自我总体评价优良占比较高，说明成都市农村流动人口总体具有较高的健康水平，可以适应城市较紧张的劳动和生活（表6-4）。

表6-4　成都市农村流动人口健康状况自我评价情况

		频率	百分比	有效百分比	累积百分比
有效	极差	5	0.9	0.9	0.9
	差	18	3.1	3.1	4.0
	中	140	24.2	24.2	28.2
	良	262	45.3	45.3	73.4
	优	154	26.6	26.6	100.0
	合计	579	100.0	100.0	

第二节　综合评价指标的构建

一、问卷指标设计

文化资本、城市融入和代际传递三级指标体系需要通过调查问卷的问题来体现，各部分的问卷指标设计的解释和赋值（见附录一）如下。

（一）文化认知

文化资本的文化认知方面问卷指标设计主要解释如下（表6-5）。

表6-5　文化认知方面指标设计解释

一级指标	二级指标	三级指标	对应的问题和操作化
文化认知	自主学习	自我动机	将第二部分的一二题（学习兴趣以及对新设备的态度）提取了一个公因子
		目标设置	根据目标设置情况这道题，从容易更换目标到坚持目标分为五级
		自我调整	根据应对学习困难所采取的方式这道题，从果断放弃到坚持目标分为五级
		自我评价	根据自己对学习成果的满意度，从不满意到满意分为五级
	教育水平	学历水平	小学及以下到大学及以上分为五级
		职称水平	根据被访者的技能水平这道题从低到高分为五级
		培训水平	根据被访者接受培训的次数多少这道题从少到多分为五级
	信息接受	获取途径	根据信息获取渠道这道题来操作
		获取工具	根据被访者目前使用的通信工具这道题来操作
		获取内容	根据被访者目前所关心和接收的信息内容来操作，从少到多分为五级

（二）文化观念

文化资本的文化观念方面问卷指标设计主要解释如下（表6-6）。

表6-6 文化观念方面指标设计解释

一级指标	二级指标	三级指标	对应的问题和操作化
文化观念	健康意识	健康知识积累习惯	根据接收到的医疗卫生知识和知晓的乙肝传播途径这两道题提取公因子
		睡眠习惯	根据睡眠这道题将被访者的生活习惯由差到好排序
		医疗习惯	根据生病后选择的治疗方式和态度这道题，从差到好排序，分为五级
		运动习惯	根据每周锻炼的频率这道题从低到高分为五级
		饮食习惯	根据饮食习惯价格表提取了公因子，分别命名为饮食习惯1和饮食习惯2
	现代价值	利他主义	根据利他主义量表提取了两个公因子
		环保意识	根据对废旧电池的处理，从环保意识差到环保意识强分为五级
		权利意识	根据权利是否得到正常行使这道题将行使得差到行使得好分为五级
		消费理性	根据自己的消费状态这道题将消费理性从差到好分为五级
		自我尊重	根据对自己是否感到骄傲以及根据别人对自己的意见是否一致这两个问题提取一个公因子
		开放意识	根据是否愿意听别人意见和是否愿意和别人合作这两道题提取一个公因子
	乡土联结	乡愁情愫	根据对以往乡村生活的怀念程度从低到高分为五级
		乡土记忆	根据对家乡事物的怀念这道题，将怀念事物的多少分为五级
		民俗体验	根据民俗活动参与这道题，将记忆深刻的事件的多少按从少到多分为五级
	民间文化信仰	祖先和自然崇拜	根据相信一些事物的存在和跪拜可以带来好运这两道题，提取一个公因子
		民间文化体验	根据对上天对自己命运的掌握程度从低到高分为五级
		文化信仰肯定	根据对自己所信仰事物的信仰程度这道题，按照程度从低到高分为五级
		文化开放推荐	根据是否愿意将自己的信仰推荐给别人的程度将程度由低到高分为五级

（三）文化实践

文化资本的文化实践方面问卷指标设计主要解释如下（表6-7）。

表6-7 文化实践方面指标设计解释

一级指标	二级指标	三级指标	对应的问题和操作化
文化实践	个体文化实践	影音体验	根据看电视剧、看视频以及听音乐这三道题提取一个公因子
		艺术观摩	根据参加美术馆的次数这道题按次数由低到高分为五级
		文化阅读	根据阅读微信公众号文章和小说这道题分为是否两类
	公共文化实践	文化场景互动	根据参加集体文化活动的多少这道题从少到多分为五级
		文化政策了解	根据对成都市免费场馆的知晓的数量从少到多分为五级
		文化工作参与	根据被访者从事的工作包含和文化有关的方面的多少这张表，从少到多分为五级

（四）城市融入

城市融入方面问卷指标设计主要解释如下（表6-8）。

表6-8 城市融入方面指标设计解释

一级指标	二级指标	对应的问题和操作化
经济融入	经济收入	根据收入这道题，从低到高分为五级
	职业属性	根据单位性质这道题将单位分为国有和非国有 根据从事的行业这道题将行业分为两类，一类是技术、资金和知识密集型行业；一类是劳动力密集型行业
	居住条件	根据居住环境的好坏这道题，将环境从差到好分为五级
	城市社会保障	根据拥有社会保障的种类这张表，从数量少到多分为五级
社会融入	社会交往	根据交往人数多少这道题，将人数从少到多分为五级
	居住区位	根据居住区位这道题将其分为两类，一类是较好的（比如居民小区），一类是较差的，比如棚户区
	迁移模式	根据和谁迁移的这道题将其分为三类，分别是自己或夫妻，携子女，携子女或父母
心理融入	融入城市难易度	根据对城市融入的困难程度这道题将困难程度从低到高分为五级
	工作满意度	根据对工作满意度这道题将满意程度从低到高分为五级
	参保意愿	根据有无参保意愿这道题将其分为参保意愿强烈或者不强烈两类
	子女教育重视程度	根据对子女教育的重视程度这道题，将重视程度从低到高分为五类

一级指标	二级指标	对应的问题和操作化
身份融入	自我身份认同	按照对自己的身份的认定这道题将身份分为三类，分别是农村人、半个农村人、城里人
	留城意愿	根据将来的发展规划这道题，将留城意愿从低到高分为五类（排序）
	未来发展规划	根据将来的发展规划这道题，将发展规划分为三类，分别是留城、回农村、没有想法
	对下一代城市化期望	根据对下一代留城的意愿，将意愿从低到高分为五级

（五）代际传递

代际传递方面问卷指标设计主要解释如下（表6-9）。

表6-9　代际传递方面指标设计解释

问题	操作化和编码等
父亲或母亲的文化程度	根据父亲或母亲的文化程度这道题，按照文化程度从低到高分为五级
父母工作与文化的关联	按照父亲或母亲的工作与文化的关联的强弱这道题，将关联从弱到强分为五级
阅读重视	根据父亲或母亲是否重视阅读这道题，将其分为重视和不重视
外出旅游	根据父母是否带自己外出旅游这道题，将次数从少到多分为五级
传统文化参观活动	根据父母是否带自己参观文化活动这道题，将次数从少到多分为五级
讲故事，介绍风俗	根据父母是否向自己讲故事介绍风俗这道题，将次数从少到多分为五级
文化遗产传承	根据家里的传家宝的数量这道题将数量从少到多分为五级
教育期望	根据父亲或母亲对自己的教育期望这道题，将教育期望从低到高分为五级

二、文化资本和城市融入综合评价指标的构建

文化资本和城市融入综合评价指标的构建均采用下属指标加权平均的方式。本书以文化资本为例，记文化资本的三个一级指标文化认知、文化观念和文化实践分别为 A_1，A_2，A_3，其下的二级指标分别为 A_{11}，A_{12}，…，A_{ij}，i，$j \in N$，三级指标分别为 A_{111}，A_{112}，…，A_{ijk}，i，j，$k \in N$。（见附录二）

二级指标可通过如下方式计算：

$$A_{ij} = \sum_{k=1}^{m_{ij}} \omega_{ijk} A_{ijk} \qquad (6-1)$$

其中：m_{ij} 为 A_{ij} 中三级指标的个数，ω_{ijk} 为 A_{ijk} 的权重，且 $\sum_{k=1}^{m_{ij}} \omega_{ijk} = 1$。同理可计算一级指标 A_i，

$$A_i = \sum_{j=1}^{m_i} \omega_{ij} A_{ij} \qquad (6-2)$$

其中：m_i 为 A_i 中二级指标的个数，ω_{ij} 为 A_{ij} 的权重，且 $\sum_{j=1}^{m_i} \omega_{ij} = 1$。最后可得文化资本的综合指数A为：

$$A = \sum_{i=1}^{m} \omega_i A_i \qquad (6-3)$$

其中：m 为A中一级指标的个数，ω_i 为 A_i 的权重，且 $\sum_{i=1}^{m} \omega_i = 1$。

常见的确定权重的方法有层次分析法、专家评分法、隶属函数法等，因层次分析法结合了定性与定量的计算方法，相比其他方法更具有客观性和科学性，本书采用层次分析法[1]中的层次单排序得出各指标的权重。具体方法如下：

（一）根据指标的层次结构构造判断矩阵

构造判断矩阵的方法是：每一个具有向下隶属关系的元素（被称作准则）作为判断矩阵的第一个元素（位于左上角），隶属于它的各个元素依次排列在其后的第一行和第一列。

填写判断矩阵的方法：

本书主要是向填写人（专家[1]）反复询问：根据判断矩阵的准则，其中两个元素两两比较哪个重要？重要多少？对重要性程度按1—9赋值。（重要性标度值见下表6-10）

---

[1] 许树柏. 层次分析法原理——实用决策方法 [M]. 天津：天津大学出版社，1988.

[1] 主要是四川大学艺术学院三位研究文化产业的专家、西南财经大学研究文化资本的两位专家和四川大学公共管理学院研究文化资本的两位专家，通过综合打分后反复对比和求证来设定判断矩阵表格。

表6-10　重要性标度含义表

重要性标度	含义
1	表示两个元素相比，具有同等重要性
3	表示两个元素相比，前者比后者稍重要
5	表示两个元素相比，前者比后者明显重要
7	表示两个元素相比，前者比后者强烈重要
9	表示两个元素相比，前者比后者极端重要
2，4，6，8	表示上述判断的中间值
倒数	若元素i与元素j的重要性之比为a_{ij}，则元素j与元素i的重要性之比为$a_{ji}=1/a_{ij}$

设填写后的判断矩阵为A=（a_{ij}）$_{n \times n}$，判断矩阵具有如下性质：

（1）$a_{ij}>0$

（2）$a_{ji}=1/a_{ji}$

（3）$a_{ii}=1$

根据上面性质，判断矩阵具有对称性，因此在填写时，通常先填写$a_{ii}=1$部分，然后仅需再判断及填写上三角形或下三角形的n（n-1）/2个元素就可以了。特别地，判断矩阵可以具有传递性，即满足等式$a_{ij} \times a_{jk}=a_{ik}$，当上式对判断矩阵所有元素都成立时，此时称该判断矩阵为一致性矩阵。

经过专家专业综合评分，设计出文化资本和城市融入专家评分的判断矩阵。（见附录三）

（二）计算权向量及检验

计算权向量的方法有特征根法、和法、根法、幂法等，这里简要介绍和法。

和法的原理是，对于一致性判断矩阵，每一列归一化后就是相应的权重。对于非一致性判断矩阵，每一列归一化后近似其相应的权重，对这n个列向量求取算术平均值作为最后的权重。具体的公式是：$W_i = \dfrac{1}{n} \sum\limits_{j=1}^{n} \dfrac{a_{ij}}{\sum\limits_{k=1}^{n} a_{kl}}$。

在特殊情况下，判断矩阵可以具有传递性和一致性。一般情况下，并不要求判断矩阵严格满足这一性质。但从人类认识规律看，一个正确的判断矩阵重要性排序是有一定逻辑规律的，例如若A比B重要，B又比C重要，则从逻辑上讲，A应该比C明显重要，若两两比较时出现C比A重要的结果，则该判断矩阵违反了一致性准则，在逻辑上是不合理的。

因此在实际中要求判断矩阵满足大体上的一致性，需进行一致性检验。只有通过检验，才能说明判断矩阵在逻辑上是合理的，才能继续对结果进行分析。

一致性检验的步骤如下。

第一步，计算一致性指标C.I.（consistency index）。

$$C.I. = \frac{\lambda_{\max} - n}{n - 1}$$

第二步，查表确定相应的平均随机一致性指标R.I.（random index）。据判断矩阵不同阶数（表6-11），得到平均随机一致性指标R.I.。

表6-11 平均随机一致性指标R.I.表（1000次正互反矩阵计算结果）

矩阵阶数	1	2	3	4	5	6	7	8
R.I.	0	0	0.52	0.89	1.12	1.26	1.36	1.41

第三步，计算一致性比例C.R.（consistency ratio）并进行判断。

$$C.R. = \frac{C.I.}{R.I.}$$

当C.R.＜0.1时，认为判断矩阵的一致性是可以接受的；C.R.＞0.1时，认为判断矩阵不符合一致性要求，需要对该判断矩阵进行重新修正。

本书计算所得的权向量及检验结果见附录四。

可以看出，所有单排序的C.R.＜0.1，认为每个判断矩阵的一致性都是可以接受的。

注1：实际问卷调查过程中不可避免遇到缺失数据，这里将受访对象的基本情况按缺失值处理，其余缺失数据我们采用均值进行填补。

注2：三级指标包含了定性数据和定序数据，因此，我们先对数据进行归一化处理，即 $\frac{x_i - x_{\min}}{x_{\max} - x_{\min}}$ ，再代入权向量计算综合指标的标准分，然后将该得分按1—5赋值，从而得到各个综合指标的最终得分。

注3：城市融入各级指标的权向量和最终得分也按照上述方法计算，见

附录四，本书意在研究文化资本和城市融入各个维度之间的相关关系，所以不再继续利用层次分析法进行层次总排序和结果分析。

第三节 问卷的信效度检验

一、关于问卷的信度检验

有效问卷一共579份，问卷问题一共115道题，满足问卷份数是问卷条目数的5—10倍关系。问卷一共两个量表，一个是心理融入量表，一个是热心助人量表。

表6-12 城市心理融入量表

A.我喜欢我现在居住的城市/地方	1 完全不同意 2 不同意 3 基本同意 4 完全同意
B.我觉得本地人愿意接受我成为其中一员	1 完全不同意 2 不同意 3 基本同意 4 完全同意
C.我感觉本地人看不起外地人	1 完全不同意 2 不同意 3 基本同意 4 完全同意
D.我觉得我已经是本地人了	1 完全不同意 2 不同意 3 基本同意 4 完全同意

Alpha信度系数为 0.88，是可以接受的。

表6-13 热心助人量表

A.您曾为陌生人指路吗？	从不	一次	多于一次	经常	很经常
B.帮陌生人用现金支付，他人微信/支付宝转给您？	从不	一次	多于一次	经常	很经常
C.您曾给需要钱或向我要钱的陌生人钱？	从不	一次	多于一次	经常	很经常
D.您曾帮助陌生人搬东西（书、包裹等）吗？	从不	一次	多于一次	经常	很经常
E.您曾在公交车或火车上给陌生人/老人让座吗？	从不	一次	多于一次	经常	很经常

Alpha信度系数为 0.84，是可以接受的。

二、关于问卷的效度检验

（一）健康知识积累

P=0.00，说明各变量间具有相关性，因子分析有效。

KMO=0.61，说明因子分析是有效的。

（二）饮食习惯

P=0.00，说明各变量间具有相关性，因子分析有效。

KMO=0.54，值小于0.6，但是显著性小于0.01，说明各变量间具有相关性，因子分析有效。

（三）热心助人

P=0.00，说明各变量间具有相关性，因子分析有效。

KMO=0.71，说明变量间的偏相关性较强，可以做因子分析。

（四）骄傲的测量

P=0.00，说明各变量间具有相关性，因子分析有效。

KMO=0.51，值小于0.6，但是显著性小于0.01，说明各变量间具有相关性，因子分析有效。

（五）合作意识

P=0.00，说明各变量间具有相关性，因子分析有效。

KMO=0.51，值小于0.6，但是显著性小于0.01，说明各变量间具有相关性，因子分析有效。

（六）影音体验

P=0.00，说明各变量间具有相关性，因子分析有效。

KMO=0.56，值小于0.6，但是显著性小于0.01，说明各变量间具有相关性，因子分析有效。

（七）祖先和自然崇拜

P=0.00，说明各变量间具有相关性，因子分析有效。

KMO=0.50，值小于0.6，但是显著性小于0.01，说明各变量间具有相关性，因子分析有效。

第四节　文化资本对成都市农村流动人口城市融入影响的假设验证

在本书中提出文化资本对成都市农村流动人口城市融入的影响几个原假设，并对该假设进行统计显著性检验。由于健康条件、文化资本和城市融入等都是有序数据，所以我们利用双向有序列联表方法，采用Kendall's作为相关性大小的度量。

一、相关性分析研究结果发现

在第五章文化资本对城市融入的影响机理分析中，本书提出了若干假设，这些假设不仅涉及文化资本整体对成都市农村流动人口城市融入的影响研究方面，还涉及文化资本的组成部分之间的关系问题，以及文化资本具体组成部分和城市融入的关系研究问题。对这些问题的回答，不仅可以通过实证很好的检验文化资本构成理论的科学性，也可以很好地验证文化资本构成框架对城市融入的影响的显著性，并依据实证结果形成对本书理论框架的再解释。

（一）原假设A1：农村流动人口文化资本对农村流动人口的城市融入有显著性影响关系

Kendall's相关系数为正，显著性概率值为0，说明文化资本和城市融入显著正相关，文化资本对城市融入具有正向影响作用（表6-14）。

表6-14　文化资本和城市融入的相关性分析

			文化资本	城市融入
Kendall 的 tau_b	文化资本	相关系数	1.000	0.311**
		Sig.（双侧）	0.000	0.000
		数量（N）	579	579
	城市融入	相关系数	0.311**	1.000
		Sig.（双侧）	0.000	0.000
		数量（N）	579	579
**.在置信度（双测）为 0.01 时，相关性是显著的				

对文化资本和成都市农村流动人口城市融入的四个维度进行相关性分析，显著性概率值均小于0.05，说明文化资本与农村流动人口经济融入、社会融入、心理融入和身份融入之间具有显著的相关关系（表6-15）。

表6-15　文化资本和城市融入四个维度之间的相关性分析

			文化资本	经济融入	社会融入	心理融入	身份融入
Kendall 的 tau_b	文化资本	相关系数	1.000	0.252**	0.216**	0.108**	0.079*
		Sig.（双侧）	0.000	0.000	0.000	0.002	0.024
		数量（N）	579	579	579	579	579
	经济融入	相关系数	0.252**	1.000	0.213**	0.211**	0.125**
		Sig.（双侧）	0.000	0.000	0.000	0.000	0.000
		数量（N）	579	579	579	579	579
	社会融入	相关系数	0.216**	0.213**	1.000	0.149**	0.080*
		Sig.（双侧）	0.000	0.000	0.000	0.000	0.020
		数量（N）	579	579	579	579	579
	心理融入	相关系数	0.108**	0.211**	0.149**	1.000	0.099**
		Sig.（双侧）	0.002	0.000	0.000	0.000	0.005
		数量（N）	579	579	579	579	579
	身份融入	相关系数	0.079*	0.125**	0.080*	0.099**	1.000
		Sig.（双侧）	0.024	0.000	0.020	0.005	0.000
		数量（N）	579	579	579	579	579

**. 在置信度（双测）为 0.01 时，相关性是显著的

*. 在置信度（双测）为 0.05 时，相关性是显著的

（二）原假设A2：农村流动人口健康的身体条件对文化资本积累有正向影响作用，进而对城市融入有正向影响作用

利用SPSS进行相关分析，Kendall's相关系数为正，显著性概率值小于0.05，可见，成都市农村流动人口的健康条件和文化资本积累显著正相关，又因为文化资本和城市融入的显著正相关，说明健康条件是影响成都市农村流动人口文化资本积累的关键因素，进而对其城市融入实施影响，由此通过相关性验证发现健康状况和城市融入也呈现显著性正相关（表6-16）。

表6-16　成都市农村流动人口健康状况和文化资本、城市融入的相关性分析

			健康状况自我评价	文化资本	城市融入
Kendall 的 tau_b	健康状况自我评价	相关系数	1.000	0.094**	0.120**
		Sig.（双侧）	0.000	0.008	0.001
		数量（N）	579	579	579
	文化资本	相关系数	0.094**	1.000	0.311**
		Sig.（双侧）	0.008	0.000	0.000
		数量（N）	579	579	579
	城市融入	相关系数	0.120**	0.311**	1.000
		Sig.（双侧）	0.001	0.000	0.000
		数量（N）	579	579	579
**.在置信度（双测）为0.01时，相关性是显著的					

根据布迪厄的文化资本理论，身体化的文化资本一方面体现了个体对文化资本的物理接受能力，另外一方面健康状态与否是文化资本的载体是否优良的评价标准，是个体作为社会属性的人在社会生活对文化资本接受能力的前置必要条件。

（三）原假设A3：农村流动人口中男性文化资本和女性文化资本相比，男性文化资本具有更强的积累优势

Kendall's相关系数为负，说明农村流动人口中男性文化资本和女性文化资本相比，男性文化资本具有更强的积累优势，但是显著性概率值为0.515，说明性别对文化资本的影响不够显著（表6-17）。

表6-17　性别与文化资本积累的相关性分析

			文化资本	性别
Kendall 的 tau_b	文化资本	相关系数	1.000	-0.027
		Sig.（双侧）	0.000	0.483
		数量（N）	579	579
	性别	相关系数	-0.027	1.000
		Sig.（双侧）	0.483	0.000
		数量（N）	579	579

在这个问题上的解释，也印证了在中国现代社会中，由于男女平等观念的普及，性别歧视在农村家庭中逐步消解，家庭和社会对农村不同性别流动人口的培养和对待逐步实现均等化；社会排斥和社会容纳在性别上的歧视随着文明社会的不断发展而逐步减少，并给予女性农村流动人口和男性同等的发展机会。

（四）原假设A4：农村流动人口中已婚人群文化资本积累量高于未婚人群

Kendall's相关系数为负，显著性概率值为0，说明成都市农村流动人口中已婚人群文化资本总体积累量显著高于未婚人群（表6-18）。

表6-18　成都市农村流动人口婚姻状况和文化资本积累的相关性分析

			文化资本	婚姻状况
Kendall 的 tau_b	文化资本	相关系数	1.000	−0.256**
		Sig.（双侧）	0.000	0.000
		数量（N）	579	578
	婚姻状况	相关系数	−0.256**	1.000
		Sig.（双侧）	0.000	0.000
		数量（N）	578	578
**.在置信度（双测）为 0.01 时，相关性是显著的				

婚姻和文化资本的关系已经被一些学者研究过，很多是站在阶层和教育程度的视角，认为基于韦伯的阶层观点，那些受过良好教育的群体在文化资本积累方面具有优势[1]，因此在婚姻选择问题上也具有优势地位。但是婚姻对文化资本积累的影响方面却较少有人关注。从中国传统伦理来说，家庭是社会的核心组成部分，"安身齐家治国平天下"是人在社会中自我实现的阶段目标，因此个体结合形成家庭后，在经济上联合支撑、对抗社会生存风险、有序安排时间实现自我发展方面可能比个体社会生存更加具有优势，进而实现个体文化资本的快速积累。朱镕君（2019）[2]的研究结论

---

① 迪马哥，摩尔. 文化资本、教育程度与婚姻选择［M］//薛晓源，曹荣湘. 全球化与文化资本. 北京：社会科学文献出版社，2005.

② 朱镕君. 从文化资本到婚姻资本：理解农村青年阶层流动的一个视角［J］. 南京航空航天大学学报（社会科学版），2019，21（4）：57-61.

"婚姻带动自我教育，进而通过夫妻感情和文化交流的积累增加文化资本的含量"，也从另外一个侧面佐证了这一假设。

（五）原假设A5：农村流动人口群体中，年轻人在文化资本积累上相对于中年老人口更加具有优势

Kendall's相关系数为负，显著性概率值为0，说明农村流动人口文化资本积累情况和年龄显著负相关（表6-19）。

表6-19　成都市农村流动人口年龄和文化资本积累相关性分析

			文化资本	年龄
Kendall 的 tau_b	文化资本	相关系数	1.000	−0.406**
		Sig.（双侧）	0.000	0.000
		数量（N）	579	579
	年龄	相关系数	−0.406**	1.000
		Sig.（双侧）	0.000	0.000
		数量（N）	579	579
**. 在置信度（双测）为 0.01 时，相关性是显著的				

从以上分析可以看出，可能由于中国教育普及化程度不断增加，新的信息获取工具和手段不断改进，青年农村流动人口对于现代价值观念更加容易接受，同时由于年轻人对文化活动的关注，更加主动地参与个体文化活动和公共文化活动，因此青年农村流动人口文化资本积累程度相对于中老年群体更高。

综上所述，假设检验的结果大多数都是不拒绝原假设。除了性别对文化资本的相关关系假设（原假设二）不成立之外，统计检验都是可以通过的。

（六）关于原假设A6和A7的验证问题

关于农村流动人口文化资本构成中的乡土联结和民间文化信仰对城市融入的负向影响假设问题，需要放入文化资本二级指标对农村流动人口影响机理的回归模型中进行验证，因此关于这两个假设的问题，将在后面内容中予以验证。

二、逻辑回归研究结果发现

（一）逻辑回归模型的建立

前文中城市融入各项综合指标的最终得分都是定序变量，分数1—5由低到高分别表示城市融入的难易程度，农民工基本信息数据大多是分类变量，当因变量是定序变量时，logistic回归分析可以帮助我们研究在什么条件下或哪些因素会使这个定序变量更可能取较高的或较低的类别的值，因此本书使用多分类定序logistic回归模型，以城市融入各项指标作为因变量，分析解释变量——文化资本以及婚姻、性别、年龄、孩子数量、学龄孩子数量以及迁移模式等因素对城市融入各项指标的影响，具体模型如下。

经济融入、社会融入、心理融入和身份融入均有5个反应类别，其比例差异比模型（proportional odds model）为：

$$\text{logit}[P(\text{score}_i \leqslant s|X_i)] = \frac{ln P(\text{score}_i \leqslant s|X_i)}{1 - ln P(\text{score}_i \leqslant s|X_i)} = \alpha_S + \beta_i^T X_i, i=1,2,\cdots,579; s=1,2,3,4$$

这里score表示作为因变量的城市融入综合指标得分，Xi表示所有可能纳入模型的自变量列向量，α_S表示截距。

（二）逻辑回归模型的验证结果

如下表（表6-20）所示，其中模型1、3、5、7分别是文化资本对城市融入的经济融入方面、社会融入方面、心理融入方面和身份融入方面的影响。模型2、4、6、8分别是在前四个模型的基础上加入了人口学变量之后的全模型。

表6-20 文化资本对城市融入的定序逻辑斯蒂模型

		经济融入		社会融入		心理融入		身份融入	
		模型1	模型2	模型3	模型4	模型5	模型6	模型7	模型8
婚姻	文化资本	0.618***	0.643***	0.523***	0.489***	0.205*	0.245*	0.304***	0.144
		0.089	0.112	0.083	0.106	0.086	0.106	0.088	0.109
	性别		0.530**		0.098		−0.047		0.043
			0.183		0.174		0.178		0.181
	年龄		−0.156**		−0.078+		0.094+		−0.148***
			0.050		0.050		0.049		0.050

续表

		经济融入		社会融入		心理融入		身份融入	
		模型1	模型2	模型3	模型4	模型5	模型6	模型7	模型8
婚姻	已婚		0.518		−0.030		−0.084		0.266
			0.360		0.356		0.345		0.367
	离异		0.713		0.006		−0.006		0.231
			0.487		0.467		0.468		0.503
	几个孩子		0.123		0.039		0.041		0.013
			0.140		0.134		0.138		0.139
	学龄孩子		0.147		0.188		0.118		0.018
			0.139		0.138		0.138		0.143
	健康状况		0.215*		−0.034		0.326**		0.141
			0.108		0.106		0.106		0.105
迁移模式	自己携带子女或父母		0.760**		1.066***		0.691*		0.710*
			0.331		0.322		0.325		0.326
	夫妻二人		0.424		0.271		0.317		0.315
			0.335		0.313		0.325		0.321
	夫妻携子女		0.522+		1.096***		0.101		0.673*
			0.295		0.280		0.290		0.284
	夫妻携子女、父母		1.140***		1.280***		0.285		0.392
			0.353		0.344		0.353		0.349

注1：婚姻的参照组是未婚
注2：迁移模式的参照组是"独自一人"
注3：括号内是标准误
注4：***$p<0.01$，**$p<001$，*$p<0.05$，+$p<0.1$

　　在文化资本对经济融入、社会融入、心理融入和身份融入方面，模型1、3、5、7的结果是显著的，说明文化资本越高，农村流动人口的经济融入越好，具体体现为收入越高，居住条件更好，社会保障的购买数量更多，覆盖面更广；文化资本越高，农村流动人口的社会融入越好，具体体现为农村流动人口的城市居民交往范围越广，社会参与度越高，居住区位越靠近城市主流地段，其迁移模式更加倾向于举家搬迁；文化资本越高，农村流动人口的心理融入越好，具体体现为其对城市生活和工作困难克服的决心越大，对城市工作满意度越高，参保意愿更加强烈，对子女教育的期望值更高；文化资本越高，农村流动人口的身份融入越好，具体体现为对自己城市人的身份认同越强烈，对未来发展规划、留城意愿和子女未来城市化期望越高。该研究结果也是针对本书的主要假设问题，即假设A1的逻辑回归实证的回应。

在加入人口学变量后，从模型2、4、6、8来看，文化资本对城市融入四个方面的影响依然是显著的。

在健康方面，健康对于被访者的经济融入和心理融入有显著性影响，即被访者的身体越健康，那么经济融入越好，心理融入也越好。即身体越健康，按照布迪厄在文化资本的客观化形式方面的理论，对文化资本的承载能力和内化能力越强，因此文化积累更加迅速，对个体的经济能力提升优势明显；同时心理融入方面对自我健康水平和城市融入的信心，会带来更高的城市融入。关于健康对城市融入的影响问题，已经有很多学者讨论过，结合上文相关性的研究分析，健康作为控制变量在文化资本对农村流动人口的城市融入影响回归实证结论也证实了本书关于假设A2的判断。

在性别方面，男性身份对经济融入的影响是显著的，说明男性相比女性更加具有经济融入方面的优势。结合上文相关性的研究分析，性别作为控制变量在文化资本对农村流动人口的城市融入影响回归实证结论也证实了本书关于假设A3的判断。

婚姻、孩子数量以及学龄的孩子数量等单个指标作为中介变量对于城市融入具有显著性影响。但是一旦将迁移模式作为控制变量加入回归分析以后，文化资本作为自变量，婚姻状况和子女数量等作为控制变量对于城市融入的整体影响并不显著。可能的解释是迁移模式中携带配偶和子女搬迁的迁移模式将婚姻状况和子女数量做了解释，因此弱化了婚姻和子女数量作为控制变量的显著性。因此，本书发现举家迁移相较于个体迁移来说，在城市融入方面具有较优势的融入竞争力。这个问题主要是由于中国家庭整体流动下的农村流动人口在家庭整体化意义上具有城市认可的动力和基础，家庭整体团聚后更容易在城市和当地居民形成广泛的社会联系，更有利于其社会融入。家庭整体流动的农村流动人口在家庭支持下，在劳动就业信息和城市融入困难方面可能得到更多的亲情支撑，在经济融入方面具有更多的机会和困难克服的勇气，因此在经济融入方面可能更加具备竞争力。与此同时，由于家庭化的整体流动，农村流动人口在城市生活中对公民权利、文化活动和自我尊重方面更加注重，家庭的责任促使其对于心理融入和身份融入的渴望更加热切，因此客观上也导致了其心理融入和身份融入的提升[①]。方向新（2019）也认为[②]，家庭整体流动下的农村流动人口群体在心理融入和身份融入中，相较个体流动的农村流动人口融入程度较高。因此，本书对于假设A4的推论也能够形成实证结论的支撑，并进一步确认了农村流动人口举家流动模式对城市融入的显著性影响。

在年龄方面，年龄差异对于经济融入的影响是显著的且为负向，对于社会融入的影响较显著也为负向，说明年龄越大的农村流动人口经济融入越差。对比文化资本和年龄的相关性分析可以推断，较年轻的人群文化资本积累程度较高，因此经济融入和社会融入的效果较好。结合上文相关性的研究分析，年龄作为控制变量在文化资本对农村流动人口的城市融入影响回归实证结论也证实了本书关于A5的判断。

第五节　文化资本对农村流动人口城市融入影响机理的验证和分析

通过实证得出文化资本对农村流动人口城市融入的影响因素解释了文化资本和农村流动人口城市融入之间的关联问题，同时也在人口控制变量下研究了文化资本积累过程中的人口关键要素问题，但是本书需要进一步解释文化资本对农村流动人口城市融入的影响过程和程度。

一、文化资本一级指标对农村流动人口城市融入影响的实证结果分析与解释

（一）模型的建立

如前文所述，寻找影响因素通常选择的统计方法是回归分析，因变量

[①]　罗竖元. 城市社区文化对农民工随迁子女城市融入的影响——基于厦门、长沙、贵阳等地的调查[J]. 中国青年政治学院学报，2014，33（2）：8-14.

[②]　方向新. 农民工城市融入的演变趋向、突出特征与推进策略[J]. 求索，2019（4）：147-156.

是多分类变量时，本书选择logistic回归或者最佳尺度分析，logistic回归可以自动筛选变量，进行模型选择；在logistic回归中，当自变量是多分类变量，通常会采用引入哑变量的方式，但是当自变量分类数目比较多时，这种方法会比较烦琐；进一步地，如果自变量是有序多分类变量，普通的线性回归也不能满足建模的要求，因此本节选用SPSS最佳尺度分析来解决有序分类变量的回归问题。最优尺度分析由荷兰Leiden大学DTSS课题组研制，是SPSS11.0之后新增的两个应用程序[①]，简称CA-TREG，也称分类回归。模型允许任何变量类型（当然包括分类型变量），可以研究多个变量间的关系。本书以城市融入为因变量，文化资本的三个一级指标为自变量建立回归模型：

$$B^* = \beta_1 A^*_1 + \beta_2 A^*_2 + \beta_3 A^*_2 + \varepsilon$$

这里，B^*代表标准化后的数据。

（二）回归模型的检验

表6-21为模型汇总结果，其中调整R方表示模型的总体拟合优度。

表6-21　模型汇总结果

多 R	R 方	调整 R 方	明显预测误差
0.422	0.178	0.162	0.822

因变量：城市融入
预测变量：文化能力、文化观念、文化实践

表6-22是方差分析的结果，sig<0.05，说明回归模型具有统计学意义。

表6-22　方差分析结果

	平方和	df	均方	F	Sig.
回归	102.988	11	9.363	11.152	0.000
残差	476.012	567	0.840		
总计	579.000	578			

因变量：城市融入
预测变量：文化能力、文化观念、文化实践

---

① 曹玉茹，杨年华. 基于SPSS最优尺度的回归方法［J］. 统计与决策，2019，35（12）：72-74.

（三）回归模型实证结果分析

回归模型的系数估计和检验结果见表6–23，表中包含具体自变量对应标准化回归系数估计和标准误、显著性检验F统计量及显著性概率值sig，三个指标的sig均小于0.05，说明文化资本的三个一级指标对城市融入的影响都是显著的。从标准化回归系数可知，文化能力的影响更大。

表6–23　系　数

	标准系数		df	F	Sig.
	Beta	标准误差的 Bootstrap （1000） 估计			
文化能力	0.221	0.045	3	23.627	0.000
文化观念	0.199	0.038	4	27.344	0.000
文化实践	0.170	0.044	4	14.810	0.000
文化实践	0.170	0.044	4	14.810	0.000

因变量：城市融入

表6–24是自变量间的共线性统计量及变量的重要性，可见，文化能力、文化观念和文化实践相关性较低，在指标的重要性排序上，文化能力＞文化观念＞文化实践。

表6–24　相关性和容差

	相关性			重要性	容差	
	零阶	偏	部分		转换后	转换前
文化能力	0.334	0.217	0.202	0.415	0.836	0.833
文化观念	0.300	0.202	0.187	0.335	0.882	0.881
文化实践	0.262	0.177	0.163	0.250	0.920	0.910

因变量：城市融入

通过回归结果分析可知，文化资本对农村流动人口城市融入的影响中，文化能力起到较重要作用。这里的文化能力包括在布迪厄的文化资本理论中的社会承认的制度性文化资本，包括社会教育体系下学历证明和社会培训体系中的职称技能。同时，文化能力也是文化资本的基础，更多是内化在农村流动人口自身的文化素质性能力，决定了其对文化资本整体积累的获得能力和转换能力。文化观念在文化资本中对城市融入的影响也非常重要，布迪厄认为惯习对个人成长和社会发展有举足轻重的作用，而惯习是长期以来人们在观念模式和价值判断下形成的思维惯性和认知逻辑；同时，文化观念包含了布迪厄提到的客观形态的文化资本，是内化在人们认知中的价值理念和思考方式，因此文化观念是文化资本积累的核心部分。文化资本在文化能力和文化观念的基础上，需要通过文化实践达到布迪厄所关注的商品化文化资本，即将文化商品的消费内化到文化资本的积累中去，那么农村流动人口的文化实践为这一目的的达成提供了积极行动的条件，因此文化实践对于农村流动人口的城市融入具有实践意义上的重要性。

二、文化资本二级指标对农村流动人口城市融入影响的实证结果分析与解释

（一）回归模型建立与检验

在检验完毕文化资本一级指标对城市融入的影响机理后，为进一步研究文化资本的二级指标对城市融入的影响，以确定文化资本对农村流动人口城市融入的影响程度，本书需要参考一级指标回归模型框架，以城市融入为因变量，文化资本的九个二级指标为自变量建立回归模型：

$$B^* = \beta_1 A_{11}^* + \beta_2 A_{12}^* + \beta_3 A_{13}^* + \beta_4 A_{21}^* + \beta_5 A_{22}^* + \beta_6 A_{23}^* + \beta_7 A_{24}^* + \beta_8 A_{31}^* + \beta_9 A_{32}^* + \varepsilon$$

这里，B^*代表标准化后的数据。

实证结果如下：

表6-25为模型汇总结果，其中调整R方表示模型的总体拟合优度。

表6-25　模型汇总结果

多 R	R 方	调整 R 方	明显预测误差
0.486	0.236	0.206	0.764

因变量：城市融入
预测变量：自主学习、教育水平、信息接受、健康意识、现代价值、乡土连接、民间信仰、公共文化实践、个体文化实践

表6-26是方差分析的结果，sig<0.05，说明回归模型具有统计学意义。

表6-26　方差分析结果

	平方和	df	均方	F	Sig.
回归	136.595	22	6.209	7.803	0.000
残差	442.405	556	0.796		
总计	579.000	578			

（二）回归模型实证结果分析

全变量回归的结果如下，回归系数的估计和显著性检验结果，见下表6-27，可见，九个变量中，部分变量显著不为零，但乡土联结和民间文化信仰的P值较大，即在给定的显著性水平下，可以认为回归系数为0。在显著性上，乡土联结、民间文化信仰和个体文化实践均为不显著（表6-28），因此可以进行变量选择，简化模型。

表6-27　系　数

	标准系数		df	F	Sig.
	Beta	标准误差的 Bootstrap （1000）估计			
自主学习	0.116	0.042	4	7.744	0.000
教育水平	0.158	0.047	2	11.053	0.000
信息接受	0.083	0.050	1	2.754	0.098
健康意识	0.151	0.044	3	11.713	0.000
现代价值	0.167	0.041	4	16.786	0.000
乡土联结	0.062	0.080	1	0.601	0.439
民间文化信仰	-0.023	0.095	1	0.059	0.808
公共文化实践	0.133	0.042	3	9.826	0.000
个体文化实践	0.072	0.044	3	2.592	0.052

因变量：城市融入

表6-28　相关性和容差

	相关性			重要性	容差	
	零阶	偏	部分		转换后	转换前
自主学习	0.306	0.115	0.101	0.151	0.757	0.685
教育水平	0.308	0.162	0.143	0.206	0.826	0.709
信息接受	0.217	0.087	0.077	0.076	0.843	0.772
健康意识	0.291	0.158	0.140	0.186	0.858	0.806
现代价值	0.226	0.183	0.162	0.160	0.949	0.957
乡土联结	0.138	0.069	0.060	0.036	0.948	0.895
民间文化信仰	0.027	−0.026	−0.022	−0.003	0.955	0.944
公共文化实践	0.218	0.145	0.128	0.123	0.933	0.931
个体文化实践	0.215	0.074	0.065	0.065	0.824	0.802

因变量：城市融入

在城市融入的二级指标里，个体文化实践、乡土联结和民间文化信仰对城市融入的显著性并不明显，主要解释为：

在个体文化实践方面。首先根据布迪厄的文化资本理论，个体文化实践是商品化文化资本（书籍、艺术品、文化遗产传承等）即文化商品内容通过主体内化后形成的文化资本积累。布迪厄在考察文化资本的商品化形式过程中，受到当时法国社会情况的局限，对农村和城市之间的文化差异没有详细进行区分。在中国，由于乡村—城市文化的差异性和进入城市后的生活工作压力，农村流动人口在个体文化消费上，很少能够找到适合自己的文化消费产品。文化商品的价格门槛（高额的电影票价、展演门票等），长期在农村生活缺乏艺术熏陶的环境，乡村公共文化服务的不发达，非城市户籍下公共文化服务资源的束缚等，让农村流动人口很难在短时间内寻找到适合自身需要的文化商品；在综合考虑性价比的机会成本之后，农村流动人口更多地把消费目标放在必需的生活和生产资料上，因此这部分文化资本内容的不显著也显示出农村流动人口在文化内容方面的获取贫乏和社会文化服务方面的缺位。

在乡土联结方面，前文在文化资本对农村流动人口的城市融入影响机理分析中，已经构建出乡土联结对文化资本的负向影响作用。但是根据数据模型验证结果，乡土联结部分对城市融入的影响标注为不显著，回归模型验证结果BATA系数值为0.062。出现这一情况的原因可能是，前文对现有农村流动人口的问卷年龄结构的统计显示，目前年轻群体居多，这部分农村流动人口群体在城市中生活时间较久，对乡土联结的依赖性较为淡漠。李文安（2005）[①] 提出，青年农民工对乡村的感情随着其长久生活在城市环境中变得淡漠，乡村并未给他们留下较深刻的印象和记忆。符平（2006）[②] 提出，乡土性虽然在青年农村流动人口中依然发挥作用，但是城市性依然是他们获得城市融入的主要原因。熊凤水（2011）[③] 谈到，青年农民工在城市生活中，对乡土联系的消解是其保持城市融入的代价，但是多数青年农民工对乡土联系的理解仅仅停留在符号意义上，对乡土理解的流变已经被城市生活和记忆深刻地重构。

因此，乡土联结对于农村流动人口中老年人口的城市融入负向影响作用较大，对于早已熟悉了城市生活的年轻农村流动人口，乡土性在他们一代身上体现得并不明显。问卷中的农村流动人口年龄结构以年轻农村流动人口群体为主，也可能是乡土联结出现不显著而非负向影响的主要原因。

同时对这一结果的验证和解释也回应了原假设A6关于农村流动人口的乡土联结程度越高，其社会融入程度越低；反之亦然的问题。该假设是成立的。

在民间文化信仰方面，模型验证结果显示，该部分Beta系数验证结果为负向0.023，说明该部分的确对城市融入具有反向影响作用，具体原因在影响机理中已经解释。同时对这一结果的验证和解释也是验证了原假设A7关于农村流动人口的民间文化信仰程度越高，其社会融入程度越低；反之亦然的问题，该假设是成立的。

（三）文化资本二级指标对农村流动人口城市融入影响的模型校正与结果检验

在确定农村流动人口文化资本的二级指标对城市融入显著与不显著变量影响后，需要重新寻找显著影响变量，构建模型再次检验这些显著影响

---

① 李文安. 中国现代化视野下的农村劳动力流动 [D]. 武汉：华中师范大学，2005.

② 符平. 青年农民工的城市适应：实践社会学研究的发现 [J]. 社会，2006（2）：136-158+208-209.

③ 熊凤水. 流变的乡土性：移植·消解·重构 [D]. 武汉：华中师范大学，2011.

对城市融入的影响情况，并验证调整后的结构模型的合理性。因此在剔除乡土联结、民间文化信仰和个体文化实践等三个不显著影响变量后，回归模型如下。

表6-29为模型汇总结果，其中调整R方表示模型的总体拟合优度。

表6-29　调整后的模型汇总结果

多 R	R 方	调整 R 方	明显预测误差
0.478	0.229	0.207	0.771

因变量：城市融入
预测变量：自主学习、教育水平、信息接受、健康意识、现代价值、公共文化实践

表6-30是方差分析的结果，sig<0.05，说明回归模型具有统计学意义。

表6-30　调整后的模型检验方差分析结果

	平方和	df	均方	F	Sig.
回归	132.361	16	8.273	10.409	0.000
残差	446.639	562	0.795		
总计	579.000	578			

简化后的回归模型系数估计和检验如下表6-31，余下的六个指标对城市融入的影响效果都是显著的，因此，我们可得预测模型：

城市融入度=0.123×自主学习+0.172×教育水平+0.099×信息接受+0.163×健康意识+0.164×现代价值+0.138×公共文化实践

表6-31　调整后的文化资本一级指标对城市融入影响的系数结果

	标准系数		df	F	Sig.
	Beta	标准误差的 Bootstrap（1000）估计			
自主学习	0.123	0.040	3	9.629	0.000
教育水平	0.172	0.047	2	13.676	0.000
信息接受	0.099	0.038	1	6.778	0.009
健康意识	0.163	0.041	3	15.766	0.000
现代价值	0.164	0.042	4	14.993	0.000
公共文化实践	0.138	0.042	3	10.918	0.000

因变量：城市融入

　　从实证结果来看，教育水平对城市融入的影响程度最大，这也体现了社会认可下的制度性文化资本对文化资本积累的突出性影响程度，符合中国目前在城市社会中教育学历和工作收入密切相关的现实情况。其次，健康意识对城市融入的影响也较为重要，健康意识体现了农村流动人口对文化资本承载本体——"身体化文化资本"的重视程度，越是健康的身体，对文化资本的积累能力和程度越高。现代价值观念是农村流动人口进入城市后对新的社会观念和价值的自我改造和重新塑造过程，体现了农村流动人口在城市中的行为规范准则和价值评判模式，也是自己在城市融入的四个方面都需要具备的文化资本核心积累素质。自主学习不仅能够增加文化资本中最重要的文化能力积累，还是农村流动人口在城市融入四个方面不断自我调整和完善的重要手段。个体文化实践方面的积累是农村流动人口社会融入的必要手段和自我—"商品化文化资本"内化的必经过程，通过不断的公共文化实践，实现文化内容的植入和自我消化，最终提升自我的文化资本整体水平。信息接受方面，随着城市发展水平的不断提升，科学技术和信息化水平不断提升，掌握了更多的信息技术获取能力才能拓展自己的信息获取渠道和内容，实现在城市融入中竞争能力的提升。

　　表6-32表示自变量的共线性和重要性排序，可见重要性依次为：教育水平＞健康意识＞自主学习＞现代价值＞公共文化实践＞信息接受。

表6-32　调整后的文化资本一级指标对城市融入影响的相关性和容差

	相关性			重要性	容差	
	零阶	偏	部分		转换后	转换前
自主学习	0.307	0.122	0.108	0.165	0.768	0.693
教育水平	0.314	0.175	0.156	0.236	0.826	0.738
信息接受	0.219	0.105	0.093	0.095	0.874	0.837
健康意识	0.293	0.171	0.152	0.208	0.875	0.839
现代价值	0.229	0.180	0.161	0.164	0.967	0.961
公共文化实践	0.218	0.151	0.134	0.131	0.947	0.951

因变量：城市融入

三、文化资本对农村流动人口影响机理实证结果总结

通过对农村流动人口文化资本的一级和二级指标与城市融入进行回归验证发现，文化资本的文化能力、文化观念和文化实践对农村流动人口城市融入具有显著的正向影响作用。在文化能力上，教育水平、自主学习和信息接受三个方面对农村流动人口城市融入均具有显著影响；在文化观念方面，健康意识和现代价值对农村流动人口城市融入均具有显著影响；在文化实践方面，公共文化实践对农村流动人口城市融入有显著影响。在影响程度方面，其重要性按照教育水平＞健康意识＞自主学习＞现代价值＞公共文化实践＞信息接受进行排列（图6-1）。

这一结果的发现，基本对应了前文中关于文化资本对农村流动人口城市融入影响机理的分析和解释，同时在个体文化实践、乡土联结和民间文化信仰方面的不显著原因在实证结果分析中也进行了阐释。因此总体看来，本部分文化资本对农村流动人口城市融入的机理实证结论能够支撑前文理论构建中的影响机理分析部分假设，并就文化资本如何影响农村流动人口城市融入及其影响程度给予了实证结果检验和解释。

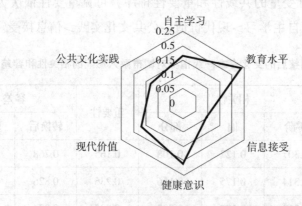

—— 农村流动人口文化资本各组成部分对城市融入的显著影响程度

图6-1 农村流动人口文化资本各部分对农村流动人口影响程度

第六节 文化资本代际传递对城市融入影响机理的验证与分析

由于上文中农村流动人口文化资本积累对城市融入的影响关系已经予以实证确认，沿着这一思考出发，那么文化资本代际传递对城市融入的影响关系需要以文化资本积累对城市融入影响作为切入点，分析文化资本代际传递对农村流动人口的文化资本积累的影响关系，并进一步推导出文化资本代际传递与城市融入的影响关系。

一、相关性分析的研究结果发现

本书首先通过相关性分析发现，子代文化资本积累情况和父母文化程度、父母工作与文化关联程度、父母对子女阅读习惯重视程度、父母带子女外出旅游频次、父母故事讲授和父母教育期望均有正向相关显著影响关系（表6-33）。与此同时，通过相关性分析文化遗产继承和观摩传统文化活动因素与子代城市融入呈现负相关的关系（表6-34）。

表6-33　代际传递与文化资本积累正相关性系数分析

			文化资本	父母文化程度	外出打工的时间	父母工作和文化关联程度	阅读重视	外出旅游	传统故事	教育期望
肯德尔tau_b	文化资本	相关系数	1.000	0.336**	0.242**	0.284**	0.233**	0.273**	0.223**	0.259**
		显著性（双测）	0.000	0.000	0.000	0.000	0.000	0.000	0.000	0.000
		个案数	577	577	572	577	577	577	577	577
	父母文化程度	相关系数	0.336**	1.000	0.333**	0.392**	0.219**	0.261**	0.172**	0.213**
		显著性（双测）	0.000	0.000	0.000	0.000	0.000	0.000	0.000	0.000
		个案数	577	579	574	579	579	579	579	579
	外出打工的时间	相关系数	0.242**	0.333**	1.000	0.216**	0.130**	0.244**	0.088*	0.165**
		显著性（双测）	0.000	0.000	0.000	0.000	0.001	0.000	0.013	0.000
		个案数	572	574	574	574	574	574	574	574

续表

			文化资本	父母文化程度	外出打工的时间	父母工作和文化关联程度	阅读重视	外出旅游	传统故事	教育期望
肯德尔 tau_b	父母工作和文化关联程度	相关系数	0.284**	0.392**	0.216**	1.000	0.241**	0.296**	0.198**	0.171**
		显著性（双测）	0.000	0.000	0.000	0.000	0.000	0.000	0.000	0.000
		个案数	577	579	574	579	579	579	579	579
	阅读重视	相关系数	0.233**	0.219**	0.130**	0.241**	1.000	0.267**	0.201**	0.379**
		显著性（双测）	0.000	0.000	0.001	0.000	0.000	0.000	0.000	0.000
		个案数	577	579	574	579	579	579	579	579
	外出旅游	相关系数	0.273**	0.261**	0.244**	0.296**	0.267**	1.000	0.276**	0.162**
		显著性（双测）	0.000	0.000	0.000	0.000	0.000	0.000	0.000	0.000
		个案数	577	579	574	579	579	579	579	579
	传统故事	相关系数	0.223**	0.172**	0.088*	0.198**	0.201**	0.276**	1.000	0.151**
		显著性（双测）	0.000	0.000	0.013	0.000	0.000	0.000	0.000	0.000
		个案数	577	579	574	579	579	579	579	579
	教育期望	相关系数	0.259**	0.213**	0.165**	0.171**	0.379**	0.162**	0.151**	1.000
		显著性（双测）	0.000	0.000	0.000	0.000	0.000	0.000	0.000	0.000
		个案数	577	579	574	579	579	579	579	579

**. 在 0.01 级别（双测），相关性显著；*. 在 0.05 级别（双尾），相关性显著。

表6-34　代际传递和文化资本积累负相关性系数分析

			文化资本	传家遗产传承	传统文化观摩
Kendall 的 tau_b	文化资本	相关系数	1.000	−0.092*	−0.163**
		Sig.（双侧）	0.000	0.013	0.000
		数量（N）	579	579	579
	文化遗产传承	相关系数	−0.092*	1.000	0.200**
		Sig.（双侧）	0.013	0.000	0.000
		数量（N）	579	579	579
	传统文化观摩	相关系数	−0.163**	0.200**	1.000
		Sig.（双侧）	0.000	0.000	0.000
		数量（N）	579	579	579

*. 在置信度（双测）为 0.05 时，相关性是显著的

因此根据相关性分析，父代对子代的文化遗产传承数量和父代携子代外出旅游的频次呈现不显著的原因分析如下：

这一问题的出现和布迪厄在文化资本分析中提出的客观化的文化资本形式即文化产品占有形式相背离。家庭文化遗产作为有形文化产品在布迪厄看来代表了家庭文化资本的客观传承，是子代对家庭文化品位的继承和再次主张，是对文化遗产继承的研究、发现和重新认识的过程，标志着子代对家族文化历史的自我肯定与传递接纳①。在父代携子代参与传统文化活动频次的相关问题上，父代通过携子代参与乡村文化活动，将无形文化产品如传统节庆、仪式、风俗和文化展示传递到子代认识观念中，这一过程不仅标志着子代的早期社会化，还是文化资本积累对子代的早期达成②。

实证结果并不支持这两部分的假设，主要可以从以下三个方面来解释这一问题。

一是布迪厄这一论文是建立在西方社会基础上，布迪厄当时所处的法国社会环境和中国农村现实环境有较大不同，中国农村社会在文化遗产继承方面相对于法国来说，继承不够丰富；在中国社会目前实现全面小康的过程里，对经济收入的注意力和兴趣远远大于文化遗产收藏和传承。

二是新中国成立以来，经历过几次运动和改革经济浪潮，留存在民间的文化遗产虽然丰富，但是总体价值不高且主要集中在城市社会中；在改革开放之初，大量农村文物流失，农村居民对此重视不够，也是大多数农村家庭在文化遗产传承方面缺失的原因之一。

三是在采访过程中，对文化遗产传承品的概念解释不够充分，很多农村流动人口将价值高低作为文化传承物品和一般文化物品的区分标准，其实文化传承品和价值高低并没有太大的关系，一支笔、一张剪纸或者一张老相片都具有文化传承的意义，都可以作为传家宝代代流传。同时，父代携子代参与传统文化活动的概念解释也不够清楚，在农村社会，传统文化活动往往和亲友之间的交往活动紧密联系，具有较强的社会功能性。在解释这一问题的时候，我们的采访员过于强调文化活动的独立性，可能

---

① Throsby D. Cultural Capital [J]. Journal of Cultural Economics, 1999, 23(1–2): 3–12.

② Busby, Graham, Meethan. Cultural Capital in Cornwall: Heritage and the Visitor [J]. Cornish Studies, 2008(16.1): 146–166.

让受访对象感到困惑，进而导致采访对象没有充分理解这一选项就进行了选择。

因此，在排除这两个假设之后，需要将存在显著相关性的自变量通过进一步的逻辑回归验证结果，予以清晰的分析和解释。

二、逻辑回归分析的研究结果发现

通过定序逻辑回归（logistic regression）建立五个模型，将负相关的变量排除后，把部分自变量带入和全部自变量带入模型验证，对验证后的结果进一步研究后发现，本书关于文化资本代际传递的影响假设验证结果中，在假设变量单独和文化资本积累进行回归分析比较时都能够成立（表6-35）。

但是将所有变量放入模型检验，父代对子代阅读习惯的重视程度显示影响结果不显著。

表6-35　代际传递和文化资本积累定序逻辑斯蒂模型回归结果

变量	模型1	模型2	模型3	模型4	模型5
父代阅读机会提供	1.076***		0.752***	0.442*	0.164
	（0.177）		（0.182）	（0.194）	（0.203）
父亲或母亲外出打工		0.277***			0.110*
		（0.045）			（0.049）
父代文化程度			0.634***	0.579***	0.382***
			（0.079）	（0.080）	（0.088）
父代教育期望				0.325***	0.296***
				（0.069）	（0.071）
父母工作和文化关联程度					0.201**
					（0.080）
父代携子代外出旅游					0.231**
					（0.092）
父代传统故事讲授					0.210***
					（0.065）

注1：*** p<0.01，** p<0.01，* p<0.05，+ p<0.1；
注2："阅读习惯重视"这一变量的参照组为不重视；
注3：括号内是标准误。

从以上研究可以看出，在所有变量纳入回归模型导致的回归结果中，父代阅读习惯培养对子代文化资本积累代际传递的假设验证不显著，究其原因可能是，一方面父代文化水平对子代文化资本积累的影响程度较高，较高的教育水平下对子代阅读习惯的培养程度也较高，因此对子代的阅读习惯的培养代际传递影响的显著性被父代文化程度变量解释掉。另外一方面，父代对子代的教育期望对子代文化资本的代际传递的影响程度较高。

通过对实证结果的分析和解释，本书发现文化资本的代际传递对农村流动人口文化资本积累有重要影响作用，并根据上文中文化资本积累和城市融入的关系，进一步推导出文化资本的代际传递对农村流动人口的城市融入具有显著影响作用。

第七节　本章小结

本章通过对成都市农村流动人口的探索性问卷调查，在对579份有效问卷进行统计后，对前文所提出的文化资本对农村流动人口城市融入的显著影响予以了实证，并通过回归分析，将人口学变量作为控制变量分析其在文化资本视角下对城市融入的影响。

研究发现，文化资本对于成都市农村流动人口城市融入的四个维度均具有显著影响。这也对前文中的理论构建和影响机理进行了实证方面的验证，检验了文化资本对农村流动人口城市融入的整体显著影响。同时，引入性别、年龄、婚姻情况、子女情况和迁移流动模式作为控制变量，对城市融入的影响予以检验分析，发现性别、年龄、迁移流动模式对于成都市农村流动人口城市融入具有较大的显著性影响，而婚姻、子女数量方面由于可能受到迁移流动模式的解释，因此在有序逻辑斯蒂回归模型中并不显著，但是二者作为单独控制变量，在文化资本和城市融入的回归模型中，显得较为显著。以上实证结果的发现，均可以针对本书的问题进行下一步的政策建议讨论。

此外，在针对文化资本的一级指标和二级指标对城市融入的回归分析中，发现文化资本的一级指标对城市融入均具有显著影响关系，二级指标中有六个指标与城市融入影响关系显著，三个二级指标不存在显著影响或者呈负相关的影响。调整模型再次通过实证方法，对存在显著影响的六个指标的显著程度进行测量，由此对文化资本对城市融入的影响方式和影响程度予以了分析和解释。

与此同时，本章根据结论将研究视角转向家庭作为独立的文化资本生产场域，思考父母的社会实践行为是否为子代的文化资本代际传递提供了单独载体，独立于学校之外，在知识传授和行为示范与引导方面对子代文化资本积累具有的影响作用。在文化资本代际传递的影响方面，通过相关性比较和逻辑回归（logistic regression）研究发现，文化资本的代际传递对于文化资本积累有显著影响作用，并进一步推导出其对子代城市融入具有重要影响作用。

| 第七章 |

研究结论与政策建议

第一节　研究结论

　　根据实证研究结果显示，农村流动人口的文化资本对其城市融入具有显著的影响，且同质文化资本情况下，农村流动人口不同的人口学特征对其城市融入影响也不尽相同。通过对文化资本的一级指标和城市融入一级指标的影响回归结果发现，文化资本的一级指标对城市融入均具有显著影响关系，二级指标中有六个指标与城市融入影响关系显著，三个二级指标不存在显著影响或者呈负相关的影响，并进一步发现农村流动人口文化资本对城市融入的影响方向和贡献程度。在文化资本代际传递的影响方面，通过相关性比较和逻辑回归（logistic regression）研究发现，文化资本的代际传递对于文化资本积累有显著影响作用，并进一步推导出其对子代城市融入具有重要影响作用。

　　本书研究是在文化资本的视野下，对农村流动人口城市融入的相关问题进行探讨。主要立足于布迪厄的文化资本理论，并结合社会学、人口学和政治经济学相关理论构建对这一研究问题的基本理论框架，并通过实证研究的结果对研究问题予以验证和解释。本书研究的主要意义除了在中国目前社会情况下，为农村流动人口在社会融入的影响问题提供理论分析支持之外，还试图构建一条政府主导，社会参与和个体积极的农村流动人口文化资本提升实践路径，这也是本书研究的现实意义所在。因此本书的主要研究结论如下：

　　第一，文化资本对于农村流动人口城市融入的影响是伴随着中国社会的发展，显示出其越来越明显的影响作用。以往在城市融入方面，社会资本、经济资本、人力资本和制度因素的影响研究已经形成比较经典的研究范式，但是这些问题往往伴随着社会外部结构的作用，而忽视了个体的能动性和内部结构影响。因此文化资本的引入，在很大程度上体现了农村流动人口城市融入过程中社会和个体因素的融合视角。文化资本的构成部分——文化能力、文化观念和文化实践与城市融入的构成部分——经济融入、社会融入、心理融入和身份融入，均产生于特定的社会结构和历史空间，其内涵也是随着社会发展不断变化发展的。农村流动人口文化资本内涵变化和发展趋势，深刻对应着中国现实情况下中国城市融入的实质问题。因此如何看待和理解农村流动人口的文化资本内涵和构成，应该成为目前研究农村流动人口城市融入影响问题的关注方向。

第二，文化资本对流动人口城市融入的影响研究，其本质上就是目前农村流动人口如何适应城市社会的生活和发展问题。因此，文化资本的影响构建不是一个孤立过程，是通过与经济资本和社会资本的转换关系构建的。从这个意义上来看，文化资本自身的积累程度和文化资本对经济资本与社会资本的转换效率，自然成为农村流动人口文化资本积累能力的重要体现。因此，本书中农村流动人口文化资本能力构建中，其分级指标并不是孤立地按照布迪厄原有的文化资本构建原则进行机械复制，而是结合了布迪厄的社会实践理论、阿玛蒂亚·森的可行性能力和马克思的人的全面发展理论进行了拓展，兼顾了文化资本向其他资本能力的扩展性要求。本书在实证结果中发现，农村流动人口文化资本对城市融入具有正向显著影响，因此本书对农村流动人口文化资本构建中所体现的其积累和转换能力或许可能成为研究农村流动人口城市融入问题的重要分析视角。同时，文化资本积累也体现在自身积累、文化交流和文化再生产过程，尤其是文化再生产下的代际传递的实证结果也表明文化资本对农村流动人口的城市融入影响可以实现跨代际传递，因此家庭文化资本代际传递的良性引导对子代城市融入具有重要影响。

第三，我国农村社会和城市社会在今天，从生产方式到文化观念均发生了重要的变化，农村流动人口的文化资本变化趋势也呈现日益复杂的情况。尤其是青年一代和举家流动模式下的农村流动人口，其生活环境、文化观念、行为模式和老一代农村流动人口产生了较大不同，因此农村流动人口文化资本对城市融入的影响研究应该是一个长期、持续的研究过程。他们融入城市的效果和水平直接和我国社会发展、经济发展和文化发展息息相关，对该问题重要影响因素——文化资本的研究不仅体现了农村流动人口城市融入问题的现实观照，也关系着我国社会经济发展关键时期的城市综合管理水平和目标，同时也反映了对"乡村—城市"下劳动力要素均衡合理配置和文化建设协调持续发展的长远考虑。从这个意义上来看，他们的文化资本良性引导过程也应该是个体、社会和政府全面参与的过程。

第二节　政策建议

根据研究结果，本书提出文化资本积累提升视角下，农村流动人口城市融入的政策性建议。

一、提升全社会对农村流动人口文化资本的认识水平

目前，中国社会并未从文化资本角度对农村流动人口城市融入的问题形成较明确的政策性指导意见，出台的多数政策主要是从宣传文化素质教育的角度出发，对农村流动人口在城市社会中的真实处境和差异性的整体认识有待提升。在厘清文化资本的整体评价体系后，对农村流动人口文化资本的提升应该采取有的放矢、科学规划的实施考虑路径。

文化资本的三个组成，即文化能力、文化观念和文化实践，集中体现了文化资本积累的速度和质量，因此在构建农村流动人口城市融入路径的过程中，应该主要着眼于文化资本的这三个组成部分，按照文化能力作为基础、文化观念作为核心和文化实践作为实践重点的整体考虑，构建农村流动人口文化资本整体提升路径。在文化能力方面，应该大力强调农村流动人口自我终身学习能力的构建，不断提升其文化教育水平；在政府和社会的引领下开展职业技能培训，获取和职业规划相关的职称认证证书；通过学习现代化信息技术，广泛地获取信息内容，寻求更多的城市自我发展机会，提升自我整体文化能力。在文化观念方面，

注重对农村流动人口健康意识和现代价值的培养；政府政策引导上需要
采用适合农村流动人口特点的宣传方式，采取其乐于接受的手段与其形
成学习互动，最终引领整体文化观念向着有利于城市生活和工作的方向
发展。在文化实践方面，政府和社会应该针对农村流动人口的整体情
况，鼓励其参与到城市公共文化服务中；可以考虑为农村流动人口量身
定制适合其观看的文化节目，这些节目既要有乡土文化联结的内容，又
要反映城市生活的特点，以促进其真正实现文化资本积累中的实践互动
和交流。

二、大力推进青年农村流动人口的文化资本积累建设

与老一辈的农村流动人口相比，青年农村流动人口在文化资本积累方
面的优势更加明显，其对社会融入的要求更加强烈，因此政府和社会对这
部分人群需要更加关注。应积极采取就业引导的方式，大力举办针对该类
人群的学习培训讲座，鼓励专业社会机构为其提供法律信息和权利维护服
务，增强其城市权利获得和自我满足效能感，提升其在城市融入四个维度
的竞争能力。

本书在研究过程中发现，目前国内已经有不少案例将青年农村流动人
口作为城市融入的重点关注对象。以天津为例，"青年农民工融入社区"
项目是滨海新区政府自2009年以来农村流动人口城市融入推进工作的重要
实施举措，当地政府除了大力为青年农村流动人口进行工作推荐引导，为
其与社区居民融入搭桥以外，还十分关注该部分人群的文化和精神需求，
在举办文化娱乐活动、引入专业艺术展演活动和为该部分人群购置专业书
籍方面都进行了大量的工作，为当地青年农村流动人口的社会融入构建了
具有全国影响力的示范路径[①]。

三、重点关注发展举家流动模式下农村流动人口的文化资本水平

实证结果显示，农村流动人口举家流动模式下，其文化资本积累和

① 李培志. 青年农民工融入城市社区：经验与思考——以天津滨海新区"青年农民工融入社区"项目为例 [J]. 社会工作，2012（8）：58-60.

城市融入水平较高。目前，以二人或者三人构成核心家庭已经成为中国家庭构成的主要部分，婚姻和子女对农村流动人口在城市中的融入来说，是不可忽视的强大精神支撑和分工协作的责任担当；同时由于传统"反馈模式"维系着农村社会的养老模式，因此携带父母一同居住的举家流动在城市融入过程中显得更加突出。尤其是举家流动进入城市后，家庭收入、城市社会融入情况、老年人养老照护和儿童教育问题都需要引起政府和社会的关注，在农村流动人口城市融入的政策引导方面对这些人群予以关注和倾斜。

四、积极引导农村流动人口家庭文化资本的良性代际传递

通过政府、社会的努力，积极搭建家庭文化资本良性引导机制，鼓励农村流动人口父代对子代的家庭正确教育和培养，提升子代的文化资本积累。同时，政府、社会力量和社区应该组织农村流动人口子代参加文化培养、艺术参观和文化交流等活动，通过讲授传统文化知识，介绍家乡和城市人文景观、历史文化与传统故事等方式，激发子代对文化资本的积累兴趣，实现农村流动人口子代文化资本的不断提升，和学校传统教育形成互相补充、共同促进的良性格局，提升子代在未来城市融入竞争中的竞争实力，实现子代真正在城市社会中的全面融入。

第三节 农村流动人口文化资本提升和城市融入路径构建

目前，农村流动人口城市融入问题在各界都引起了广泛关注，例如政府、社会和专家学界，但以往很多类似的思考都是围绕着传统的经济资本、社会资本和人力资本的路径进行的。文化资本作为一个独立的资本形态介入农村流动人口的城市融入中，并对其进行影响和干预，符合目前国家对农村流动人口城市融入的"完全市民化"和"实质市民化"的政策要求导向，因此需要在国家政策和社会结构中内嵌提升农村流动人口文化资本的政策和制度；另一方面，农村流动人口在不断内化文化观念、

提升文化能力和积极参与文化活动的过程中，需要增强自我能力提升的意识，以一种主动的、积极的和健康的心态进行文化资本的自我积累。构建这一路径需要政府、社会和农村流动人口主体的参与和支持，形成一个政府引导、社会助力和农村流动人口主动参与三轮驱动的提升新路径（图7-1）。

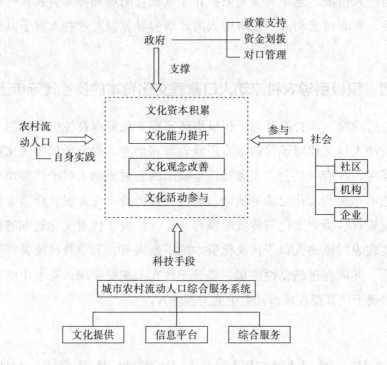

图7-1　农村流动人口文化资本与城市融入的提升路径

一、以政府引导为主的农村流动人口文化资本与城市融入提升路径

政府应转变原有全能角色，起到市场引领作用。长期以来，在农村流动人口文化资本提升的产品内容和服务供给工作中，政府各部门的职能设置存在一定程度上的交叉，即涉及具体文化产品和公共文化服务工作时，多个政府职能部门均对推动其发展承担责任。以成都市为例，成都市文化广播电视新闻局、成都市就业局、成都市农委、成都市卫计委等部门均在此项工作中承担相应的责任。在这个背景下，文化资本的产品和服务提供

形态及操作方式等面临着一系列现实问题，例如在政策支持、硬件设施建设、经费投入等方面都较难予以一定程度的保障。因此，针对农村流动人口公共文化产品和服务供给问题，政府应树立文化资本全面提升的观念，改变以往各部门单打独斗的局面，实现各部门的跨界整合，共同完善农村流动人口综合服务模式的搭建和运营。另外，政府应脱离长期以来直接拨款、直接提供文化产品和服务的全能角色，转变为向社会力量购买产品和服务，鼓励社会力量开展农村流动人口公共文化产品和服务的研究、推广、宣传、培训和咨询等工作。

　　其次，政府应该在政策顶层设计阶段，鼓励开展农村流动人口文化资本提升的相关产品的设计和服务的创新工作。李克强总理在十二届全国人大二次会议上指出"促进基本公共文化服务标准化均等化……"①，这段讲话就涉及了城市中的农村流动人口有权利共享基本公共文化服务这个问题。因此农村流动人口是否能在文化产品和公共文化服务中获得与城市人口同等的机会，体现了我国在促进社会公平正义中的能力，这不仅是对农村流动人口提升文化资本的有力举措，还体现了在社会分配过程中的校正手段，对因为初次分配不均衡而产生的矛盾起到缓解作用，提升农村流动人口在城市融入过程中的融入水平和竞争力。因此，从中央到各级政府应该将促进农村流动人口文化资本整体发展规划作为政府宏观战略发展要求，设定以文化资本为依托的农村流动人口文化产品和公共文化服务供给机制的中长期发展目标，在时间节点和政策规范上，立足当前，着眼长远，制定分层次的科学谋划方针，并尽力实现最终顺利落地。

　　最后，政府应该建立农村流动人口文化资本提升所需的产品和服务的考核机制与反馈系统，以绩效和投入产出的比对社会力量发展农村流动人口文化产品供给与公共服务进行考评，便于明确政府下一步的财政扶植政策和服务环节的倾向性投入。同时在政府采购针对农村流动人口的文化产业和服务的过程中，树立正确的绩效观，以便进一步提高财政资金的使用效率，改变过去重形式、轻效率的错误方式，在不断充实农村流动人口文

---

　　① 王学琴，李文文，陈雅. 公共文化服务标准化治理机制研究［J］. 图书馆理论与实践，2019（10）：29~33.

化产品提供和文化服务量化的基础上，实现质的提高，最终满足农村流动人口文化资本整体和全面提升的明确诉求。

二、以社会参与为主的农村流动人口文化资本与城市融入提升路径

哈贝马斯认为，社会公共产业和服务领域属于典型的社会公共空间，是需要全社会共同参与的事业。因此，在农村流动人口文化资本的提升方面，政府引导和社会参与的分流显得尤其重要，两者的合作是打造具有包容度和先进性社会文化公共空间的先决条件。在中国国情下，提升农村流动人口文化资本的有力举措就是发动社会力量参与公共文化服务的整体打造，提升公共文化服务对农村流动人口的供应优势。

社会力量参与农村流动人口公共文化产品和服务提供主要涉及以下四个方面：首先，投资兴建能够为包括农村流动人口在内的城市居民提供无差别社会文化服务的场所，比如以冠名、合作或独资形式修建提供社会公共文化服务的专门图书馆、美术展览馆、电影院和个人终身学习教育相关的场馆，并按照场馆需求进行内容购置和配备，进一步提升农村流动人口的文化认知、文化观念和文化实践等方面的能力。其次，提倡社会企业、事业单位、公共服务机构、公共服务组织和个人积极参与政府公共文化产品和服务购买，承接政府的公共文化演出、公共休闲文化娱乐、公共文化教育、文化技能培训等项目，不断提高针对农村流动人口的公共文化产品和服务供给水平，提升公平效率。再次，不断丰富社会公共文化产品和服务内容，在社会参与的情况下，丰富现有农村流动人口的公共文化产品，如电影播放、美术展览、非遗传承性质的文化商品制作等；在文化服务方面，提供更多的文化进社区、文化研讨和文化教学创作等活动，并不断丰富农村流动人口的文化技术能力，为其更好地融入城市提供基础条件。最后，通过社会力量夯实农村流动人口公共文化服务的基础设施建设，通过多种形式为农村流动人口提供更加舒适和便利的文化服务条件，以社区为单位为农村流动人口在城市生活中提供固定的文化消费场所，同时，大力发展社会志愿者，为农村流动人口提供更加人性化的文化资本提升协助。

三、以农村流动人口文化素质完善为主的文化资本与城市融入提升路径

布迪厄在社会实践理论中提出，社会结构和个体认知结构对个体的文化资本提升均具有同等重要的作用，因此农村流动人口在社会实践中，对自我文化资本的提升也对其社会融入具有重要作用。首先，在农村流动人口个体社会实践中，需要其加强其惯习的自我培养，即布迪厄所谈到的"实践感"。这种惯习的养成需要农村流动人口自身积极响应政府的宣传和社会结构的帮助，投身于社会文化实践活动，养成符合城市现代价值的行为逻辑和文化价值观念，同时根据自身条件，保留由农村流出地带来的传统文化优秀品质，进而总结出一套适合自我在城市中生存的方式，培养积极向上和乐观坚韧的文化品格。

其次需要根据其城市中的生活和工作状况，为自我设定文化教育的学习目标，在不断提升职业技能的同时，将文化学习作为终身目标，调整和鞭策自己，增强对知识的获取能力、对新兴科技手段的熟悉程度和对浩如烟海的信息的甄别能力，构建漏斗状的文化知识过滤系统，不断增强自我文化的认知能力。

最后，需要在文化资本的积累过程中，依赖家庭和学校加强下一代的文化资本的继承能力。在家庭和学校中，农村流动人口子女对文化资本的继承也是文化资本的再生产过程，需要家长对优质文化惯习不断引导，进而达到和城市居民子女同等的文化资本获取能力。这一过程也反映了农村流动人口在城市融入过程中的代际传递性特点，也是"城市融入实质化"最终结果体现的重要构成部分。

四、建立城市中的农村流动人口文化资本提升创新综合服务体系

通过政府引导、社会参与、个体行动所建构的公共文化产品和服务体系，实现农村流动人口文化资本的综合提升，其实也是农村流动人口文化资本内容提供和服务模式改革的主要方向，而针对农村流动人口文化资本提升服务模式创新，也是基于这一视角以服务市场化和资源均衡化为目标

提出可行性方案构想。市场化的解决方案就是利用市场作为无形的手进行资源配置，充分调动社会企业的积极性，参与到农村流动人口文化资本的相关服务提供中，实现生产要素的充分流动，加速产业优化转型，让企业作为市场资源提供主体，提供农村流动人口真正需要的服务内容；同时农村流动人口作为资源需求方，通过市场行为进行文化资本内容资源提供配对，满足其自身真正的文化资源需求，获得兼具普遍化和定制化的优势文化服务。结构均衡化是指各类农村流动人口文化资本内容服务提供方在市场配置前提下，整合自身和外界资源，协调发展，形成有机统一的文化服务提升体系，根据农村流动人口的分布、需求和市场资源情况进行组合和补充，使文化服务产业、企业的自然活力非受限于作为公共政策供给方的政府约束，为文化教育等资源提供的结构优化调整开辟空间。以这两个目标约束为前提，我们更应该将审慎的目光转向农村流动人口的真实需求和服务的规范性，因此对该问题的研究除了需利用人口文化学和管理科学的宏观视野，还应该考虑到农村流动人口的普遍共性，这无疑为人口学下的市场人口学科提供了一个很好的角度，有利于这一问题的深入分析和解决。

市场人口学是研究与供给相关联的人口与市场需求内在联系及其变化规律的科学，市场人口学的任务是揭示消费人口这一市场主体怎样影响、制约市场潜在需求及其变化的规律性，给工业企业的产品决策和商业企业的市场营销决策提供科学依据。通过市场人口学的学科背景和研究方法，可以很好地对农村流动人口服务改革的实现方式进行现实分析，以市场化和资源配置均衡化为目标，针对农村流动人口服务模式创新发展和农村流动人口与产业关联发展进行深入对比研究，并提出"个体、社区、机构三位一体"的农村流动人口文化资本提升创新综合服务模式。以市场人口学为准入视角，在充分研究农村流动人口模式建立机制背景和其市场细分原则的情况下，充分整合各类资本介入农村流动人口文化服务市场，以达到农村流动人口服务高效率、资源的供需均衡为目的，并兼容创新与激励明显的特性，更加满足市场化与资源均衡化的目标约束条件，使一种均衡考虑社区、机构和个体的文化服务资源配置新模式成为可能。这种模式简单来说就是农村流动人口文化服务机构将终端深入到城市中农村流动人口可能居住的社区，补充以往的社区文化站或文化中心服务功能，实现文化服务资源的市场化配置方式，以满足农村流动人口个体文化资本积累的需要，进而更好地融入城市。

这种模式由供应链聚合平台、社区机构网络、集成信息处理后台、农村流动人口服务中心四部分组成。其中，社区机构网络和农村流动人口服务中心作为农村流动人口文化服务和产品的载体，信息平台与供应链聚合体则提供了全方位的服务保障平台。通过这种创新模式，文化服务终端通过机构深入到社区，在解决其文化消费和文化教育的同时，还能在工作机会和生活出行上为农村流动人口提供日常服务，属于农村流动人口服务的集成式终端机构。

在功用上，供应链聚合平台主要集成了农村流动人口包括文化活动和消费在内的综合需求，其城市消费上各种产业链环节均可有机接入聚合平台，让与农村流动人口需求相配套的生产和生活要素实现市场归类和驱动，为针对农村流动人口相关的产业提供强大的推动力，同时也更好地解决该人群的文化产品提供和文化服务问题。社区机构网络即该模式下的机构服务终端，这些终端在形式上可以差异化，但是在服务本质上必须要求同质化，如有条件的社区可以采用实体店的形式，配备专人对农村流动人口的各项需求进行统计跟踪和服务。具体到文化产品和服务需求上，可以采用定制化服务信息推送和专人建档等方式对农村流动人口服务需求进行满足；没有条件的社区，可以采取信息终端设备安置的方式，通过科技革新实现人机交互，或者采取"互联网+"的信息采集方式，实现对该人群需求的采集和远程回馈。集成信息处理后台主要是通过大数据和信息高速化通道的方式，实现不同社区机构网络的信息处理，在数据分析、数据处理和数据交互等问题上，实现统一化、高速化和差别化。农村流动人口服务中心也是农村流动人口服务消费的场所，在中心里通过社区机构网络对不同需求的农村流动人口进行数据采集和愿望了解，定制适合农村流动人口的差别化服务内容，让该部分人群根据自身经济情况和消费意愿选择适合自己的商品和文化项目，实现资源供需的最大化平衡。

综上，这种"三位一体"模式区别于传统的相互割裂的文化服务供给模式，根据该人群的需求有效地对三种传统农村流动人口服务模式进行整合，是有机的统一体。这种模式提供的服务不仅涵盖了农村流动人口关于马斯洛的五个需求层次，而且以市场化为导向，结合"互联网+"的技术手段，在农村流动人口的文化产品服务、文化产品结构、文化产品流通渠道和科学技术手段推进方面均有较大的提升。

第四节　研究展望

由于文化资本对农村流动人口城市融入的影响研究尚处于起步阶段，依然有较大的研究空间，对现有研究问题也有一个理论完善过程。本书所讨论的文化资本框架也是基于农民工群体目前的情况，依然存在较多的不足与缺陷，有待于进一步的深化和全面系统的研究。

第一，需要在较长时间对农村流动人口进行观察和测量，从中找到农村流动人口在城市融入中的动态发展趋势，进而发现文化资本影响下农村流动人口城市融入的变化趋势，以保证本项研究的科学性和严谨性。

第二，需要更多的质性调查研究的方式，通过访谈记录等，挖掘农村流动人口在城市融入过程中的真实困难和流出地与流入地文化因素的异同，寻找农村流动人口在城市生活中的文化复合因素，对这些因素进行进一步的观察和提炼，对现有农村流动人口文化资本体系进行进一步的补充和完善。

第三，需要将目光投向农村流动人口中的其他人群，尤其是在老年群体、儿童群体和少数民族群体中，发现其文化资本传承和积累的差异特征，并针对文化资本对这部分人群在城市融入中的影响进行更加深入和全面的研究。

第四，需要在未来的研究中，进一步将文化资本框架及其对城市融入的影响在实践中验证，总结经验，开展更多学科视野下的贯通研究，以拓展未来的研究方向。

参考文献

参考书籍部分:

[1] Grossbard-Shechtman S., Clague C. The Expansion of Economics: Toward a More Inclusive Social Science [M]. Abingdon: Taylor & Francis, 2016.

[2] Block J. Lives Through Time [M]. New York: Psychology Press, 2014.

[3] Gordon M M. Assimilation in American Life: The Role of Race, Religion, and National Origins [M]. Oxford: Oxford University Press on Demand, 1964.

[4] Entzinger H. The Rise and Fall of Multiculturalism: The Case of the Netherlands [M]//Toward Assimilation and Citizenship: Immigrants in Liberal Nation-States. London: Palgrave Macmillan, 2003.

[5] Gouldner A. The Future of Intellectuals and the Rise of the New Class [M]. New York: Macmillan Corporation, 1979.

[6] Roemer J., Arneson R., Wright E., et al. Equal Shares: Making Market Socialism Work [M]. New York: Verso, 1996.

[7] 广田康生. 移民和城市 [M]. 北京: 商务印书馆, 2005.

[8] 黄荣清, 等. 转型时期中国社会人口 [M]. 沈阳: 辽宁教育出版社, 2004.

[9] 刘本荣, 谭国太, 潘晓成, 等. 农民工与城市居民融合度研究 [M]. 重庆: 重庆出版社, 2009.

[10] 高宣扬. 布迪厄的社会理论 [M]. 上海: 同济大学出版社, 2004.

[11] 刘拥华. 布迪厄的终生问题 [M]. 上海: 上海三联书店, 2009.

[12] 宫留记. 布迪厄的社会实践理论 [M]. 开封: 河南大学出版社, 2009.

[13] 杨菊华, 谢永飞. 人口社会学 [M]. 北京: 中国人民大学出版社,

2016.

［14］王树生. 权力的迷宫——埃利亚斯、布迪厄与福柯的比较研究［M］. 北京：中国社会科学出版社，2014.

［15］杨凤. 排斥与融入：人口城市化进程中农民市民化研究［M］. 济南：山东大学出版社，2014.

［16］亨廷顿，纳尔逊. 难以决择——发展中国家的政治参与［M］. 汪晓寿，吴志华，项继权，译. 北京：华夏出版社，1989.

［17］费雪. 资本和收入的性质［M］. 谷宏伟，卢欣，译. 北京：商务印书馆，2017.

［18］布迪厄，华康德. 实践与反思［M］. 李猛，李康，译. 北京：中央编译出版社，1998.

［19］国务院研究室课题组. 中国农民工调研报告［M］. 北京：中国言实出版社，2006.

［20］吉登斯. 第三条道路——社会民主主义的复兴［M］. 郑戈，译. 北京：北京大学出版社，2000.

［21］包亚明. 文化资本与社会炼金术：布尔迪厄访谈录［M］. 上海：上海人民出版社，1997.

［22］斯密. 国富论：下［M］. 上海：上海三联书店，2009.

［23］韦伯. 新教伦理与资本主义精神［M］. 康乐，简惠美，译. 桂林：广西师范大学出版社，2010.

［24］兰德斯. 国富国穷［M］. 门洪华，译. 北京：新华出版社，2007.

［25］马克思恩格斯选集：第二卷［M］. 北京：人民出版社，1972.

［26］福柯. 规训与惩罚［M］. 北京：生活·读书·新知三联书店，2003.

［27］布尔迪厄. 实践理论大纲［M］. 高振华，李思宇，译. 北京：中国人民大学出版社，2017.

［28］范周. 中国城市文化竞争力研究报告（2017）［R］. 北京：知识产权出版社，2018.

［29］肖子华. 中国城市流动人口社会融合评估报告（2018）［R］. 北京：社会科学文献出版社，2018.

［30］迪马哥，摩尔. 文化资本、教育程度与婚姻选择［C］//薛晓源，曹

荣湘. 全球化与文化资本. 北京：社会科学文献出版社，2005.

［31］罗强. 成都市人民政府工作报告［R］//熊勇. 成都年鉴. 成都：成都年鉴社，2018.

［32］刘峥，李竞能. 人口理论教程［M］. 北京：中国人民大学出版社，1985.

［33］谷孟宾. 流动务工人口城市融入 评估·干预·反思［M］. 西安：陕西人民出版社，2008.

参考论文部分：

［1］Maggio P. D. Cultural Capital and School Success［J］. American Sociological Review, 1982(47): 189–201.

［2］Astone N., Lanahan S. M. Family Structure, Parental Practices and High School Completion［J］. American Sociological Review, 1991(56): 309–320.

［3］Kalmijn M., Kamp G. K. Race, Cultural Capital And Schooling: An Analysis of Trends in the United States［J］. Sociology of Education, 1996(69): 22–34.

［4］Graaf D., Kraaykamp G. Parental Cultural Capital and Educational Attainment in the Netherlands: A Refinement of the Cultural Capital Perspective［J］. Sociology of Education, 2000(73): 92–111.

［5］Guiso, Luigi, Sapienza, Paola, Zingales, Luigi. Social Capital as Good Culture［J］. Cepr Discussion Papers, 2008, 6(2–3): 295 – 320.

［6］Lareau M., Weininger E. Cultural Capital In Education Research: A Critical Assessment［J］. Theory and Society , 2003(32): 567–606.

［7］Georg. Cultural Capital and Social Inequality in the Life Course［J］. European Sociological Review, 2004(20): 333–344.

［8］Jeager M., Holm A. Does Parents'Economic, Cultural, and Social Capital Explain the Social Class Effect on Educational Attainment in the Scandinavian Mobility Regime［J］. Social Science Research, 2007(36): 719–744.

［9］Tramonte L., Willms D. Cultural Capital and Its Effects on Education Outcomes［J］. Economics of Education Review, 2010(29): 200–213.

［10］Andersen P. L., Hansen M. N. Class and Cultural Capital—The Case of Class Inequality in Educational Performance［J］. European Sociological Review, 2012, 5(28): 607–621.

［11］Wang Z., Mcnally R., Lenihan H. The Role of Social Capital and Culture on Social Decision-Making Constraints: A Multilevel Investigation［J］. European Management Journal, 2018(2): 227

［12］Mischi, Julian. Working-Class Politics and Cultural Capital: Considerations from Transformations of the French Left［J］. The Sociological Review, 2018.

［13］Flemmen M., Jarness V., Rosenlund L. Social Space and Cultural Class Divisions: The Forms of Capital and Contemporary Lifestyle Differentiation ［J］. The British Journal of Sociology, 2018(69): 124–153.

［14］Coase R. The Nature of the Firm［J］. Economica, 1937(4): 386–405.

［15］Coyne C. J., Williamson C. R., Trade Openness and Cultural Creative Destruction［J］. Journal of Entrepreneurship & Public Policy, 2009: 47–67

［16］Sacco P. L., Segre G. Creativity, Cultural Investment and Local Development: A New Theoretical Framework for Endogenous Growth ［J］. Growth and Innovation of Competitive Regions, 2009: 281–294.

［17］Scott A. J. Cultural-Products Industries and Urban Economic Development: Prospects for Growth and Market Contestation in Global Context［J］. Urban Affairs Review, 2004, 39(4): 461–490.

［18］Barro R. J., Mccleary R. Religion and Economic Growth［J］. Nber Working Paper, 2003.

［19］Guiso L., Sapienza P., Zingales L. Does Culture Affect Economic Outcomes?［J］. Journal of Economic Perspectives, 2006, 20(2): 23–48.

［20］Tabellinii G. Culture and Institutions: Economic Development in the Regions of Europe［J］. Journal of the European Economic Association, 2010(8): 677–716.

［21］Srinivasan, Palamalai, Kalaivani, M., Ibrahim, P. An Empirical Investigation of Foreign Direct Investment and Economic Growth in

SAARC Nations ［J］. Journal of Asia Business Studies, 5(2): 232–248.

［22］Parekh B. *Rethinking Multiculturalism*: Cultural Diversity and Political Theory ［J］. Ethnicities, 2001(1): 109–115.

［23］John, Goldlust, Anthony, et al. A Multivariate Model of Immigrant Adaptation ［J］. International Migration Review, 1974.

［24］Portes A., Sensenbrenner J. Embeddedness and Immigration: Notes on the Social Determinants of Economic Action ［J］. American Journal of Sociology, 1993, 98(6): 1320–1350.

［25］Chung H. F. L., Tung R. L. Immigrant Social Networks and Foreign Entry: Australia and New Zealand Firms in the European Union and Greater China ［J］. International Business Review, 2013, 22(1): 18–31.

［26］James E. F. Social Class and Consumer Behavior: The Relevance of Class and Status ［J］. In Na – Advances in Consumer Research // Wallendorf M., Anderson P., Provo. Ut: Association for Consumer Research, 1987(14): 492–496.

［27］Turner J. S. Design Issues for High Performance Active Routers ［J］. Ieee Journal on Selected Areas of Communications, 2001(32): 100–107.

［28］Throsby D. Cultural Capital ［J］. Journal of Cultural Economics, 1999(23): 3–12.

［29］Coleman J. S. Social Capital in the Creation of Human Capital ［J］. American Journal of Sociology, 1988(97): 94–120.

［30］Tzanakis M. Bourdieu's Social Reproduction Thesis and the Role of Cultural Capital in Educational Attainment: A Critical Review of Key Empirical Studies ［J］. Educate, 2011, 11(1): 76–90.

［31］Fismen A. S., Samdal O., Torsheim T. Family Affluence and Cultural Capital as Indicators of Social Inequalities in Adolescent's Eating Behaviours: A Population–Based Survey ［J］. Bmc Public Health, 2012, 12(1): 1036.

［32］Yosso T., Smith W., Ceja M., et al. Critical Race Theory, Racial Microaggressions, and Campus Racial Climate for Latina Undergraduates ［J］.

Harvard Educational Review, 2009, 79(4): 659-691.

[33] Jamali D., Mirshak R. Corporate Social Responsibility: Theory and Practice in a Developing Country Context [J]. Journal of Business Ethics, 2007, 72(3): 243-262.

[34] Junger-Tas J. Ethnic Minorities, Social Integration and Crime [J]. European Journal on Criminal Policy and Research, 2001, 9(1): 5-29.

[35] Yang M. F. Research on Difficult Problem of Upward Mobility for Bottom Class in China—An Inspiration of Nurkse's "Vicious Cycle of Poverty Theory" [J]. Journal of Yueyang Vocational and Technical College, 2011, 5.

[36] Hendry J. Cultural Theory and Contemporary Management Organization [J]. Human Relations, 1999, 52(5): 557-577.

[37] Roth G., Weber M. History and Sociology in the Work of Max Weber [J]. The British Journal of Sociology, 1976, 27(3): 306-318.

[38] Neblo M. A., Esterling K. M., Kennedy R. P., et al. Who Wants to Deliberate—And Why? [J]. American Political Science Review, 2010, 104(3): 566-583.

[39] Mcnay L. Gender, Habitus and the Field: Pierre Bourdieu and the Limits of Reflexivity [J]. Theory, Culture & Society, 1999, 16(1): 95-117.

[40] Lizardo O. The Cognitive Origins of Bourdieu's Habitus [J]. Journal for the Theory of Social Behaviour, 2004, 34(4): 375-401.

[41] Zimmermann K. F. European Migration: Push and Pull [J]. International Regional Science Review, 1996: 95-128.

[42] Lee E. S. A Theory of Migration [J]. Demography, 1966, 3(1): 47-57.

[43] Katz C. J. Karl Marx on the Transition from Feudalism to Capitalism [J]. Theory and Society, 1993, 22(3): 363-389.

[44] Saito M. Amartya Sen's Capability Approach to Education: A Critical Exploration [J]. Journal of Philosophy of Education, 2003, 37(1): 17-33.

[45] Jameson F. Culture and Finance Capital [J]. Critical Inquiry, 1997, 24(1): 246-265.

[46] Heckman J. J. Detecting Discrimination [J]. Journal of Economic

Perspectives, 1998, 12(2): 101-116.

[47] Valle R., Martin F., Romero P M., et al. Business Strategy, Work Processes and Human Resource Training: Are They Congruent? [J]. Journal of Organizational Behavior, 2000, 21(3): 283-297.

[48] Bohme G. Contribution to the Critique of the Aesthetic Economy [J]. Thesis Eleven, 2003, 73(1): 71-82.

[49] Roberts D. L., Penn D. L. Social Cognition and Interaction Training (Scit) for Outpatients with Schizophrenia: A Preliminary Study [J]. Psychiatry Research-Neuroimaging, 2009, 166(2): 141-147.

[50] Tough A. J., Prosser J. I. Experimental Verification of a Mathematical Model for Pelleted Growth of Streptomyces Coelicolor in Submerged Batch Culture [J]. Microbiology, 1996: 1332-1332.

[51] Fiori K. L., Antonucci T. C., Cortina K. S. Social Network Typologies and Mental Health Among Older Adults [J]. 2006, 61(61): 25-32.

[52] Garrison D. R. Self-Directed Learning: Toward a Comprehensive Model [J]. Adult Education Quarterly, 1997, 48(1): 18-33.

[53] Hosen R., Soloveyhosen D., Stern L. Education and Capital Development: Capital as Durable Personal, Social, Economic and Political Influences on the Happiness of Individuals [J]. Education, 2003, 123(3): 496-513.

[54] Luthans F., Youssef C. M., Avolio B. J. Psychological Capital: Investing and Developing Positive Organizational Behavior [J]. Positive Organizational Behavior, 2007, 2(2): 9.

[55] Luthans F. The Need for and Meaning of Positive Organizational Behavior [J]. Journal of Organizational Behavior, 2002, 23(6): 695-706.

[56] Gane N. Max Weber as Social Theorist "Class, Status, Party" [J]. European Journal of Social Theory, 2005, 8(2): 217.

[57] Seidman S. Are We All in the Closet? Notes Towards a Sociological and Cultural Turn in Queer Theory [J]. European Journal of Cultural Studies, 1998, 1(2): 177-192.

[58] Granovetter M. The Strength of Weak Ties [J]. American Journal of

Sociology, 1973, 78(6): 1362.

［59］Redfield R. The Folk Society ［J］. American Journal of Sociology, 1947, 52(4): 293–308.

［60］Graves, Theodore D. Psychological Acculturation in a Triethnic Community ［J］. Southwestern Journal of Anthropology, 1967, 23(4): 337–350.

［61］Simon H. A., Newell A. Human Problem Solving: The State of the Theory in 1970 ［J］. American Psychologist, 1971, 26(2): 145–159.

［62］Gautier A., Pache A. Research on Corporate Philanthropy: A Review and Assessment ［J］. Journal of Business Ethics, 2015, 126(3): 343–369.

［63］Norris M. Varieties of Home Ownership: Ireland's Transition from a Socialised to a Marketised Policy Regime ［J］. Housing Studies, 2016, 31(1): 87.

［64］Cruz B. L., Pedrozo E., Estivalete F. B. Towards Sustainable Development Strategies: A Complex View Following the Contribution of Edgar Morin ［J］. Management Decision, 2006, 44(7): 871–891.

［65］Throsby D. Cultural Capital ［J］. Journal of Cultural Economics, 1999, 23(1–2): 3–12.

［66］Busby, Graham, Meethan K. Cultural Capital in Cornwall: Heritage and the Visitor ［J］. Cornish Studies, 2008(16–1): 146–166.

［67］Parsons C. Social Inclusion and School Improvement, Support for Learning ［J］. Support For Learning, 1999, 14(4): 179–183

［68］Collins H. Discrimination, Equality and Social Inclusion ［J］. The Modern Law Review, 2003(66).

［69］叶鹏飞. 农民工的城市定居意愿研究 基于七省（区）调查数据的实证分析［J］. 社会, 2011, 31（2）: 153–169.

［70］宁光杰, 李瑞. 城乡一体化进程中农民工流动范围与市民化差异［J］. 中国人口科学, 2016（4）: 37–47.

［71］路锦非. 中国城市移民二代的社会融入测量研究——理论反思与实证检验［J］. 公共管理学报, 2018（2）: 82–92.

［72］李薇，张学英．关于进一步完善被征地农民社会保障制度的研究
　　　〔J〕．生产力研究，2010（3）：58-59+96．

［73］陈其人．重商主义派、重农主义派和古典派剩余价值理论简评〔J〕．
　　　学术月刊，1958（3）：77-84．

［74］黄楠森．论文化的内涵与外延〔J〕．北京社会科学，1997（4）：
　　　11-15．

［75］庞树奇．在"社会遗产"面前——谈谈文化〔J〕．社会，1984
　　　（3）：34-37．

［76］杨柳．从《菊与刀》看露丝·本尼迪克特的文化模式理论〔J〕．重
　　　庆文理学院学报（社会科学版），2012，31（3）：16-23．

［77］杨玉好．马林诺夫斯基文化思想简论〔J〕．烟台大学学报（哲学社
　　　会科学版），1989（3）：75-79．

［78］张展新，杨思思．流动人口研究中的概念、数据及议题综述〔J〕．
　　　中国人口科学，2013（6）：102-112+128．

［79］李强．中国大陆城市农民工的职业流动〔J〕．社会学研究，1999
　　　（3）：95-103．

［80］王东，秦伟．农民工代际差异研究——成都市在城农民工分层比较
　　　〔J〕．人口研究，2002（5）：49-54．

［81］宋林飞．"农民工"是新兴工人群体〔J〕．江西社会科学，2005
　　　（3）：17-23．

［82］王春光．农民工：一个正在崛起的新工人阶层〔J〕．学习与探索，
　　　2005（1）：38-43．

［83］郑功成，黄黎若莲．中国农民工问题：理论判断与政策思路〔J〕．
　　　中国人民大学学报，2006，20（6）：123-133．

［84］张跃进，蒋祖华．"农民工"的概念及其特点研究初探〔J〕．江南
　　　论坛，2007（8）：16-19．

［85］曲如晓，曾燕萍．国外文化资本研究综述〔J〕．国外社会科学，2016
　　　（2）：100-108．

［86］周序．文化资本与学业成绩——农民工家庭文化资本对子女学业成绩
　　　的影响〔J〕．国家教育行政学院学报，2007（2）：73-77．

［87］刘精明. 中国基础教育领域中的机会不平等及其变化［J］. 中国社
　　　会科学，2008（5）：101-116+206-207.

［88］周海玲. 论流动儿童教育公平化的策略——文化资本的视角［J］.
　　　教育理论与实践，2008（25）：23-26.

［89］方长春，风笑天. 家庭背景与学业成就——义务教育中的阶层差异研
　　　究［J］. 浙江社会科学，2008（8）：47-55+126-127.

［90］杨习超，姚远，张顺. 家庭社会地位对青少年教育期望影响研
　　　究——基于CEPS2014调查数据的实证分析［J］. 中国青年研究，
　　　2016（7）：67-73.

［91］李德显，陆海霞. 高等教育机会获得与家庭资本的相关性研究——基
　　　于中国家庭追踪调查CFPS数据的分析［J］. 全球教育展望，2015，
　　　44（4）：50-60.

［92］刘凤芹，卢玮静，张秀兰. 中国城市居民的文化资本与志愿行
　　　为——基于中国27个城市微观数据的经验研究［J］. 清华大学学报
　　　（哲学社会科学版），2015，30（2）：37-47+187.

［93］朱镕君. 从文化资本到婚姻资本：理解农村青年阶层流动的一个视角
　　　［J］. 南京航空航天大学学报（社会科学版），2019，21（4）：57-61.

［94］袁一民. 审美的实践逻辑——关于电影工业美学的社会学再阐释
　　　［J］. 北京电影学院学报，2019（12）：4-13.

［95］华维慧. 大众传媒与文化生产：民国上海城市空间中的人文景观
　　　［J］. 大众文艺，2019（23）：174-175.

［96］刘欣. 阶级惯习与品味：布迪厄的阶级理论［J］. 社会学研究，
　　　2003（6）：33-42.

［97］郁方. 19世纪末以来中国中产阶层的消费文化变迁与特征［J］. 学
　　　术研究，2005（7）：13-19.

［98］朱伟珏. 文化视域中的阶级与阶层——布迪厄的阶级理论［J］. 社
　　　会科学辑刊，2006（6）：83-88.

［99］姚俭建. 论西方社会的中产阶级——文化资本理论框架内的一种解
　　　读［J］. 上海大学学报（社会科学版），2005（3）：107-112.

［100］仇立平，肖日葵. 文化资本与社会地位获得——基于上海市的实证

研究［J］. 中国社会科学，2011（6）：121-135.

［101］洪岩璧，赵延东. 从资本到惯习：中国城市家庭教育模式的阶层分
　　　　化［J］. 社会学研究，2014，29（4）：73-93+243.

［102］张鸿雁. 城市形象与"城市文化资本"论——从经营城市、行销城
　　　　市到"城市文化资本"运作［J］. 南京社会科学，2002（12）：
　　　　24-31.

［103］李怀亮，方英，王锦慧. 文化产业与经济增长关系的理论研究［J］
　　　　. 经济问题，2010（2）：26-29.

［104］高波，张志鹏. 文化资本：经济增长源泉的一种解释［J］. 南京大
　　　　学学报（哲学. 人文科学. 社会科学版），2004（5）：102-112.

［105］金相郁，武鹏. 文化资本与区域经济发展的关系研究［J］. 统计研
　　　　究，2009，26（2）：28-34.

［106］何文章. 文化资本与经济增长及要素贡献率实证分析［J］. 社会科
　　　　学家，2018（4）：75-81.

［107］吕庆华. 文化资源的产业开发的文化资本理论基础［J］. 生产力研
　　　　究，2006（9）：183-185.

［108］宋振春，李秋. 城市文化资本与文化旅游发展研究［J］. 旅游科
　　　　学，2011，25（4）：1-9.

［109］王麓怡，邹时荣. 都市休闲文化对区域休闲产业的激励——以武汉都
　　　　市休闲文化资源为例［J］. 自然辩证法研究，2006（2）：91-94.

［110］姜琪. 政府质量、文化资本与地区经济发展——基于数量和质量双
　　　　重视角的考察［J］. 经济评论，2016（2）：60-75.

［111］李珍. 农民工城市融入问题研究综述［J］. 东南大学学报（哲学社
　　　　会科学版），2013，15（S1）：56-59.

［112］卢海阳，郑逸芳，钱文荣. 农民工融入城市行为分析——基于1632
　　　　个农民工的调查数据［J］. 农业技术经济，2016（1）：26-36.

［113］梁波，王海英. 城市融入：外来农民工的市民化——对已有研究的
　　　　综述［J］. 人口与发展，2010（4）：75-87+93.

［114］张振宇，陈岱云，高功敬. 流动人口城市融入度及其影响因素的实
　　　　证分析——基于济南市的调查［J］. 山东社会科学，2013（1）：

28-40.

［115］徐祖荣.以杭州为例浅析流动人口的社会融入问题［J］.人权，
2009（1）：54-57.

［116］童雪敏，晋洪涛，史清华.农民工城市融入：人力资本和社会资本
视角的实证研究［J］.经济经纬，2012（5）：33-37.

［117］雷敏，张子珩，杨莉.流动人口的居住状态与社会融合［J］.南京
人口管理干部学院学报，2007（4）：31-34.

［118］杨菊华.中国流动人口的社会融入研究［J］.中国社会科学，2015
（2）：61-79+203-204.

［119］刘玉侠，尚晓霞.新生代农民工城市融入中的社会认同考量［J］.
浙江社会科学，2012（6）：72-76+82+158.

［120］吴华安，杨云彦.中国农民工"半城市化"的成因、特征与趋势：
一个综述［J］.西北人口，2011，32（4）：105-110.

［121］牛喜霞，谢建社.农村流动人口的阶层化与城市融入问题探讨［J］.
浙江学刊，2007（6）：45-49.

［122］石智雷，施念.农民工的社会保障与城市融入分析［J］.人口与发
展，2014，20（2）：33-43.

［123］赵延东，王奋宇.城乡流动人口的经济地位获得及决定因素［J］.
中国人口科学，2002（4）：10-17.

［124］李春玲.城乡移民与社会流动［J］.江苏社会科学，2007（2）：
91-97.

［125］邓曲恒.城镇居民与流动人口的收入差异——基于Oaxaca-Blinder
和Quantile方法的分解［J］.中国人口科学，2007（2）：8-16.

［126］张蕾，王桂新.第二代外来人口教育及社会融合调查研究——以上
海为例［J］.西北人口，2008（5）：59-63.

［127］李树苗，任义科，靳小怡.中国农民工的社会融合及其影响因素研
究——基于社会支持网络的分析［J］.人口与经济，2008（2）：
3-10+72.

［128］李培林，田丰.中国劳动力市场人力资本对社会经济地位的影响
［J］.社会，2010，30（1）：69-87.

［129］任远，乔楠. 城市流动人口社会融合的过程、测量及影响因素［J］.
人口研究，2010（2）：13-22.

［130］悦中山，李树苗，靳小怡. 从"先赋"到"后致"：农民工的社会
网络与社会融合［J］. 社会，2011（6）：137-159.

［131］王华斌. 农村人口流动的社会网络构筑与管理［J］. 华东经济管
理，2013，27（7）：121-126.

［132］晏月平，廖爱娣. 城市流动人口社会融合状况研究综述［J］. 成都
大学学报（社会科学版），2016（4）：15-20.

［133］肖昕茹. 我国少数民族流动人口社会融合现状研究［J］. 云南民族
大学学报（哲学社会科学版）. 2015（1）：60-65.

［134］李伟梁. 论少数民族流动人口的城市融入［J］. 黑龙江民族丛刊，
2010（2）：35-40.

［135］白文飞，徐玲. 流动儿童社会融合的身份认同问题研究——以北京
市为例［J］. 中国社会科学院研究生院学报，2009（2）：18-25.

［136］王毅杰，史晓浩. 流动儿童与城市社会融合：理论与现实［J］. 南
京农业大学学报（社会科学版），2010（2）：97-103.

［137］汪萍. 外来工随迁儿童社区融入问题探讨［J］. 苏州大学学报（哲
学社会科学版），2011，32（6）：104-108.

［138］刘亚娜. 社区视角下老漂族社会融入困境及对策——基于北京社
区"北漂老人"的质性研究［J］. 社会保障研究，2016（4）：
34-43.

［139］郭秀云. 基于人口流迁视角的城市公共安全问题研究［J］. 天府新
论，2008（4）：99-102.

［140］戴建中. 流动人口与社会安全［J］. 北京工业大学学报（社会科学
版），2012，12（3）：7-8.

［141］刘辉武. 文化资本与农民工的城市融入［J］. 农村经济，2007
（1）：122-125.

［142］赵芳，黄润龙. 文化资本与农民工的城市融入［J］. 法制与社会，2008
（13）：192-193.

［143］张军，王邦虎. 新生代农民工城市融入的文化资本支持［J］. 安徽

农业大学学报（社会科学版），2013，22（2）：43-48.

［144］李振刚，南方．城市文化资本与新生代农民工心理融合［J］．浙江社会科学，2013（10）：83-91+158.

［145］程欣炜，林乐芬．经济资本、社会资本和文化资本代际传承对农业转移人口金融市民化影响研究［J］．农业经济问题，2017，38（6）：3+69-81.

［146］曾维希，李媛，许传新．城市新移民的心理资本对城市融入的影响研究［J］．西南大学学报（社会科学版），2018，44（4）：129-137+195.

［147］缪青．从农民工到新市民：公民文化的视野和亟待开发的社会工程［J］．马克思主义与现实，2007（5）：109-114.

［148］赖晓飞．文化资本与农村流动人口的城市融入——基于厦门市Z工厂的实证研究［J］．南京农业大学学报（社会科学版），2009，9（4）：91-96.

［149］关盛梅，何影，庞文．文化资本视阈下农民工城市融入问题分析［J］．安徽农业科学，2015，43（16）：326-328.

［150］李振刚．新生代农民工文化资本对社会融合影响的实证研究［J］．社会发展研究，2017，4（4）：85-104+239.

［151］朱伟珏．文化资本与人力资本——布迪厄文化资本理论的经济学意义［J］．天津社会科学，2007（3）：86-91.

［152］思罗斯比，潘飞．什么是文化资本？［J］．马克思主义与现实，2004（1）：50-55.

［153］王云，龙志和，陈青青．中国省级文化资本与经济增长关系的空间计量分析［J］．南方经济，2012（7）：69-77.

［154］程晓堂．论自主学习［J］．学科教育，1999（9）：32-35+39.

［155］郭文娟，刘洁玲．核心素养框架构建：自主学习能力的视角［J］．全球教育展望，2017，46（3）：16-28.

［156］王威海，顾源．中国城乡居民的中学教育分流与职业地位获得［J］．社会学研究，2012，27（4）：48-66+242-243.

［157］王甫勤．地位束缚与生活方式转型——中国各社会阶层健康生活方

式潜在类别研究［J］．社会学研究，2017（6）：117-140.

［158］张会涛．我国农民工职业健康教育路径探索［J］．中国健康教育，2017，33（3）：279-281.

［159］赵小仕，于大川．健康对新生代农民工劳动力市场表现的影响——基于广东省335份调查问卷的实证分析［J］．当代经济管理，2017，39（7）：69-74.

［160］陶思炎，铃木岩弓．论民间文化信仰的研究体系［J］．世界宗教研究，1999（1）：107-113.

［161］王守恩．民间文化信仰研究的价值、成就与未来趋向［J］．山西大学学报（哲学社会科学版），2008（5）：40-46.

［162］周红云．社会资本：布迪厄、科尔曼和帕特南的比较［J］．经济社会体制比较，2003（4）：46-53.

［163］张翠娥，李跃梅，李欢．资本禀赋与农民社会治理参与行为——基于5省1599户农户数据的实证分析［J］．中国农村观察，2016（1）：27-37+50.

［164］杨毅，王佳．文化资本的集聚与表达：大学生文化消费影响因素的Logistic模型研究［J］．湖南社会科学，2016（6）：114-119.

［165］张少哲，杨敏．美好生活视域下城市青少年健康的影响因素研究——基于文化资本理论的视角［J］．哈尔滨工业大学学报（社会科学版），2019，21（1）：52-60.

［166］田凯．关于农民工的城市适应性的调查分析与思考［J］．社会科学研究（5）：90-95.

［167］张文宏，雷开春．城市新移民社会融合的结构、现状与影响因素分析［J］．社会学研究，2008（5）：117-141+244-245.

［168］杨菊华．从隔离、选择融入到融合：流动人口社会融入问题的理论思考［J］．人口研究，2009，33（1）：17-29.

［169］余运江，高向东，郭庆．新生代乡—城流动人口社会融合研究——基于上海的调查分析［J］．人口与经济，2012（1）：57-64.

［170］周皓．流动人口社会融合的测量及理论思考［J］．人口研究，2012，36（3）：29-39.

［171］悦中山，李树茁．中国流动人口融合政策评估——基于均等化指数和落户指数的分析［J］．中南财经政法大学学报，2016（6）：36-45．

［172］牛文元．从点状拉动到组团式发展：未来20年中国经济增长的战略思考［J］．中国科学院院刊，2003（4）：2-6．

［173］范红忠．我国农村劳动力转移过程的成本分析［J］．农村经济，2006（3）：107-109．

［174］张国胜．基于社会成本考虑的农民工市民化：一个转轨中发展大国的视角与政策选择［J］．中国软科学，2009（4）：61-74+84．

［175］卓玛草，孔祥利．农民工收入与社会关系网络——基于关系强度与资源的因果效应分析［J］．经济经纬，2016（6）：53．

［176］白亮，金露．近十年来我国社会认同研究评析［J］．当代教育与文化，2012，4（1）：25-29．

［177］钱文荣，卢海阳．农民工人力资本与工资关系的性别差异及户籍地差异［J］．中国农村经济，2012（8）：16-27．

［178］卢海阳，梁海兵，钱文荣．农民工的城市融入：现状与政策启示［J］．农业经济问题，2015，36（7）：26-36+110．

［179］杨春江，李雯，逯野．农民工收入与工作时间对生活满意度的影响——城市融入与社会安全感的作用［J］．农业技术经济，2014（2）：36-46．

［180］张宏如，吴叶青，蔡亚敏．心理资本影响新生代农民工城市融入研究［J］．江西社会科学，2015，35（9）：61-66．

［181］张学英．关于提升新生代农民工城市融入能力的研究［J］．贵州社会科学，2011（7）：79-82．

［182］杨菊华．城乡差分与内外之别：流动人口社会保障研究［J］．人口研究，2011，35（5）：8-25．

［183］杨成钢．关于人口素质的几个理论问题［J］．人口学刊，1986（5）：8-11．

［184］穆光宗．"人口素质木桶理论"探析［J］．科技导报，1991（8）：22-25+47．

［185］邹海蓉，刘辉．从文化再生产到社会再生产——布迪厄文化资本理

论研究述评 [J]. 湖北经济学院学报（人文社会科学版），2011
（12）：17-18.

[186] 李强. 影响中国城乡流动人口的推力与拉力因素分析 [J]. 中国社
会科学，2003（1）：125-136+207.

[187] 徐水源，黄匡时. 流动人口社会融合指标体系内在关系研究 [J].
统计与信息论坛，2016，31（10）：99-105.

[188] 悦中山，李树苗，费尔德曼. 农民工社会融合的概念建构与实证
分析 [J]. 当代经济科学，2012（1）：1-11.

[189] 朱力. 论农民工阶层的城市适应 [J]. 江海学刊，2002（6）：83.

[190] 李俊. 技能形成的身体社会学分析——一个初步的框架 [J]. 职教
通讯，2016（28）：78.

[191] 王君柏. 对费孝通"差序格局"的再反思 [J]. 湖南社会科学，2015
（1）：100-104.

[192] 张文江. 乡土社会人际交往的规则惯习——对N地"年夜酒"的研
究 [J]. 社会，2002（9）：33-35.

[193] 刘雅婷，黄健. 心理资本对农民工城市融入的作用机制及教育规导
路径 [J]. 现代远程教育研究，2018（3）：49-58.

[194] 董海军，代红娟. 城市群市民身份认同：影响因素、路径分析及反
思性——基于长沙的实证调查 [J]. 中国名城，2014（06）：20.

[195] 吴向东. 论马克思人的全面发展理论 [J]. 马克思主义研究，2005
（01）：32.

[196] 翟学伟. 再论"差序格局"的贡献、局限与理论遗产 [J]. 中国社
会科学，2009（3）：152-158.

[197] 汪玲萍. 从两对范畴看滕尼斯与涂尔干的学术旨趣——浅析"共同
体""社会"和"机械团结""有机团结" [J]. 社会科学论坛，
2006（12）：8-11.

[198] 黄克剑. "社会契约论"辨正 [J]. 哲学研究，1997（3）：28-39.

[199] 张继焦. 差序格局：从"乡村版"到"城市版"——以迁移者的城
市就业为例 [J]. 民族研究，2004（6）：50-59+108-109.

[200] 赵世怀. 简论乡村建设派的政治主张 [J]. 广西民族学院学报（哲

学社会科学版），1986（1）：111–116.

［201］关溪莹. 钟敬文的民俗教育观［J］. 中山大学学报（社会科学版），
2002（4）：91–97.

［202］池子华，田晓明，吴铁钧. 苏州市劳动密集型企业民工的心理融入
调查［J］. 心理科学，2008（1）：210–213.

［203］胡艳辉，王立娜. 农民工城市文化心理融入的代际差异研究［J］.
湘潮（下半月），2012（11）：6–9.

［204］杨德爱. 试谈人类学理论中的实践理论——以布迪厄《实践理论大
纲》和萨林斯《历史之岛》为例［J］. 重庆文理学院学报（社会科
学版），2011，30（5）：23–26.

［205］张海波，童星. 被动城市化群体城市适应性与现代性获得中的自我
认同——基于南京市561位失地农民的实证研究［J］. 社会学研
究，2006（2）：86–106.

［206］吴成鹏. 精英人群在城市空间塑造中的主导作用［J］. 建设科技，
2010（16）：79.

［207］周建国. 紧缩圈层结构论———一项中国人际关系的结构与功能分析
［J］. 社会科学研究，2002（2）：98–102.

［208］母涛，曾登地，梅春艳. 成都市文化创意产业发展对策与建议［J］.
新闻研究导刊，2017，8（9）：288+291.

［209］刘玉飞. 人口老龄化背景下城市化对劳动力供给的影响效应分析
［J］. 统计与决策，2019，35（18）：103–106.

［210］张永梅，何晨晓，桂浩然. 农民工社会融合：基于地区、民族和历
时性的比较［J］. 南方人口，2019，34（3）：25–33.

［211］何月华. 少数民族农民工的身份认同与城市融入——基于广西南
宁一个少数民族农民工聚居地的考察［J］. 广西民族研究，2019
（2）：74–82.

［212］马伟华. 社会支持网构建：少数民族流动人口城市融入的实现路径
分析［J］. 西南民族大学学报（人文社科版），2018，39（2）：
55–61.

［213］孙旦. 农村男女比例失衡对农民进城务工意愿的影响［J］. 人口研

究，2012，36（6）：57-70.

[214] 李树苗，伍海霞，靳小怡，费尔德曼. 中国农民工的社会网络与性别偏好——基于深圳调查的研究［J］. 人口研究，2006（6）：5-14.

[215] 李成. 社会融入：禁止职业歧视的价值基础重构［J］. 中外法学，2015，27（5）：1233-1248.

[216] 刘利鸽，刘红升，靳小怡. 外出务工如何影响农村流动人口的初婚年龄？［J］. 人口与经济，2019（3）：32-47.

[217] 风笑天. 农村外出打工青年的婚姻与家庭：一个值得重视的研究领域［J］. 人口研究，2006（1）：57-60.

[218] 朱明芬. 农民工职业转移特征与影响因素探讨［J］. 中国农村经济，2007（6）：9-20.

[219] 黄祖辉，许昆鹏. 农民工及其子女的教育问题与对策［J］. 浙江大学学报（人文社会科学版），2006（4）：108-114.

[220] 周建新，胡鹏林. 中国文化产业研究2018年度学术报告［J］. 深圳大学学报（人文社科版），2019，36（1）：45-56.

[221] 罗竖元. 城市社区文化对农民工随迁子女城市融入的影响——基于厦门、长沙、贵阳等地的调查［J］. 中国青年政治学院学报，2014，33（2）：8-14.

[222] 方向新. 农民工城市融入的演变趋向、突出特征与推进策略［J］. 求索，2019（4）：147-156.

[223] 袁一民. 改革开放以来中国电影中农民工城市化题材的新表达［J］. 电影艺术，2018（06）：40-46.

[224] 屈娇娇，林晓春. 父亲的职业类型对儿童社会性发展的影响［J］. 亚太教育，2016（19）：286+265.

[225] 刘永恒. 近十年来国内教育补习研究：回顾与展望［J］. 未来与发展，2008（1）：16-18.

[226] 薛海平. 课外补习、学习成绩与社会再生产［J］. 教育与经济，2016（2）：34-45.

[227] 胡咏梅，范文凤，丁维莉. 影子教育是否扩大教育结果的不均等——基于pisa 2012上海数据的经验研究［J］. 北京大学教育评论，2015

（13）：35–52+194.

［228］田丰，梁丹妮．中国城市家庭文化资本培养策略及阶层差异［J］．青年研究，2019（5）：1–11+94.

［229］池丽萍．父母与青少年的信任水平及代际传递［J］．心理发展与教育，2013，29（5）：491–499.

［230］文军，李珊珊．文化资本代际传递的阶层差异及其影响——基于上海市中产阶层和工人阶层家庭的比较研究［J］．华东师范大学学报（哲学社会科学版），2018，50（4）：101–113+175.

［231］李培志．青年农民工融入城市社区：经验与思考——以天津滨海新区"青年农民工融入社区"项目为例［J］．社会工作，2012（8）：58–60.

［232］王学琴，李文文，陈雅．公共文化服务标准化治理机制研究［J］．图书馆理论与实践，2019（10）：29–33.

［233］陈成文，孙嘉悦．社会融入：一个概念的社会学意义［J］．湖南师范大学社会科学学报，2012，41（06）：66–71.

参考博士论文部分：

［1］庄野．资本的泛化及其作用研究［D］．长春：吉林大学，2010.

［2］潘飞．生生与共：城市生命的文化理解［D］．北京：中央民族大学，2012.

［3］王洪兰．家庭文化资本的传承研究［D］．武汉：华中科技大学，2006.

［4］张惠．家庭文化资本与幼儿语言发展水平的关系研究［D］．北京：首都师范大学，2013.

［5］严警．家庭文化资本书［D］．武汉：华中师范大学，2012.

［6］程祁．家庭文化资本及其对幼儿数学学习的影响研究［D］．上海：华东师范大学，2009.

［7］刘军．阶层文化的冲突与整合［D］．上海：复旦大学，2008.

［8］孙永丽．外来务工人员子女融入城市的心理学研究［D］．上海：华东师范大学，2007.

［9］马肖曼. 乡—城新生代人口的家庭迁移模式研究［D］. 长春：吉林大学，2017.

［10］李沛新. 文化资本论［D］. 北京：中央民族大学，2006.

［11］柴定红. 英美社会工作专业化模式及其对中国的启示［D］. 天津：南开大学，2009.

［12］王兴周. 农民工城市性及其影响因素研究［D］. 上海：上海大学，2009.

［13］马红玉. 社会资本、心理资本与新生代农民工创业绩效研究［D］. 长春：东北师范大学，2016.

［14］戴志利. 农村居民生态意识和健康意识与生态消费关系的实证研究［D］. 长沙：湖南大学，2010.

［15］卓玛草. 城市资本积累视角下的农民工融入城市能力问题研究［D］. 西安：陕西师范大学，2017.

［16］韩俊强. 农民工城市融合影响因素研究［D］. 武汉：武汉大学，2014.

［17］雷华. 农民工居住现状及其对心理融入的影响研究［D］. 武汉：华中农业大学，2013.

［18］邓垚. 中国劳动力资源与经济发展研究［D］. 长春：吉林大学，2012.

问卷设计中的变量赋值

在本问卷中，由于前章节对农村流动人口文化资本指标体系和农村流动人口的城市融入指标体系进行了归纳，因此将农村流动人口文化资本作为自变量，城市融入作为因变量进行分类和编码，为问卷的实际评测提供可供操作的基础。

在第一部分问卷人口学解释变量问题的设置上，将受访者的性别、年龄、婚姻状况、子女情况（数量、受教育情况或就业情况）、家庭成员随迁情况和自我健康评价情况进行统计编码。其中，性别按照男或女对应1或者2进行编码赋值；年龄方面按照不同年龄段分别对应1—7的编码赋值；婚姻状况按照不同的状况分别对应1—5的赋值范围；在家庭子女方面，按照逻辑跳转问题设置，对于有孩子的家庭，子女的状况分别对应相应的赋值范围；随迁状况和健康自我评价过程问题设置中，分别对应赋值范围均为1—5（见附表1-1）。

附表1-1　人口学相关变量赋值

变量类别	变量说明	编码
人口学基本信息	性别	男=1，女=2
	婚姻	未婚=1，已婚=2，其他=3
	年龄	16—30=1，31—40=2，41—50=3，51—60=4，>60=5
	孩子数	是几个就编码为阿拉伯数字几
	正在上学的孩子数	是几个就编码为阿拉伯数字几

在第二部分和第三部分自变量和因变量问题的设置上，多数采用

LIKERT五点量表进行赋值为1—5的范围区间中，对于个别多选问题，采用计数方式进行赋值。如第11题"您目前主要对哪方面的信息内容比较关心？"的问题设置上，分别按照关注内容的数量进行赋值，分别为1—19，若没有勾选则赋值为0。与此同时，在个别"是否"问题的回答上，如采取对应的赋值为1和2，"是"赋值为"1"，"否"赋值为"2"，并在后期数据编码里面按照算法逻辑进行了转换，将"是"为"1"，"否"为"0"进行重新编码（见附表1-2和1-3）。

附表1-2 农村流动人口文化资本的部分变量赋值

变量类别	变量说明	编码
自主学习	目标设置	从经常改变到始终坚持赋值分别为1—5
	自我调整	从果断放弃到积极请教别人赋值分别为1—5
	自我评价	对自己的学习成果从不满意到满意赋值分别为1—5
教育水平	学历水平	小学及以下=1 初中=2 高中=3 大学专科=4 大学本科及以上=5
	职称水平	从没有技能到高级技师分为五档，赋值分别为1—5
	培训水平	没有参加=1 参加1—2次=2 参加3—4次=3 参加5—6次=4 参加7次及以上=5
信息接受	获取途径	互联网和手机=1 电视=2 报纸=3 口口相传=4 其他=5
	获取工具	智能手机=1 半智能手机=2 老年机=3 座机=4 没有=5
	获取内容	获取的内容从少到多赋值分别为1—5
健康意识	睡眠习惯	从最差到最好赋值分别为1—5
	医疗习惯	从最差到最好赋值分别为1—5
	运动习惯	从最差到最好赋值分别为1—5

续表

变量类别	变量说明	编码
现代价值	权利意识	从行使得不好到好分为五档，赋值分别为1—5
	消费理性	从消费不理性到理性分为五档，赋值分别为1—5
乡土联结	乡愁情愫	不怀念=1 不太怀念=2 无所谓=3 比较怀念=4 很怀念=5
	乡土记忆	从不深刻到深刻分为五档，赋值分别为1—5
	民俗体验	从不深刻到深刻分为五档，赋值分别为1—5
民间文化信仰	民间文化体验	没有=1 很弱=2 说不清=3 较强=4 强烈=5
	文化信仰肯定	从存有诸多疑虑到非常信仰分为五档，赋值分别为1—5
	文化开放推荐	向别人推荐的可能性从低到高分为五档，赋值分别为1—5
个体文化活动	艺术观摩	从少到多分为五档，赋值分别为1—5
	文化阅读	有=1，无=0
公共文化活动	文化场景互动	有=1，无=0
	文化政策了解	从低到高分为五档，赋值分别为1—5
	文化工作参与	从参与很少到很多分为五档，赋值分别为1—5

附表1-3 农村流动人口城市融入的部分量表赋值

一级指标	二级指标	具体问题和编码等
经济融入	经济收入 B11	Income3 1—5（低到高）
	职业属性 B12	System：1是国有，0是非国有 行业（vocation）： 1——生产运输工人 2——服务人员 3——初级管理和技术人员 4——个体工商户 5——党政企事业单位人员 6——其他
	居住条件 B13	Living 1—5越高越好
	城市社会保障 B14	have1 1—5 越高越好

续表

一级指标	二级指标	具体问题和编码等
社会融入	社会交往 B21	1—5 越高交往人数越多
	社会参与 B22	Career 2 1—5 分越高越丰富
	居住区位 B23	Location 1——居民小区 2——棚户区 3——城中村 4——城乡结合部 5——建筑工地 6——其他
	迁移模式 B24	Mode2 1——自己或夫妻 2——携子女 3——携子女或父母
心理融入	融入城市难易度 B31	Diff 1—5 分越高越困难
	工作满意度 B32	Satis 1—5分越高越满意
	参保意愿 B33	Insu2 1——强 0——不强
	子女教育重视程度 B34	Kidedu 1—5 分越高越重视
身份融入	自我身份认同 B41	Identity 1—3分别是农村人、半个农村人、城里人
	留城意愿 B42	Plan2 1—5 分越高越想留在城里
	未来发展规划 B43	Plan1 1——留城 2——回农村 3——没有想法
	对下一代城市化期望B44	1—5 分越高表示越想

第四部分针对农民工文化资本的代际传递问题进行问卷设计的时候，基本上依然按照第三部分问卷赋值方式进行，共有10道问题。其中，第4题（父母职业分布）设置为多选题，按照计数的方式分别赋值为1—20；第5题（采访个体幼年家庭阅读习惯培养）"是否"题在问卷登记时候分别赋值为1和2，"是"赋值为"1"，"否"赋值为"2"，并在后期数据编码里面按照算法逻辑进行转换，将"是"为"1"，"否"为"0"进行重新编码（见附表1-4）。

附表1-4　文化资本代际传递部分量表赋值

问题	编码
父亲或母亲的文化程度	1—5 分越高文化程度越高
父母工作的文化关联	1—5 分越高关联程度越高
阅读重视	0—1
外出旅游	1—5 分越高越多
参观活动	1—5 分越高越多
讲故事，介绍风俗	1—5 分越高越多
传家宝	1—5 分越高越多
教育期望	1—5 分越高期望越重

附录二

问卷设计中的变量编码

附表2-1 农村流动人口文化资本问卷指标评价体系编码

一级指标 A	二级指标	三级指标
文化认知 A1	自主学习A11	自我动机A111
		目标设置A112
		自我调解A113
		自我评价A114
	教育水平A12	学历水平A121
		职称水平A122
		培训水平A123
	信息接受 A13	获取途径A131
		获取工具A132
		获取内容A133
文化观念 A2	健康意识 A21	健康知识积累习惯A211
		睡眠习惯A212
		医疗习惯A213
		运动习惯A214
		饮食习惯A215
	现代价值A22	利他主义A221
		环保意识A222
		权利意识A223

一级指标A	二级指标	三级指标
文化观念 A2	现代价值A22	消费理性A224
		自我尊重A225
		开放意识A226
	乡土联结A23	乡愁情愫A231
		乡土记忆A232
		民俗体验A233
	民间文化信仰 A24	祖先和自然崇拜A241
		民间文化体验A242
		文化信仰肯定A243
		文化开放推荐A244
文化实践 A3	个体文化实践A31	电影体验A311
		艺术观摩A312
		文化阅读A313
	公共文化实践A32	文化场景互动A321
		文化政策了解A322
		文化工作参与A323

附表2-2　农村流动人口城市融入的问卷指标评价体系编码

一级指标B	二级指标
经济融入 B1	经济收入 B11
	职业属性 B12
	居住条件 B13
	城市社会保障 B14
社会融入 B2	社会交往 B21
	社会参与 B22
	居住区位 B23
	迁移模式 B24

一级指标 B	二级指标
心理融入 B3	融入城市难易度 B31
	工作满意度 B32
	参保意愿 B33
	子女教育重视程度 B34
身份融入 B4	自我身份认同 B41
	留城意愿 B42
	未来发展规划 B43
	对下一代城市化期望B44

附录三

文化资本和城市融入专家打分矩阵

附表3-1 文化资本专家打分矩阵

1. 文化资本一级指标部分

A	A1	A2	A3
A1	1	5	3
A2	1/5	1	1/3
A3	1/3	3	1

2. 文化资本二级指标部分

文化能力部分

A1	A11	A12	A13
A11	1	1/5	1/2
A12	5	1	2
A13	2	1/2	1

文化观念部分

A2	A21	A22	A23	A24
A21	1	5	8	8
A22	1/5	1	5	6
A23	1/8	1/5	1	2
A24	1/8	1/6	1/2	1

文化实践部分

A3	A31	A32
A31	1	1/3
A32	3	1

3. 文化资本三级指标部分

自主学习部分

A11	A111	A112	A113	A114
A111	1	1	1	1
A112	1	1	1	1
A113	1	1	1	1
A114	1	1	1	1

教育水平部分

A12	A121	A122	A123
A121	1	2	4
A122	1/2	1	4
A123	1/4	1/4	1

信息接受部分

A13	A131	A132	A133
A131	1	3	2
A132	1/3	1	1/2
A133	1/2	2	1

健康意识部分

A21	A211	A212	A213	A214	A215
A211	1	3	3	3	3
A212	1/3	1	1	1	1
A213	1/3	1	1	1	1

| A214 | 1/3 | 1 | 1 | 1 | 1 |
| A215 | 1/3 | 1 | 1 | 1 | 1 |

现代价值部分

A22	A221	A222	A223	A224	A225	A226
A221	1	1	1/3	1	1	1
A222	1	1	1/3	1	1	1
A223	3	3	1	3	3	3
A224	1	1	1/3	1	1	1
A225	1	1	1/3	1	1	1
A226	1	1	1/3	1	1	1

乡土联结部分

A23	A231	A232	A233
A231	1	1/4	1
A232	2	1	2
A233	1	1/4	1

民间文化信仰部分

A24	A241	A242	A243	A244
A241	1	2	2	2
A242	1/2	1	1	1
A243	1/2	1	1	1
A244	1/2	1	1	1

个体文化活动部分

A31	A311	A312	A313
A311	1	3	1/5
A312	1/3	1	1/8
A313	5	8	1

公共文化活动部分

A32	A321	A322	A323
A321	1	2	1/5
A322	1/2	1	1/4
A323	5	4	1

附表3-2 城市融入专家打分矩阵

城市融入一级指标部分

B	B1	B2	B3	B4
B1	1	2	6	4
B2	1/2	1	4	3
B3	1/6	1/4	1	1/3
B4	1/4	1/3	3	1

城市融入二级指标部分：经济融入

B1	B11	B12	B13	B14
B11	1	2	6	4
B12	1/2	1	5	3
B13	1/6	1/5	1	1/3
B14	1/4	1/3	3	1

城市融入二级指标部分：社会融入

B2	B21	B22	B23	B24
B21	1	4	6	3
B22	1/4	1	4	2
B23	1/6	1/4	1	1/2
B24	1/3	1/2	2	1

城市融入二级指标部分：心理融入

B3	B31	B32	B33	B34
B31	1	1	4	4
B32	1	1	4	4

续表

B33	1/4	1/4	1	1/2
B34	1/4	1/4	2	1

城市融入二级指标部分：身份融入

B4	B41	B42	B43	B44
B41	1	3	1/6	1/4
B42	1/3	1	1/6	1/4
B43	6	6	1	2
B44	4	4	1/2	1

附录四

层次计算权向量及检验结果表

附表4-1 层次计算权向量及检验结果表

文化资本部分

A	单（总）排序权值
A1	0.63
A2	0.11
A3	0.26
C.R.	0.03

A1	单排序权值
A11	0.13
A12	0.59
A13	0.28
C.R.	0.01

A2	单排序权值
A21	0.62
A22	0.25
A23	0.08
A24	0.05
C.R.	0.09

A3	单排序权值
A31	0.25
A32	0.75
C.R.	0

A11	单排序权值
A111	0.25
A112	0.25

A113	0.25
A114	0.25
C.R.	0

A12	单排序权值
A121	0.54
A122	0.35
A123	0.11
C.R.	0.05

A13	单排序权值
A131	0.54
A132	0.16
A133	0.30
C.R.	0.01

A21	单排序权值
A211	0.44
A212	0.14
A213	0.14
A214	0.14
A215	0.14
C.R.	0

A22	单排序权值
A221	0.125
A222	0.125
A223	0.375
A224	0.125
A225	0.125
A226	0.125
C.R.	0

A23	单排序权值
A231	0.25
A232	0.5
A233	0.25
C.R.	0

A24	单排序权值
A241	0.4
A242	0.2
A243	0.2
A244	0.2
C.R.	0

A31	单排序权值
A311	0.19
A312	0.08
A313	0.73
C.R.	0.06

A32	单排序权值
A321	0.19
A322	0.13
A323	0.68
C.R.	0.09

城市融入部分

B	单（总）排序权值
B1	0.50
B2	0.30
B3	0.06
B4	0.14
C.R.	0.03

B1	单排序权值
B11	0.49
B12	0.31
B13	0.06
B14	0.14
C.R.	0.03

B2	单排序权值
B21	0.55
B22	0.23
B23	0.07
B24	0.15
C.R.	0.05

B3	单排序权值
B31	0.40
B32	0.40
B33	0.08
B34	0.12
C.R.	0.02

B4	单排序权值
B41	0.12
B42	0.07
B43	0.52
B44	0.30
C.R.	0.06

可以看出，所有单排序的C.R.<0.1，认为每个判断矩阵的一致性都是可以接受的。

实际问卷调查过程中，会出现个别缺失数据，我们采用均值进行填报；此外由于三级指标包含了定性数据和定序数据，因此，我们先对数据进行归一化处理，即 $\dfrac{x_i - x_{min}}{x_{max} - x_{min}}$ ，计算综合指标的标准分后，再将该得分按1—5赋值，从而得到各个综合指标的最终分级结果。

成都市农村流动人口城市融入调查问卷

编号：＿＿＿＿＿＿＿

　　亲爱的朋友，您好！我们是四川大学和西南财经大学联合调查组，我们开展本次调查是为了深入了解当前农村流动人口就业、生活与社交等情况。我们将按照《中华人民共和国统计法》第一章第九条和第三章第二十五条的规定，对您所提供的所有信息绝对严格保密。

　　请您按照问卷的要求填答，答案无所谓"对"或"错"。感谢您对本次调查的配合！祝您生活愉快！

第一部分

1. 您的性别是？

　　A.男　　B.女

2. 您现在的年龄是？

　　A.16岁—24岁　　B.25岁—30岁　　C.31岁—35岁　　D.36岁—40岁

　　E.41岁—45岁　　F.46岁—50岁　　G.51岁—55岁　　H.56岁—60岁

　　I.61岁及以上

3. 您的婚姻状况是？

　　A.未婚　　B.已婚　　C.离异（或分居）　　D.丧偶　　E.再婚

4. 您家有几个孩子？（包括亲生子女、继子女、领养子女等）＿＿＿个。

5. 您家正在上学的孩子有＿＿＿＿＿个？

　　A.无　　B.1个　　C.2个　　D.3个及以上

6. 您的成年子女是否同在成都打工？

　　A.是　　B.否

7. 孩子目前的上学状况是？

　　A.留在老家上学　B.城市公办学校借读　C.城市正规民办学校学习

　　D.农民工子弟学校　E.其他_____

8. 您在城市是否还有其他家人？

　　A.自己一人　　　　　B.自己携子女　　　　C.夫妻二人

　　D.夫妻携子女　　　　E.自己携子女、父母　F.夫妻携子女、父母

　　G.自己和父母一起　　H.其他_____

9. 您的健康状况自我评价如何？

　　A.优秀　B.良好　C.一般　D.较差　E.差

第二部分

1. 您对学习（技能或各类书籍或文化科普常识等）的兴趣是？

　　A.很浓厚　B.较浓厚　C.一般　D.兴趣不大　E.没兴趣

2. 与您相关工作中引入的新设备、新技术，您的态度是？

　　A.想法搞懂　B.如果有时间就搞懂　C.无所谓　D.兴趣不大

　　E.没兴趣

3. 过去一年您设置的学习目标情况是？

　　A.始终未变　B.较少改变　C.说不清楚　D.经常改变　E.没目标

4. 当您遇到学习困难的时候，您采取的态度是？

　　A.请教别人　B.自我反思　C.说不清楚　D.搁置等待　E.果断放弃

5. 您经常在学习后，对学习结果感到？

　　A.满意　B.比较满意　C.说不清楚　D.不太满意　E.不满意

6. 您的文化程度是？

　　A.未上过小学　B.小学　C.初中　D.高中/中专

　　E.大学专科　　　F.大学本科及以上

7. 您目前技能等级情况是？

　　A.没有技能　B.初级技工　C.中级技工

　　D.高级技工　E.高级技师

8. 到目前为止您参加过多少次职业培训？

　　A.没有参加过　B.1—2次　C.3—4次

D.5—6次　　E.7次及以上

9. 您目前获取信息最主要的渠道是？

A.互联网或手机　B.电视　C.报纸　D.口口相传　E.其他_____

10. 您目前主要使用的通信工具是？

A.智能手机　B.半智能手机

C.老人手机（仅仅能够打电话、发短信）

D.座机（固定电话）　E.没有通信工具

11. 您目前主要对哪方面的信息内容比较关心？（可多选）

A.时事政治　B.民生新闻　C.广告　D.影音娱乐　E.体育

F.汽车　G.健身　H.招聘　I.明星　J.科技　K.财经　L.房产

M.教育　N.文化　O.游戏　P.婚恋　Q.养老　R.星座　S.打折

12. 您是否相信跪拜或向以下事物许愿会带给您好运？（可多选）

A.祖先　B.土地公　C.神仙　D.天象　E.财神　F.圣贤　G.转运石

H.传家宝　I.古建筑

J.有传说的地理标志（水域、石碑、岩石、高山、草甸等）

K.亲人的信物　L.其他_____　M.无

13. 您选择相信以下事物的存在吗？（可多选）

A.不可知的命数　B.神秘的超自然力量　C.妖怪　D.风水　E.煞星

F.恶鬼　G.麒麟　H.龙　I.凤凰　J.其他_____　K.无

14. 您感觉上天对您个人发展（婚姻、家庭、就业、教育、机遇等）
的掌握程度？（其中任何一项被掌握都可以算入）

A.强烈　B.较强　C.说不清　D.很弱　E.没有

15. 您对信奉的事物（12、13题所勾选的事物范围内的特定一个或者
多个）的程度是？

A.非常信奉　B.比较信奉　E.半信半疑

D.不太信奉　E.存有诸多疑虑

16. 您对自己非常信奉的事物向亲人朋友介绍的程度是？

A.经常介绍　B.有时介绍　C.视情况而定

D.不太介绍　E.完全不介绍

17. 您所知道的乙肝的传播途径有以下哪些？（可多选）

A.共用剃须刀和牙刷 B.买卖不洁血液制品 C.性交时不戴安全套

D.同桌进餐或办公 E.使用消毒不彻底的医疗器械和纹绣工具

（如注射针头、针灸针、耳洞枪等） F.不清楚 G.乙肝不传染

H.其他_____

18. 过去一年中，您从什么途径接受过有关疾病预防保健方面的知识？（可多选）

A.没有 B.报纸、杂志和书籍 C.医生或卫生工作者的宣传

D.广播 E.街头宣传栏 F.朋友、同伴的宣传 G.电视

H.宣传单 I.网络（手机/电脑） J.其他_____

19. 您的睡眠规律性（入睡和起床时间确定）如何？

A.经常不规律 B.有时不规律 C.视情况而定 D.偶尔不规律

E.按时入睡按时起床

20. 您认为对于无法判断的病情，选择什么方式来治疗？

A. 非常重视（去医院确诊） B.比较重视（去附近的诊所看看医生）

C.无所谓（附近有药店随便买点药） D.不太重视（先等一等）

E.不重视（完全不管）

21. 近6个月内，您平均每周有几次体育锻炼？

A.5次及以上 B.3—4次 C.1—2次 D.从不锻炼

22. 饮食习惯

A.您在家就餐（自己做饭）频率	经常	偶尔	从不
B.您在家加工半熟食物的频率	经常	偶尔	从不
C.您在雇主提供地点饮食的频率	经常	偶尔	从不
D.您外出就餐/点外卖的频率	经常	偶尔	从不

23. 热心助人

A.您曾为陌生人指路吗？	从不	一次	多于一次	经常	很经常
B.您曾帮陌生人用现金支付，他人微信/支付宝转给您？	从不	一次	多于一次	经常	很经常
C.您曾给需要钱或向您要钱的陌生人钱？	从不	一次	多于一次	经常	很经常
D.您曾帮助陌生人搬东西（书、包裹等）吗？	从不	一次	多于一次	经常	很经常
E.您曾在公交车或火车上给陌生人/老人让座吗？	从不	一次	多于一次	经常	很经常

24. 您使用过的电池，您会怎么做？

　　A.收起来，回收利用或放在规定的地方，免得污染环境

　　B.扔在垃圾桶就是　　C.随手就扔了　　D.其他_____

25. 到超市、商场等地方购物时，您的习惯是？

　　A.自备购物袋　　B.购买塑料袋

　　C.有意识准备购物袋，但有时会忘记　　D.其他_____

26. 您尝试用法律维护您的合法权利的时候，主要顾虑是什么？

　　A.没有，原因是_____　　B.打官司，请律师太麻烦，自己解决简单

　　C.不知道怎么通过法律途径解决　　D. 其他_____

27. 对您来说最重要的权利是哪类权利？

　　A.经济权利　　B.政治权利　　C.人身自由权利　　E.平等权利

　　F.其他权利_____

28. 您认为您的各项权利是否得到行使？

　　A.完全是　　B.大部分是　　C.说不清　　D.少部分是　　E.完全没有

29. 您心目中合理的消费状态是？

　　A. 制定详细的消费计划并严格执行

　　B.有个大致的计划，大多数时间按照计划执行

　　C. 控制不住自己花钱，但一般会剩点钱应急

　　D.完全没计划，随便花，有时透支或者借钱花

30. 当您在购买大宗消费品时，考虑最多的因素是？

　　A.价格　　B质量和实用性　　C.品牌、档次　　D.外观　　E. 随大流

31. 当您在日常消费时，考虑最多的因素是？

　　A.价格　　B质量和实用性　　C.品牌、档次　　D.外观　　E. 随大流

32. 您为现在的自己感到骄傲吗？

　　A.同意　　B.比较同意　　C.说不好　　D.不太同意　　E.不同意

33. 您认为大多数人对您的看法是？

　　A.一致的　　B.比较一致　　C.说不清　　D.不太一致　　E.看法很多

34. 您与同事或他人合作时，一般会？

　　A.毫无保留地和他人合作

　　B.愿意与人合作，但是时时刻刻都留一手

C.可以和同事合作，但不主动

D.万不得已才会和同事合作　E.不愿意和别人合作

35. 和同事在一起工作的时候，如果遇到不同意见，您会？

A.耐心听取意见，综合考虑

B.会听取意见，但是以自己的判断为主

C.礼貌性地听取意见，但是会默默坚持自己的判断

D.礼貌的告知对方自己已经有了判断，听取意见没有意义

E.直接告诉对方不用浪费时间，并拒绝与对方沟通

36. 您对以往乡村生活的怀念程度为？

A. 很怀念　B. 比较怀念　C.无所谓怀念或不怀念

D.不太怀念　E. 不怀念

37. 您对家乡记忆深刻的事物在于？（可多选）

A.家乡的山水　B.家乡的美食　C.家乡的欢聚氛围

D.家乡的历史遗址　E.家乡的文化习俗　F.依然在家乡生活的亲人

G.依然在家乡生活的朋友　H.曾经在家乡发生的恋情

I.家乡的教育经历　J.家乡的生活趣事

K.家乡的文化或社会或经济变迁

L.关于家乡的特定文化作品（小说、诗歌、电影、纪录片等）

M.在家乡所取得的成功经历　N.其他_____

38. 您参加过的家乡民俗活动中，让您记忆深刻的有哪些？（可多选）

A.节庆民俗活动（文化表演、纪念活动、赶集、吃年饭等）

B.服饰活动（穿地方特色服饰的集体活动）

C.婚俗活动（相亲、婚礼迎亲、生孩子等活动）

D.礼仪活动（拜神、祭祀、许愿等相关文化活动）

E.社会民俗活动（算命、风水、丧葬、竞技、游戏等）

F.生产民俗活动（捕猎、耕种、渔业、采掘、养殖、手工业等具有
　特色的生产活动）

39. 参与娱乐活动情况

A.您每周看电影或者电视剧（通过电影院、手机、平板、电脑）的次数是？	每天	5—6次	3—4次	1—2次	没有
B.您每周看短视频（比如抖音、秒拍、西瓜视频、快手等平台的视频内容）的次数是？	每天	5—6次	3—4次	1—2次	没有
C.您每周听歌（利用手机、音响或其他设备）的次数是？	每天	5—6次	3—4次	1—2次	没有
D.您过去一年进博物馆或美术馆或专业文化展览的次数是？	每天	5—6次	3—4次	1—2次	没有

40. 您过去一年接触过下列哪些作品？

A.小说（含网络小说、手机故事）	是	否
B.微信公众号文章	是	否
C.其他，如诗歌、戏剧、散文、儿童读物、杂志、短篇故事等	是	否
D.没有（直接转入下一部分）	是	否

41. 您对以上所选的作品内容阅读的频次是？（以您最经常阅读的为准）

    A.每天都看   B.每周5—6次   C.每周3—4次

    D.每周2次   E.每周1次

42. 您过去一年参与过下列哪些集体文化活动？（可多选）

A.社区或者街道组织的文化活动（文化表演、歌咏比赛、诗歌比赛、电影放映等）	是	否
B.城市中举办的运动项目（马拉松、越野跑、运动会等）	是	否
C.集体相亲活动	是	否
D.文化惠民相关活动（自主购票）	是	否
E.其他_____	是	否
F.没有参加过	是	否

43. 您知道成都市以下哪些文化设施不需要购票入场？（可多选）

A.成都市博物馆	是	否
B.成都市望江楼公园	是	否
C.成都市人民公园	是	否
D.成都市图书馆	是	否

E.四川省博物馆	是	否
F.四川省美术馆	是	否
G.四川省图书馆	是	否
H.成都市宽窄巷子历史文化街区	是	否
I.成都市武侯祠博物馆锦里民俗街区	是	否
J.成都市东郊记忆文化创意产业园	是	否
K.以上一个都没有	是	否

44. 您的工作可能包含以下哪些方面的内容？（可多选）

A.文化创意（含传统文化工艺制作、文化衍生品制作）	是	否
B.文化宣传（含企业文化建设相关工作）	是	否
C.文化设计（含名片设计、广告制作等）	是	否
D.文化推广（地方特色产品如食物、手工等的销售推广等）	是	否
E.文化手艺传承（雕塑、建筑局部、绘画）	是	否
F.文化创新（含川菜文化创新、陶瓷文化创新等生产服务型文化创新）	是	否
G.文化展示（含文化类用品销售，外国食物如印度飞饼、咖啡，传统食物如糖画、糖人、小吃制作销售等）	是	否
H.没有	是	否

4. 您是否同意以下说法？

A. 我喜欢我现在居住的城市/地方	1.完全不同意 2.不同意 3.基本同意 4.完全同意
B. 我觉得本地人愿意接受我成为其中一员	1.完全不同意 2.不同意 3.基本同意 4.完全同意
C. 我感觉本地人看不起外地人	1.完全不同意 2.不同意 3.基本同意 4.完全同意
D. 我觉得我已经是本地人了	1.完全不同意 2.不同意 3.基本同意 4.完全同意

第三部分

1. 您现在的（或者上个月的）月平均收入？

　　A.0—1000　B.1000—2000　C.2000—3000　D.3000—4000

　　E.4000—5000　F.5000—6000　G.6000—7000　H.7000—8000

　　I.大于8000

2. 您的工资支付状况为？

   A. 经常被拖欠　　B. 偶尔被拖欠　　C. 没有被拖欠

3. 您的生活水平在城市中处于？

   A. 高水平　B. 较高水平　C. 中等水平　D. 较低水平　E. 低水平

4. 您目前从事的岗位是？

   A. 生产运输工人　B. 服务业人员　C. 初级管理和技术人员

   D. 个体工商户　E. 党政企事业单位工作人员（注：生产运输工人指
   建筑工人、家装人员、快递人员、工厂工人等；服务业人员指餐
   饮、服务员、环卫工人以及家政服务人员等；初级管理和技术人员
   指宾馆、餐厅的领班以及工厂的班长、组长、负责人等）

   F. 其他_____

5. 您目前就职单位的性质是？

   A. 国有　B. 集体　C. 私营　D. 个体　E 其他_____

6. 工作单位向您提供的相关福利有？（可多选）

   A. 住房补贴　B. 免费用餐　C. 返乡车补　D. 带薪休假

   E. 年底奖金　F. 节假福利　G. 其他_____　H. 没有

7. 工作单位给您购买社会保险了吗？

   A. 是　B. 否

8. 自进城务工开始，您一共换过几次工作？

   A. 没有换过　B. 1次　C. 2次　D. 3次　E. 4次或更多

9. 您目前的居住条件是？

   A. 单位提供的宿舍　B. 自购房　C. 自己租房　D. 与人合租房

   E. 其他_____

10. 您目前所居住的住房周边环境？

    A. 好　B. 较好　C. 一般　D. 较差　E. 很差

11. 您拥有下列哪些社会保险？（可多选）

A.综合保险	是	否
B.农村养老保险	是	否
C.新型农村合作医疗保险	是	否
D.城市养老／医疗保险	是	否

E.商业保险	是	否
F.失业保险	是	否
G.工伤保险	是	否
H.生育保险	是	否
I.没有购买任何保险	是	否

12. 您平时主要联系和交往的城市居民大概有多少人？

　　A.1—5人　B.6—10人　C.11—15人　D.15人—20人

　　E.人数较多，记不得

13. 您经常打交道的城市居民一般是？

　　A.单位内城市职工　　B.单位外业务客户　　C.私人朋友

　　D.房东/邻居/社区居民　　E.其他_____

14. 您工作机会的介绍主要是通过老家的亲朋好友吗？

　　A.非常符合　B.符合　C.说不清　D.不太符合　E.不符合

15. 以上与您打交道的朋友、能帮忙的熟人及亲戚中，他们从事哪些职业？（多选）

A.国家机关、党群组织、企业、事业单位负责人	是	否
B.专业技术人员	是	否
C.办事人员和有关人员	是	否
D.商业、服务业人员	是	否
E.农、林、牧、渔、水利业生产人员	是	否
F.生产、运输设备操作人员及有关人员	是	否
G.不便分类的其他从业人员	是	否
H.军人	是	否

16. 工作单位的雇主/直接管理员，与您是不是同乡或来自同一省份？

　　A.非常符合　B.符合　C.说不清　D.不太符合　E.不符合

17. 在您工作的单位，有多大比例工友与您是同乡或来自同一省份？

　　A.25%以下　B.25%—50%之间　C.50%—75%之间　D.75%以上

18. 您目前在城市居住的住房区位是？

　　A.居民小区　　B.棚户区　　C.城中村

　　D.城乡接合部　　E.建筑工地

19. 您迁移的主要原因是？

A.务工/工作 B.经商 C.家属随迁 D.婚姻嫁娶 E.拆迁搬家

F.投亲靠友 G.学习培训 H.异地养老 I.照顾自家老人

J.照顾自己小孩 K.其他_____

20. 您认为您在城市生活中的困难程度是？

A. 非常困难 B.比较困难 C.说不清 D.不太困难 E.不困难

21. 您在城市生活，遇到最大的困难与压力是？（选最重要的三项）

A.工作压力大，失业之后没有保障

B.子女在城市上学，教育费用高

C.家庭收入低，消费水平高 D.住所不稳定，条件差

E.看病难、看病贵 F.在城市受歧视，没有归属感

G.没有城市户口，享受不了市民待遇 H.房价高，买不起住房

22. 您目前最渴望得到的公平待遇是？（选最重要的三项）

A.就业机会 B.工资收入 C.子女教育 D.劳动权益保护

E.住房保障 F.医疗保障 G.职业培训 H.政治民主权利

I.其他_____

23. 您认为农村流动人口融入城市的主要困难是？（可多项选择）

A.没有归属感 B.机会不平等 C.身份得不到承认

D.自身条件不足 E.其他_____

24. 您对您现在工作的满意程度是？

A.非常满意 B.比较满意 C.说不清 D.不太满意 E.不满意

25. 您目前是否有迫切需参加的保险？

A.是 B.否

26. 若有，您最需要参加的保险是？

A.养老保险 B.医疗保险 C.工伤保险 D.失业保险

E.生育保险 F.其他_____

27. 您注重对子女的教育吗？

A.不注重 B.不太注重 C.一般 D.比较注重 E.非常注重

28. 您认为自己目前身份是？

A.城市人 B.农村人 C.是没有城里人待遇的工人，身份还是农民

29. 您是否希望下一代在城市生活？

　　A.非常不希望　B.不太希望　C.一般　D.比较希望　E.非常希望

30. 您对未来的打算是？

　　A.无论如何留在城里　B.攒点钱，回老家务农生活

　　C.掌握一门技术后回老家创业　D.在城里创业（做生意、开工厂）

　　E.走一步算一步，没有固定想法

第四部分

1. 您父亲（或母亲）的文化程度是？

　　A.上过学　B.小学　C.初中　D.高中/中专/技校　E.大专及以上

2. 您父亲（或母亲）从事的工作和文化关联程度如何？

　　A.非常强　B.较强　C.一般　D.不太强　E.没有关联

3. 您父亲（或母亲）离家外出打工的时间为？

　　A. 5年或以上　B. 3—4年　C. 1—2年　D.少于一年

　　E. 没有进入城市打工

4. 如果您父亲（或母亲）在城市中工作，他的行业是？

　　A.农林牧渔　B.采矿　C.电煤水热生产供应　D.建筑　E.批发零售

　　F.交通运输、仓储和邮政　G.住宿餐饮

　　H.信息传输、软件和信息技术服务　I.金融或房地产

　　J.租赁和商务服务　K.科研和技术服务　L.水利、环境和公共设施管理

　　M.居民服务、修理和其他服务业　N.教育、文体和娱乐

　　O.公共管理、社会保障和社会组织

　　P.食品加工、纺织服装、木材家具、印刷文体办公娱乐用品

　　Q.化学制品加工、医药制造、专业设备制造、交通运输设备制造、
　　　电器机械及制造、计算机及通讯电子设备制造、仪器仪表制造

　　R.其他制造业　S.卫生　T.其他行业

5. 在您小时候，您父亲（或母亲）经常注重培养您的阅读习惯？

　　A.是　B.否

6. 您父亲（或母亲）在您小时候，带您外出旅游的次数是？

　　A.5次或以上　B.3—4次　C.1—2次　D. 没有

7. 在您小时候，您父亲（或母亲）带您参观或参加本地传统文化活动的次数是？

    A.10次或以上　B.6—9次　C.2—5次　D.1次　E. 没有

8. 在您小时候，您父亲（或母亲）以故事的形式给您介绍本地民风传统、历史遗迹和自然风景等的次数？

    A. 非常多　B.比较多　C.说不清　D.不太多　E.没有讲过

9. 您家里有多少件文化传家宝？（如文物、绘画或者当地特色物品）

    A. 超过3件　B. 3件　C. 2件　D. 1件　E. 没有

10. 您父亲（或母亲）对您的教育期望是？

    A.非常高　B.比较高　C.无所谓　D.不太高　E.不高